東アジア宗教のかたち

比較宗教社会学への招待

Morphology of Religions in East Asia

Invitation to Comparative Sociology of Religions

櫻井義秀

法藏館

目次

東アジア宗教のかたち

比較宗教社会学への招待

はじめに

「宗教のかたち」とは何でしょうか。そもそも宗教にかたちがあるのでしょうか。目に見えない霊性や精神、信仰のあり方をかたちとして捉えるのはおかしいと考える人もいるでしょう。むろん、宗教には儀式や行法があるので宗教ごと、宗派・教派ごとの型はあります。

本書では、特定の地域・国ごとに諸宗教に通底する「かたち」をつかまえようと考えています。例えば、日本の宗教には仏教・神道・キリスト教・新宗教に通底する「かたち」があるし、韓国の宗教には民族系宗教にもキリスト教にも韓国の「かたち」が出ています。

このような考え方は、個別宗教の宗教者や専門的な宗教研究者には暴論と映るかもしれません。しかし、比較宗教学的な観点や地域研究の視点で見ていくと、同じ時代、同じ地域の人々が行う宗教実践は、宗教の別、宗派や教派の別を越えて共通の「かたち」を持っているように見えます。

従来は風土論や民族文化論がこのような議論を構成していました。地域ごとの違いにこだわった議論とも言えます。しかしながら、本書では東アジアや東南アジアに共通する歴史的な経験——近代化によって、地域や文化的な特性を超えた共通の特徴が表れてきたと考えています。そのような共通性を持ちながらも、近代化のプロセスの違いによって地域ごとの違いもまた現れます。こうした着目は、歴史社会学的な見方とも言えます。

もう一つ、「かたち」という言葉にこだわりたいのは、私自身専門研究者としてタイの上座仏教や、中国・台湾・韓国・日本の仏教寺院、キリスト教会、新宗教などの研究をしてきて、個別事例がこうであったという話――いわゆる研究というのはこういうものなのですが――に満足できなくなったということがあります。三〇年近く特定の地域の研究をしてきて、その地域の「かたち」がおぼろげながらでも見えてこなければ、そのような研究は木を見て森を見ずの誹りを免れないのではないかと思うのです。

実のところ、一九世紀末から二〇世紀初頭にかけて活躍した古典的社会学者であるエミール・デュルケムやマックス・ウェーバーは、書斎で二次文献を眺めながらでしたが、世界の宗教に共通する「かたち」や諸宗教ごとの「かたち」の違いにこだわり続けていました。比較することで宗教の社会的機能という共通性と宗教ごとの「類型」という異質性を発見していたのです。もっとも、一〇〇年後の今日、諸宗教に関わる膨大な調査研究が積み上げられている以上、一人の研究者が東アジアの地域という限定をしたとしても、社会科学の巨人と同じような仕事をなそうというのは大胆に過ぎるかもしれません。

私は日本の祖先崇拝研究から宗教研究を始め、タイの地域研究を約二〇年、日本を含む東アジア全般の宗教研究も二〇年ほど行ってきました。意図したわけではありませんが、タイや東アジアの宗教を理解する際に、日本の宗教文化を生得的に学んでいる者として日本との比較において各地の宗教文化を理解してきたのではないかと思われます。そうすることで、特定宗教だけ研究している方や特定地域の宗教だけ見て来られた方よりも、浅いと言われるかもしれませんが、広い視点で宗教文化の「かたち」を少しずつ具体的な像として思い浮かべられるようになったのではないかと思います。

自分自身の見方が広がってきたもう一つの要因として、フィールドワークの研究手法も大きかったように思われます。私は宗教調査の過程で多くの宗教者と出会ってきました。それぞれの国の個別宗教であってもとことん打ち込んでいる人との会話のなかで、その地域、その時代の「宗教のかたち」を浮かび上がらせるような言葉にうたれるときがありました。そうした言葉は、いわゆる教理や教説ではなく、寺院や教会という場、宗教者のたたずまいや活動のなかにイメージを結ぶ日常語でした。そうした言葉を軸に、私自身がつかまえたイメージを語り直す作業が、私の「宗教文化論」かもしれません。

もちろん、私は宗教評論やエッセイを書こうというのではなく、これまでに蓄積されてきた学術的知見を踏まえ、人文学や社会科学として通用する学術的スタイルでアジアの宗教文化を論じるつもりです。しかし、学会で大方の賛同を得たとしても、あくまでも私の宗教研究といういとなみのなかでまとめられた「宗教のかたち」です。同じ対象であっても異なる視点や方法論を持つ研究者が向かえば、異なるかたちが浮かび上がる可能性は大いにあります。そういうわけで、読者には本書で述べられる「宗教のかたち」は、宗教文化現象や宗教行為、宗教組織や宗教人の人間模様そのものではないことをお断りしておきます。

ところで、このような宗教文化論を読むことにどのような意味があるのでしょうか。宗教学などを専門にしている人でない限り、宗教そのものを学ぶ、実践するといった人はいません。たとえば、日本の仏教者であれば、在家であれ僧籍をもつものであれ、仏教というものを日本の宗派仏教を通じて学んでいるでしょう。宗派仏教に属する先人を通してしか仏教の「かたち」を学ぶことができないのだからある意味当然です。しかし、そこで習得した「かたち」の外に出て他の宗派や他国の仏教の視点から自派を見なければ、自分が行っている仏教の「かたち」が何であるかを他の人に語ることは難しいでしょう。

私は、このような比較宗教文化論的な語り方を入れない限り、世俗化と伝統的共同性――家族・地域社会の解体が進行しつつある現代日本において、宗教者は一般社会の人々はいわずもがな、自教団の信徒に対してもそれぞれの宗教が持つかたちを説明できないのではないかと思っています。二〇二五年、団塊の世代が七五歳以上となり、高齢者の中心世代となります。青年期に合理的発想や革新的政治文化の影響を受けたポストモダンの高齢者は、宗教そのものへの忌避感が強く、昔からこのようなやり方できたということだけではいささかも納得しない世代です。本書が個々の宗教を研究する人たちや、宗教に関わる人たちにとって宗教の「かたち」を意識する素材になれば幸いです。

最後に、宗教文化を理解するということは、宗教を信じない人たち、縁遠いものと思っている人たちにとっても大いに意義があるのではないかと考えます。自然科学に基づく現実認識だけでは、障がいを持ったり、病んだりするときに、そのことを受け止める力はなかなか出てきません。確率論的な話と自分に起きた出来事を、同じ現実として生きることができるほど人間はドライになれないからです。人間の生死を意味論的なコスモロジーを用いながら、納得させてきた文化が宗教文化です。本書は生老病死の問題を直接的に扱うものではありませんが、人はゼロの地点に投げ出されるよりも、かたちを示された方が心理的に安寧を得られます。詳しくは拙著『これからの仏教　葬儀レス社会――人生百年の生老病死』（興山舎、二〇二〇年）を参照していただくことにして、前口上はこのくらいで本論へ入りましょう。

第一章　宗教の進化と社会科学

一・一　人類の進化と宗教文化

†グレートジャーニー

二〇一三年の三月一六日から六月九日まで上野の国立科学博物館にて「グレートジャーニー人類の旅」特別展が開催されました。医師・探検家・文化人類学者の肩書きを持つ関野吉晴氏が、人類の大拡散時代を辿るべく、一九九三年から一〇年をかけて自分の足で大河を遡行し、海を渡りました。その後二〇〇四年から二〇一一年まで日本列島に去来した人々の足跡を陸路と海路で辿り、その記録を含めて、関野氏が学生時代以来何度も通ったアマゾン、アンデス、アラスカ・シベリアの人々の暮らしと文化がわかりやすく展示されていました。私は東京出張の折に見学し、大いに感銘を受け、人類から人間となった歴史と文化の関係について考えてみました。

人類の起源については、考古学や進化人類学が、従来類人猿や旧人・新人の化石人骨や居住地跡、石器など出土品から、猿人→原人→旧人→新人、そして歴史を有する現代人への進化を推測してきました。類人猿と猿人が分かれた（人類の誕生）のはおよそ六〇〇万年前とされ、洞窟に居住したアウストラロピテクスから火を使用したとされる原人（ホモ・エレクトス）を経て、約二五万年前にヒト（ホモ・サピエンス）が誕生したとされます。

近年、化石人骨のミトコンドリア遺伝子の解析が急速に進み、世界の主要民族の遺伝子を系統的に配列すると、人類の祖先は約七万年から五万年ほど前にアフリカに居たヒトに集約されることがわかりました。しかも、気候変動によって一万人程度に減少した少数のヒトから現在の七〇億人の人類に拡大したとされます。異なる気候・風土への適応によって現在の人種的な身体的特徴が生まれたというのですが、私たちの祖先がみなアフリカ人であったというのは驚くべき発見です。

祖先たちは、旅というよりも獲物や快適な土地を求めて世代をかけて少しずつ移動したのでしょう。そして、ヨーロッパ、ユーラシア大陸へ移動しながら数を増やし、寒冷期に地続きになった（氷河の発達で海洋面が下がり、浅い海は陸続きになった）ベーリング海峡を経て北アメリカから南アメリカ、東南アジアからオーストラリアやミクロネシア・ポリネシアまで海を渡って移動したというのですから、壮大な話です（海部、二〇〇五）。

なぜヒトが進化したのかということについては諸説あります。既に中石器時代（二万年前）から現代人に通じる絵画や埋葬などの抽象的思考、獲物や採集の計画性、投槍器など道具の発明能力、言語（文字ではなくコトバ）といったシンボルを用いたコミュニケーションができていたようです。そして、新石器時代（一万年前）を経て有史時代（古代文明の始まり）の間に人間の能力は飛躍的に増大したようなのです。その能力とは、狩猟採集から有用植物の栽培や動物の家畜化を行った創造力と集団形成力の増大です。

私はヒトが生物学的な集団（血縁の雄雌と子とその仲間）を超えた集団を形成し得た時に、ヒトは動物から人、人間へと変わったのではないかと考えます。

ヒト以外にも集団＝群れを形成する草食動物や蟻・蜂などの昆虫もいますが、これらは本能的に行動しており、類人猿やヒトほどのコミュニケーション能力や文化の伝承といった行動は取りません。類人猿であっても、ゴリラで数十頭、チンパンジーやニホンザルで百数十頭くらいの群れを作るのが集団化の限界です。猿や類人猿は音声や身体的な動作でコミュニケーションを行うことができても、基本的には力の強い雄＝ボスザルを頂点としたピラミッド型の群れを超えた集団を作ることはできません。目に見える範囲でしか群れを知覚できないし、身体的強さに代わるシンボルを用いて集団を作ることはありません。

ところが、ヒトは家族・親族の範囲をさらに拡大させ、同じ祖先を持つ「部族」という発想を持つに至りました。日本語には氏族という血縁集団の単位があります。公家や侍が用いましたが、権力を持たない庶民にイエやムラ以上の集団の観念はありませんでした。

狩猟採集を行う人たちにとって土地所有は意味をなしませんから、ムラもなければクニもなかったのです。自分が誰であるかを示す所属先として端的には家族（その範囲を拡大した親族）という出自集団を用いたのでしょう。ただし、これでは類人猿の親族集団の範囲を超えられないでしょう。ここで新たに出自集団をまとめる祖先神やトーテムというシンボルを利用することで、同じ祖霊をいただく集団の形成が可能になります。

フランスのエミール・デュルケムという社会学者は、『宗教生活の原初形態』（デュルケム、一九七五）という名著においてオーストラリアのアボリジニ（原住民・先住民）のトーテム信仰を研究しました。部族はトーテム（しるし）となる動物と神話を通じて結ばれ、出自の一体性を確認できたのです。アボリジニが古代人と同じ心性を有していたかどうかは議論の余地がありますが、トーテムと神話という純然たる物語によって社会関係を維持してきたことこそ、宗教の原初的形態であり、機能に他ならないというわけです。

しかしながら、神話や祖先神を持つだけでは集団を維持できません。部族内で好き嫌いや仲違いもあるでしょう。人々が良好な協力関係を形成するには、もう一段高次のシンボルの力を借りなければならなかったのです。ヒトが社会性動物と異なるところは、協力関係が本能として埋め込まれてはいないという点です。私たちは文化の介在なしに人と人とが結び合うことができないのです。人が人間となる局面を考察するために、少し進化の話を離れて社会形成の現代的議論に移りましょう。

†利己的な人が協力するのはなぜか

経済学の人間類型はホモ・エコノミクス、すなわち自己の利益を最大化するために合理的に行動する人間がモデルです。政治学では、トマス・ホッブズが万人の万人に対する闘争という自然状態＝混乱状態を避けるには、個々人の自然権を政府に譲渡するしかないと説き（社会契約）、譲渡された政府をリヴァイアサン（旧約聖書に登場する怪物）に喩えました。社会心理学では集団実験やゲーム論によって人間の初期状態における協力行動のパターンを析出しようとしてきました。

どの領域でも必ず言及されるのが社会的ジレンマ論です。社会的ジレンマとは、個人が合理的な利得行動をとった場合に社会全体に不利益が生じる状況を指します。いくつか例を出して説明しましょう。

囚人のジレンマという実験から始めます。アメリカでは司法取引といって罪を認めるか共犯者を告発することで刑を軽くするという制度があります。ここで、囚人Aと囚人Bが捕まり、検察官から別々に、①二人とも黙秘であればどちらも懲役二年、②先に罪状を認めた方を釈放するが、残った方を懲役一〇年にする、③二人とも認めたらどちらも懲役五年とする、と告げられます。さて、囚人はどのような選択をするでしょうか。

	囚人B協調	囚人B裏切り
囚人A協調	2年、2年	10年、0年
囚人A裏切り	0年、10年	5年、5年

囚人Aの選択による利得計算をします。①Bが黙秘を貫くと想定し、自分も黙秘を選択すれば懲役二年ですが、自分がBを裏切って先に自白すれば釈放されます。②Bが裏切ると仮定して自分が黙秘を選択すれば懲役一〇年ですが、自分も裏切る行動をとって自白すれば懲役五年です。どちらの場合も、相手を裏切った方が得するのです。よって、二人とも黙秘することで併せて懲役四年の最低の服役年数に抑えるという協力行動は取らず、併せて懲役一〇年の範囲（〇年、五年、一〇年）で利得を目指して相手を裏切る選択をすることになるのです。

この実験には続きがありまして、ゲームが何回行われるか予め知っている場合は裏切りが選択されるのですが、いつ終わるかわからないという想定の下では協力行動を行うことが知られています。つまり、お互いにとっての利得を最大限にするために協力関係を選択するのを原則とし、相手が裏切りを選択した場合には対抗手段としてこちらも裏切りを選択する（しっぺ返し）。そして、相手が出し抜こうという選択をやめたらこちらもそれに合わせるという戦略が協力を実現させる均衡を生み出すのだというのです。

この話は軍備増強の競争やダンピングを繰り返す商戦にも応用可能です。短期的戦略では裏切りが、長期的戦略では協調行動が人間社会全体の利得を高めるということです。ゲームや実験では何度も繰り返し実験を重ねることが可能ですが、現実世界で行き着くところまで行かなければ先が見通せないということでは困りますね。

もう一つの社会的ジレンマの例は、生態学者のハーディンという人があげた共有地の悲劇です。ムラ全体で共有している牧草地に牛を放牧する複数の農民がいます。農民はお互いに牛の数を増やして牛乳や牛肉の生産を増やそうとするので、牧草地は早晩食い尽くされるでしょう。仮に自分の牧草地であれば、牧草が食い尽くされないように牛の数を調整するでしょうが、共有地で自分だけが調整すれば利得を他の人に取られてしまいます。かくして利得の最大化を目指して合理的に行動する人間に共有地（コモンズ）を維持することは極めて難しいということになるわけです。

日本では入会地といってムラで共同所有する山林や原野・河原がありましたが、共有地の悲劇は起こりませんでした。持続可能な利用が可能なように入会権が設定され、誰もが利用できるものではないことと利用法についてはさまざまな取り決めがなされ、相互の監視が効いていたからです。ところが、共同管理の歴史がない共有資源は消尽される危険性が高いのです。河川・大気の汚染、魚の乱獲、ゴミの不法投棄など、共有資源が管理される前には共有地の悲劇が生じていました。

もう一つ卑近な例を出しましょう。わが北海道大学の広大な芝生です。北大では例年五月から六月にかけて構内でジンギスカン・パーティーをやって教職員・学生・クラブの親睦を深めることが慣わしとなっていました。近年、学生数が増加し、さらに札幌市民や観光客も加わるようになって、土日には百組を超すグループが構内でバーベキューを楽しみました。消し炭が地面にまかれて芝生が焼け、羊肉を焼く臭いと騒音が研究室・実験室の窓から流れ込み、静粛な環境で研究できない事態となりました。大学はジンギスカン許可エリアを限定して対応してきたのですが、数年間芝生養生を理由に全面禁止にしたのです。学生やOBは北大の文化を残せといいますし、札幌市民も憩いの場をなくすのかというのですが、今後はジンギスカン・フィーの徴収や芝生キーパーのボランティアといった仕組みが必要となるでしょう。結局、限定エリアが復活したのですが、ほどなく新型コロナウイルスの感染拡大によって学内から人影がなくなりました。

現代人はヒトとして進化し、合理的で賢くもなったはずですが、共有財産という高度に文化的な思考を働かせないと協力行動が取れないのです。私にとって大切なものは皆にとっても大切なものという発想は、高度に人間的な能力の賜であることをここでもう一度、人類の進化に戻り、ヒトの心の発達と宗教の関係から考えてみましょう。

†心の発達と宗教

発達心理学や進化生物学では「心の理論」が注目されています。心が温かいとか道徳的に優れているという話ではなく、他者の心を推認したり、自分と他者は違う信念を持つことを理解したりする能力を指します。チンパンジーと子どもの比較実験では明らかに子どもに軍配が上がります。

一つ誤信課題と言われる事例をあげましょう。被験者に絵本で示しながら、「Aが人形をかごの中に入れました。Aが別の部屋へ行っている間に、Bが人形をかごから出して別の箱の中に移しました。しばらくしてAが戻ってきました。Aは人形を見つけるために、どこを探すでしょうか？」被験者はBの行動を知っているのですが、AはBの行動を知らないので元の場所を探すはずです。答えはかごの中です。しかし、心の発達が遅れている場合は箱となります。小さな子どもでも親にウソをついたりしますが、叱られまいと親の心を先読みするからです。逆に発達障害のある子どもはウソがつけなかったり、ヒトの表情や言葉のウラが読み取れなかったりして苦労するといわれています。

この他者の心を読む力は、人間が協力行動を行う際にコミュニケーションを活発に行う必要性から進化したものではないかという議論がなされています。つまり、直接的に見たものや感じたことにしか反応できないのでは、社会関係は対面状況に限定されます。しかし、ヒトは対面状況にない場合でも他者の心を自分の心の中に読み込むことができます。信頼とか愛情ですね。もちろん、ペットもわかりますが、あくまでも直接対面しているご主人様にだけです。ところが、人間は一面識もない人であっても、その人の心に規範やルールが内面化されていることを予測して信頼して応対することができるのです。つまり、心の発達があってはじめて社会的信頼や規範というものが成立するのです。

祖先神やトーテム、神話の話に戻りましょう。部族の人たちは同じ出自であるということが部族の全ての人々に共有されていると想像することで仲間を信頼して狩りや戦いをやったのでしょう。祖先やトーテムは内面化された他者の心と言えます。その他者性が人間の力を超えたものとまで抽象化され、その力が自分たちの行動を律するとまで想像されるようになると、宗教の原初形態が生まれます。他者が見ていなくとも、自分勝手な行動や裏切りには、大いなる力が罰を下すという感覚です。

宗教文化史において原始宗教としてあげられるのは、約一万五千年前に描かれたヨーロッパの洞窟で発見された動物壁画や象牙に彫られた動物、豊満な女性の土器です。松明で照らしながら相当に奥まった洞窟で描かれた文様や絵は芸術的ですが、実用や趣味の域を超えています。狩猟の成功を祈願したとすれば、それは誰の心を想定して願ったのでしょうか。種として絶滅したネアンデルタール人にも、手斧や黒焦げの動物などの副葬品が添えられて埋葬された跡が残っています。死者の心を推し量る心性はあったのでしょう。

宗教的感性とは、目の前にいない他者の心や絶対的他者の心を想像して祈念する、自己を律するというものが始まりではなかったかと思われます。そうしますと、宗教的感性や観念の発達によって他者性への関心は高まり、集団内での協調性の規範が確立し、さらに宗教的存在を想像する手助けとなるシンボルやシンボルを操作する儀礼・儀式によって、人間の心はさらなる発達を遂げてきたのではないかという推測も可能かと思われます。

宗教を非科学的・非合理的な伝統思考や儀礼・習俗とみなしている日本人の宗教に対する理解を、人類史の歴史や心の進化という観点から考え直してみるべきではないでしょうか。

一・二　宗教進化論と脳科学

†宗教の起源

二〇一五年一〇月二四日と二五日の両日、國學院大學日本文化研究所設立六〇周年の公開学術講演「現代宗教は古代宗教と何が違うのか?」(井上順孝神道文化学部教授)と国際シンポジウム「日本文化研究の展望」が開催されました。シンポジウムでは認知宗教学者のスチュワート・ガスリー教授や人類学者のウィリアム・ケリー教授、人類史の遺伝子解析を行う篠田謙一国立科学博物館人類研究部長、生態学的倫理学を構想する河野哲也立教大学教授がパネリストとなり、私も宗教研究の交流セッションや情報交換会で親しく先生方と話をする機会を得て大いに刺激を受けました。

井上先生は近年新しい宗教学を構想しており(井上編、二〇一四)、宗教理解に脳科学を含む認知科学と宗教発展の歴史理解に進化生物学の発想を活用しようとされています。私は社会学が専門なので現代の宗教現象を理解することに注力し、「宗教とは何か」「宗教の未来はどうなるのか」といった原論や文明史的考察にまで至ることは稀ですが、たまに壮大な話を聞くと実に刺激を受けます。

まずは、宗教理解において初期に登場した宗教進化論から解説していきましょう。宗教進化論と呼ばれる論考では、宗教の原初形態とその発展史を両面から考察しているのです。

イギリスの人類学者エドワード・B・タイラー（一八三二〜一九一七）は人間の原始的な文化の発生・言語の活用・宗教的心性のめばえを考察し、アニミズム論を提唱しました（タイラー、一九六二）。人間は万物に霊魂（anima）が宿っていると信じ、世界の諸現象を霊魂の働きから説明しようとし、霊魂を擬人化するに至って神々になったというものです。アニミズムから多神教、多神教から一神教へという宗教の進化を考えました。

今回発表されたガスリー教授の神人同型説（anthropomorphism）にもアニミズム論と通じるものがあります（Guthrie, 1995）。ガスリー先生はピアジェの発達心理学や近年の「心の理論」（共感や理解の仕組みを認知科学的に探求）を参照しながら、人間の認知には生物・無生物を問わず、人間・動物を問わず、他者を自分と同じような存在に置き換えて理解しようという脳の仕組みがあることを述べます。とりわけ、ものの形を人間の顔に置き換える認知の仕組みや、顔の認知が他の認知より先んじて発達し、優れていることに着目します。

昔、人面魚なるものが話題になったりしましたが、赤ちゃんは視覚の発達と同時に母親の顔をすぐに認知できるようになります。大人になるということは顔色をうかがえるということであり、笑い一つとっても、和やかな友好的微笑みから艶然たる笑い、勝ち誇った笑い、冷酷な笑いとさまざまです。人間は言語以上に表情でコミュニケーションを行いますので、表情を読み取ることは極めて大事なのです。これが不得意な学生が時に発達障害と言われたりもするのですが、大人でもなかなか難しいものです。

二〇〇〇年春から二〇二二年まで新型コロナウイルスの感染拡大によって世界中マスク生活になりました。目だけ見て人の表情の全体を想像することは難しいですね。とりわけ、子どもには難しく、幼稚園や保育園では乳幼児の発達に大きく影響することからマスクをしない教育や保育がなされているところもあると聞きました。窒息のリスクもさることながら、この時期に認知や情動が働かないとどうなるのか、注意深く見ていく必要があります。西欧社会でマスクを嫌う理由の一つは、表情や言葉を使った積極的なコミュニケーション（とりわけ口元に好意や敵意が表れる、表せる）を重視するからとも言われます。

ところで、幼児はクマのプーさんや機関車トーマスと普通に話をしています。それらのものに自分と同様の「こころ」があると思っているからです。児童になっても大人になってもペットとは「こころ」を通わせますね。

アニミズムというのは、非生物（巨岩や大滝、雷鳴や洪水、豊穣や厄災）と動植物を認知する場合に「こころ」を想定するものです。働きかけ方によっては対応してくれるという認識です。そして、人間以上の力を持つものと認めれば崇拝対象にもなるわけです。ギリシャ神話やローマ神話において神々が人間の姿や人間らしい振る舞いをしていること、インドや中国でも神様と人間は姿形が似ていることは周知の通りです。ガスリー先生は、仮にチンパンジーがこのような共感を媒介とする「こころ」の働きを持つのであれば、チンパンジーの神様はチンパンジーの形をしているだろうとまで推論します。

ガスリー先生に対して私は次のようなことを懇親会で尋ねてみました。確かに神人同型説は面白いし説得的だが、ある宗教には人格神（たいていは父とか創造主ということで男性が想定されています）、別の宗教では男女二神が国産みを果たし、インドの多種多様な神々を変身させながら取り込んでいく仏教のように宗教には習合的な側面が非常に強くあります。人間の認知や「こころ」の働き方が生物学的にかなり普遍性の高いものであるならば、なぜ、画一的ではないこれほど多様な宗教文化が生まれたのだろうかということです。基本的には人間の文化史から考察しなければいけない話で極めて難しいということでしたが、私もそう思います。

篠田先生の研究によれば、人類の祖先ホモ・サピエンスがアフリカを出発して全世界に拡散したのが約七万年前、文明と呼ばれる歴史の登場はその十分の九が過ぎた紀元前二、三千年前であり、多様な宗教文化を史実としても確認できるのはたかだか数百年。要するに、人類史の最後の百分の一の期間において人間社会も宗教も大いに発展しました。

†宗教進化と歴史

宗教史上での展開を重視した宗教進化論を構想した学者がロバート・ベラーです。ベラーは進化を「有機体や社会システムが環境に対する適応力を増大するために組織の分化と複雑性を増す過程」

と定義しており、人を究極的な実在に位置づける宗教も象徴体系として進化してきたと考えています。そして、この宗教の進化は社会領域の変化と多様な次元で関連しながら、合理化と象徴化の方向において進んでいるといいます。より具体的に言えば、人間集団の規模の拡大と性質の変化に応じた統治と、その正統性の確保の仕方になります。

第一段階は原始宗教（primitive religion）であり、神話、儀礼的な一体性、宗教と社会の未分化状況が特徴であり、エミール・デュルケムの『宗教生活の原初形態』（デュルケム、一九七五）が相当します。

第二段階は古代宗教（archaic religion）であり、親族・氏族組織が部族組織・部族連合へと拡大して国を作り始めます。神話に世界の成り立ちを説明する宇宙論が付加され、儀礼が体系化・制度化されるために祭祀階級が生まれたのです。王権と祭祀層は結びついており、王が神でもありましたが、この時代の後期には王権を批判する民衆による救世主待望の社会運動が生じ、宗教体系の象徴化に大きな変化が起こります。

第三段階は有史宗教（historic religion）であり、古代ユダヤ教・イスラーム・仏教の成立が相当します。現在まで堅固な宗教制度を維持しているこれらの宗教では、神と人間には超越性と世俗性、高次の道徳性（神だから当然ですが）と堕落し無明に陥った哀れな人間（導きなしには救済されないとされます）の対比が明瞭になります。したがって、この時代の宗教はいかにして人間を救済するかが教説の中心となり、儀礼や宗教組織もその方向で象徴化と構造化が進められ、現在のような聖職者・宗教法学者・僧侶という宗教職能者が生まれ、世俗の一般の人々を教導する宗教組織ができあがるのです。

第二段階では聖なる宇宙の中にしかるべき位置を占めていた人間が、第三段階において自然や動植物から切り離され、人間社会に発生する諸問題を宗教的体系の中で独自に解釈し、解決の方策をさらに象徴化していきます。紀元前五〇〇年頃から中国では孔子・老子をはじめとする諸子百家が生まれ、インドではウパニシャッド哲学が興隆して後の仏教やジャイナ教が生まれ、イランにはゾロアスター、ユダヤの地には預言者たち、ギリシャに哲学者たちが生まれてきた時代をカール・ヤスパースは枢軸時代と呼びました（ヤスパース、一九七二）。ベラーもそれに習います。

第四段階は近代宗教（early modern religion）の時代ですが、具体的にはルターや親鸞がなした宗教改革運動の結果、カトリックや寺社仏教的な宗教性を独占する制度・組織を否定する平信徒主義が生まれていきました。その性格を今でも色濃くとどめているのは合理化と自由化によって分裂を繰り返すプロテスタントの諸教派でしょうが、多くの教団は教説と組織の安定性を求めて体制化していくことになります。民衆も全生活を宗教に振り向ける厳格さには耐えきれず、時々の信心で許しと安心を提供してくれるカミサマや仏様を求めるようになるわけです。ともあれ、宗教的権威や権力の分散化・弱体化はヨーロッパにおいて政教分離という理念と世俗国家を生み出していくことになります。

第五段階が現代宗教（modern religion）であり、教団宗教の衰退と宗教的象徴に対する個人的解釈の優越、すなわち人々は宗教的権威によらず自分たちのやり方で究極的な実在もしくは価値と自己との関係を調整するようになってきているとされます。具体的には、ニューエイジや神秘主義、チベット仏教やヨガ、禅などの瞑想法、ライフスタイルのスピリチュアル化といったものが一九六〇年代から七〇年代のアメリカ、ヨーロッパで進行し、現在はアジア諸国でも普通に見られることになってきました（ベラー、一九七三）。

今から五〇年も前に展開された議論ですが、近年までその論調は変わっていなかったようです（Bellah, 2011）。私が着目したいのは、第三段階から第五段階における宗教史の展開において、生態的環境への適応からむしろ人間社会が生み出す人間学的・社会学的問題への積極的応答という実存的・集団的適応の段階に変わってきたのではないかということです。

宗教史の発展や展開を見る上で生物学的な進化論と軌を一にする時代もあれば、そこから外れて独自の進化を遂げ、そこで生み出された世界観や象徴体系に従って自然や世界を大きく変えようとする人間の独自性が発揮されてきた時代があるのではないでしょうか。

この点を最後に確認する前に、再び、現代の認知科学的な宗教論へ戻ります。

†脳科学と宗教研究

私は人間科学専攻というところに所属していますので、神経経済学、脳科学に近い認知心理学、実験社会心理学の人たちに囲まれています。認知心理学において画期的な研究は脳イメージングと言われるもので、人は視覚・聴覚・触覚などによって本来見えていないものを見たり、聞こえているはずのことを聞かなかったり、触ることで空間を再現したりしていることがわかってきました。また、非侵襲的脳画像診断の一つとして機能的磁気共鳴画像法（fMRI）を用いた実験が行われており、外部刺激に対する反応や脳内のイメージングに対して脳内のどの部位の血流量が増すか（活動するか）が測定されています。

超越的実在として宗教性を考えてきた宗教学は、その実在なるものが人間の外部に存在しているのか人間の脳に存在しているのか考えざるをえなくなってきています。つまり、私たちが神や仏を見たり、感じたりすることは脳イメージングの現実として十分あり得ることなのです。実際に実験室において深い瞑想に入った人と雑念にとらわれている人の脳の動きの違いなどはテレビなどでも放映されていますし、私が好きな将棋などでは、超一流の棋士は数手、数十手先をアルゴリズム（理詰で読む）で考えているのではなく、イメージをつなぎ合わせて判断して間だけを読んでいる（右脳を働かせるとかいいますが）こともわかっています。個人に対する刺激だけではなく、集団で作業をしたときの脳活動を含む身体的変化なども脳科学的な宗教学では実験し、測定されつつあるというのがアメリカあたりの状況です。

先に述べた井上先生は、リバース・エンジニアリングの発想で複雑な宗教現象を理解できないかと考えています。車でも携帯電話でも中がどうなっているかは分解して点検してみればわかるように、文化現象や宗教現象を分解するというわけです。どこで分解するのかというのは脳です。つまり、脳は人間の認知活動にかかるプログラムが全て詰まっておりますので、これが遺伝子レベルのゲノム解析まで進んでいけば、人間の生体活動としての差異が生物学的差異によってどの程度規定されているのかがわかるでしょう。逆に言えば、遺伝子による規定は同じであっても個人の行動において大いに差があるのであれば、それは文化・社会的な規定、もしくは人間の実存、自由といったことがかかわる領域の範囲が明らかになるかもしれません。ある意味で非常に夢のある話です。

しかしながら、私自身はこの方面の研究は、予算的問題（ゲノム解析の費用）と倫理的問題（被験者の募集と情報公開）からあまり進まないのではないかと考えており、まずもって病原を突き止め病気を治すことに科学的な資源が投入されていくのではないでしょうか。

もう一つ井上先生が提案している発想が宗教文化をミームとして考えるという視点です。ここでは必ずしも宗教観念や行動の生物学的根源を遡らなくとも、宗教進化の過程を文化の進化と淘汰で考えることができると言われます。ミームとは文化的進化において遺伝子の役割を果たす文化的要素であり、イギリスの進化生物学者で『神は妄想である』の著作でも知られるリチャード・ドーキンスが命名しました（ドーキンス、二〇〇七）。

宗教文化とは、井上先生によれば「ミーム複合体」であり、宗教観念は非宗教的なミーム複合体とも重なっています。たとえば、二元論的思考（内と外、成員と非成員を差別的に処遇、敵と味方、天国と地獄など）→選民思想（自分は正しい、自分たちは安全、結束しなければ大変な危機になるなど）→集団的優位を主張する文化（民族・国家主義・ナショナリズムの系列）など文化的な類似性によってミーム複合体は関係を結んだり、切ったりしていきます。

おそらくミーム論は個人に内在する文化的遺伝子なのですが、宗教は集団に内在する文化的遺伝子という側面が強いかもしれません。社会が四季のように比較的定常的な変化を繰り返すだけであれば、業（カルマ）の宗教文化のように全ての行為は他者を通じて自己に帰ってくることになり、自然と人間、社会は一体のように認識されるかもしれません。しかし、一定の地域において生産力の向上や人口増大に伴って諸集団が量的に拡大し、階層的に地域的に分化してくると、複雑性を増した集団を統合するために目的を持つ歴史観や発展史観などが生まれてきて、集団同士の葛藤に理屈や情熱を与えることもあるかもしれません。

私自身はカルト問題や宗教的過激主義について関心を持っているので、宗教文化は十分にそのような文化的複合体と関係を持ちうると考えていますが、他方で平和や共生を目指す宗教文化が存在していることも事実です。宗教とは枢軸時代に出現した人間の生物学的限界を乗り越える人間学的・社会的問題解決の象徴体系であってほしいものです。

一・三　比較宗教社会学

†宗教の概念

宗教とは何かを説明する際に具体的な○○教ではなく、宗教を抽象的な概念として定義し説明しようとすると、そう簡単なことではないことに気づかされます。

宗教とは何か。これを私は人間が宗教を見る見方の問題として考えています。すなわち、①宗教

（宗教文化）をその現れたまま（見て感じたまま）に記述しようというのが、宗教現象学というアプローチです。②宗教の聖典・経典、崇拝物や象徴からその意味世界を考察するアプローチは、神学・教学、図像学や心性史となりましょう。そして、③私の専門とする宗教社会学では、宗教の社会的機能に着目して規範・道徳、イデオロギーや社会秩序の問題を考えます。

こうしたとらえ方は宗教をひとまとまりの文化とした一元的に考えたものであり、近代的な思考です。宗教と宗教ならざるもの（世俗）という切り分け方は合理主義の精神や政教分離の政治体制が確立しなければ現れなかった発想であり、その意味でヨーロッパ世界から生まれたものです。イスラーム圏（聖俗が政治・法領域で重なる）やアジア社会（宗教意識が文化に溶けこみ、必ずしも明確な教団組織を作らない）では、宗教の概念を構築するにあたって世俗社会や文化との距離が西欧社会とは異なります。ですから、日本では明治時代にreligionの訳語として宗教という和製漢語が作られ、これが中国にも移入され、東アジアにおいて近代的な宗教観が成立することになったのです。

その近代的な宗教観には西欧的な宗教（キリスト教）のあり方が根強く残り、信念・信仰の有無、宗教団体への所属が宗教心の有無の尺度となります。各種世論調査では日本人の七割方が無宗教・無信仰を自認するものの、盆正月の年中行事や各種祭礼、冠婚葬祭の人生儀礼をまったく宗教文化なしに行う人（および全く行わない人）はほとんどいないという奇妙な結果となったわけです。もっとも歴史的に見れば、明治以降の日本人は近代化指向に加えて非宗教化された国家神道と天皇制崇拝を代替的宗教として与えられたために、あえて宗教なるものを求めなくとも済んだとも言えます（阿満、一九九六)。太平洋戦争後、キリスト教や新宗教が復興し、多くの日本人が意識的に信じる対象や所属する教団を求めたのも無理からぬことだったのです。

さて、もう一度、話を宗教の定義に戻し、具体的な宗教の実態に即して宗教なるものの特徴をまとめようとすると、類型化が次なる課題として出てきます。

近代西欧的な宗教の類型化としては、①一神教と多神教、②神のいる宗教といない宗教、③未開宗教と歴史宗教、④民族宗教と世界宗教、⑤制度宗教・伝統宗教と新宗教といった区別が考えられてきました。①はユダヤ教・キリスト教・イスラームという預言者・啓示・聖典をいだく宗教であり、ギリシャ・ローマ、アジアとの対比です。②これは世界の多数派である一神教とヒンドゥー教の多神教グループと、仏教・儒教・道教のように創造神や破壊神を認めないグループとの対比です。③未開宗教とは一九世紀から二〇世紀の人類学者が植民地の人々の宗教観や儀礼に名付けたものであり、今はもうこういう言い方はしません。歴史宗教とは、キリスト教を典型例として、特定の地域・時代に限定された民俗・慣行、特定の民族を超えては広がらない民族宗教との対比で仏教やイスラームなどの布教・伝道活動により広まった宗教を指します。④の民族宗教と世界宗教の区分は、ユダヤ教や神道といった民族宗教との対比で、歴史宗教とほぼ同じ含意を持ちます。⑤はわかりますね。

このような説明をすると、おおよそ世界の諸宗教をなんとか説明し終えた気になり、聞いた方もなるほどということになるのですが、細かく見ていくと類型はきちんと分けられないことが多いのです。カトリックや正教における聖人と聖遺物への崇拝と儀礼、巡礼などは日本人にもなじみのある宗教形態・行為と言えます。このように明確に分けられないところに宗教について考えるべき多くの論点があります。

†社会学とは何か

これまで宗教の起源や進化、現代における宗教概念をおってきましたが、私の専門領域である宗教社会学や比較研究の視点に移りましょう。二章以降の東アジアを例とした具体的な比較宗教社会学の記述を始める前に議論の前提を明確にしておく必要があります。というわけでこの節は学問論が主となります。

読者の皆さんは、宗教社会学という学問分野の名前を聞いたことがある人もいるかもしれませんし、初めて耳にされる人もおられるのではないでしょうか。宗教社会学とは何をする学問なのか。このことを最初に説明し、次いで比較宗教社会学の比較とは、何を比較するのか、比較することの意義は何なのかを、比較宗教学と比較社会学から解説します。

まずは、社会学という学問の特徴から話を始めましょう。世の中には実に多くの○○社会学という研究領域があります。○○の中には、家族、地域、教育、労働、階層、政治、経済、文化、国際などなど、日本社会学会が便宜上分けた区分だけでも三二の分野があります。○○と社会がくっつくのであれば、結婚の社会学でもいいし、オタクの社会学でもいいのです。○○の社会性や○○社会について一家言を持っておれば、○○社会学者を名乗ることができますし、事実、日本には多くの○○社会学者がいます。

こうした社会学者が話す社会学の言葉はそう難しいものではありません。専門用語を使っているようでも、社会現象を直接指し示す言葉・概念を使用しているという意味では、世間の言葉とそう変わりません。むしろ、世間の言葉を駆使しながら○○社会について分かりやすく解説したり、あるいは常識的な見解をあらためて強調したりしているとも言えます。○○について該博な知識と鋭い見解を披露する○○評論家と「ＮＨＫの週刊子どもニュース」で腕を磨いた池上彰氏のようなオールラウンドな解説者も「日本と世界」の社会学者と呼んでもいいくらいです。事実、このような方々が大学で教鞭をとられています。

しかしながら、私が考える社会学はいささか異なります。社会学というのは、○○という社会を対象にしているから社会学というのではなく、社会学という方法論を使用するから社会学になるのです。では、社会学特有の方法論とは何か。日常用語と同じでありながら、独自の意味が与えられた社会学の専門用語や概念で構築した社会学理論によって社会現象を解釈することです。

社会学では、まず、①社会現象を構成する資料・データを集めること（社会調査）を正確に行い、次いで②妥当な分析を加えることでさまざまな社会現象に関わる知見が生み出されます。その上で③その社会現象はいかなるものかを理論的に解釈するわけです。社会学者を養成する大学院では、この三つのステップを自分で踏めるように教育・訓練していきます。①の社会調査を自分で出来ない人は、人のやった調査や報告書に依拠して②の分析をせざるをえないわけですが、これでは資料・データの偏向が読み取れません。さまざまな調査経験があってこそ、人の語りや文書、書籍の偏りを読み取れます。また、②資料の読み方やデータの分析にも知識と経験が必要です。アナリストという職業が成立しているくらいです。この①と②の力量がなければ、③のいくら凝った分析や理論構築をなしたとしても砂上の楼閣に等しいのです。そのように見えるし、言えるが、根拠はないと言うことです。

このように社会学の専門性を考えてみると、先に述べた〇〇社会学においてどれだけ①〜③のステップが踏まれているか怪しいものが多々あります。もちろん、①と③なしに、②と独自の理論によって優れた社会学的評論をされる方もおられますが、現場感覚とのズレや文脈を外していることも結構あるものです。何でも話せるというのは、何にしても根拠を気にせずに話せるということでしかありません。根拠にこだわれば、言えることと言えないことの区別、議論の限界に自覚的にならざるを得ません。職業としての評論と学問としての議論には当然差異があるのですが、軽やかに越境する文化人が少なくありません。

社会学者の性格について付言すれば、該博な社会的知識を有して社会的に意義のある事柄について発言する社会性を有する人というよりも、一つの社会現象がなぜ生起するのかに関心を持ち、世間常識と思われているものを覆そうと社会現象を複眼的に見続けるタイプの人たちです。社会学者は世間が一枚岩になって一方向に突き進むような時に、善悪の価値判断を抜きにして、なぜそのような社会的趨勢が生じるのか、利害関係や意識構造の問題を考え、違う方向に進むことも可能なことを示そうとします。人間や社会の裏面を含めて人間存在や社会現象の複雑性と多面的な展開の可能性を示唆するという意味で、ヒューマニスティックな学問でもあるのです。
社会学についての前口上はこのくらいにして、宗教社会学の説明に移りましょう。

†宗教社会学とは何を研究するのか

宗教社会学とは、宗教現象を先に述べた①〜③の方法によって宗教を研究することです。宗教と社会の関係について考察や評論をするから宗教社会学となるのではありません。

宗教社会学が対象とする宗教現象とは、社会学が資料・データとして取得可能な現象に限定されるので、言語で直接・間接的に表象される超越的実在（神、仏、前世・来世など）や個人的な認知や感情（聖なるもの・霊威・霊験、スピリチュアリティなど）は扱えません。個人が具体的になす観察可能な宗教行為（礼拝や儀礼、慈善活動など）、あるいは信者が所属する教団組織、教団の統制に関わる宗教制度・政策が研究対象となります。それぞれが大変に幅広い研究領域となっているのですが、話題性のある研究のトピックのみ、社会関係、組織論、社会変動と宗教政策論の三点から簡単に説明しておきましょう。
①社会関係から観察可能で当事者から証言も得られる課題として、教団宗教における入信・回心・脱会の研究があります。私自身はカルト問題研究を三〇年近くやっておりますが、カルト論、マインド・コントロール論の当否は学問的議論で収まらず、裁判での決着まで求められる極めて論争的な課題です。

②教団組織論では、宗教運動がどのような条件で生起し、成長・発展し、衰退に向かうのかを扱います。私自身は宗教運動そのものを外環境に対する適応過程・自己組織化のプロセスとして考えており、この観点から新宗教や既成宗教の成長・衰退を考察することができます。

③社会全体における宗教変動に関しては、世俗化論やそれに対する反駁としての宗教市場論などの展開が欧米の宗教社会学ではなされてきました。しかし、日本や東アジアにそもそもキリスト教文化圏の近代化モデルである世俗化の話は適用しがたいという議論がなされて以降、あまり宗教の未来に関わるような大きな議論はなされておりません。むしろ、グローバリゼーション・インパクトとでも言うべき海外から越境する宗教が研究されております。私は、日本の外来宗教、特に一九八〇年代以降のニューカマー宗教（戦前や戦後すぐに移入された宗教団体はオールドカマー宗教として対比）と教団宗教の海外布教戦略に関心を持って研究を進めてきました。

†宗教社会学者の現況

私は大学の学部で宗教学を専攻し、大学院で社会学を専攻しました。その順序通り、専門は宗教社会学です。宗教社会学は社会学の大御所であるエミール・デュルケムやマックス・ウェーバーと同じ研究分野であり（といってもこの二人は社会学創設期の巨人ですので宗教に限らず全ての分野に精通していますが）、社会学の王道と私は考えています。しかし、日本の現実は厳しいもので、宗教社会学で教員の公募（募集先の大学に履歴・業績を送付し、数十名の候補者から選抜される）は数年に一人あるかどうかです。そのために、私も地域社会学の領域（農村研究・タイ地域研究）で業績を作り、社会学一般の教員としてなんとか就職することができました。社会学を教えてもう三五年になります。

宗教社会学は日本ではマイナーな学問分野と言えましょう。おそらく、国立大学法人・公立大学法人では、社会学の講座定員が多くて五、六人、地方大学では一、二人であるため、そこに宗教社会学者が入る余地はほとんどありません。社会学部や宗教系学部を擁する私立大学のみ、宗教社会学という授業科目を置き、専任教員か非常勤教員を充てています。

私が以前会長を務めたことがある「宗教と社会」学会は会員数が約五五〇名であり、そのうち三分の一程度の会員が宗教社会学を専門領域としています。おそらく、日本で宗教社会学かその周辺で研究をしている人は二〇〇名近くいるのではないでしょうか。国際学会に出ていると感じることですが、一〇〇名単位で宗教社会学者がいる国というのは、おそらくアメリカ、日本、中国くらいでしょう。イスラーム圏を除き、アメリカほど宗教が盛んな国（各種調査によれば教会出席率が七割近い）はなく、神学者の数は数千名を超し、宗教学者も多いのです。中国は共産党が無神論を党是とし、国民には公認宗教のみ認める制度を取っているので、宗教の管理に関与する学者の需要がそれなりにあります。日本は公教育制度の中に宗教教育や学問としての宗教研究が占めるスペースが少ないのですが、その割には熱心に宗教研究を行っている国と言えます。日本の宗教社会学者がなぜこれほどいるのでしょうか。

その答えは、手前味噌になってしまい恐縮ですが、宗教社会学は学んで甲斐のある実に面白い学問なので、専門外の人でも学んでいる人がいる。あるいは私のように社会学の教員として地域社会や文化などを教えながら、宗教社会学を専門としているものがいるということではないでしょうか。そういうわけで、職業としてこの研究で食べていくことは難しいのだけれども、志す人が多い魅力的な学問なのですと宣伝しておきましょう。

†比較という思考方法

比べる。私たちが行う基本的な認識方法です。多い・少ない、高い・低い、良い・悪いといった評価軸は相対的なものですが、子どもがお菓子の取り分や背の高さ、友人を判断するところから、大人が財産や社会的地位の評価、道徳的判断を下す時にも使います。宗教は概して絶対的な参照点や評価軸を有すると思われているのですが、天界から地獄まで各層の特徴を詳述する経典を編纂したり、聖職者の身分階層を何十段階に分けたりと区分が好きです。

最近の日本では、ナンバーワン（優劣）よりもオンリーワン（個性）の教育が重視されているので、スポーツを除けば、見栄を張ることや競争することが社会的価値から外れております。その結果、顕示的消費が内需を拡大することもなくなり、受験勉強に血眼になることも出世を目指すことも、格好の悪い生き方となってしまいました。

確かに、比較をしないというのは成熟した社会、成熟した人生観の表れです。しかし、韓国や中国の若者、サラリーマンの驚くべき上昇欲や諦めない力はここからは出てきません。見栄を張り、無理した消費がなければ内需も拡大しません。資本主義的に有利な条件がない社会は経済力を低下させます。今時の若者はそれでもいいのではないかと言います。

それはそれで日本が落ち着いた国になる道筋かなという気もするのですが、生き方ではなく、認識の方法として比較しなくなることは大いに問題だと考えております。

社会学とは近代社会の特質を前近代社会との比較から明らかにしようとした社会学の先人達によって作られたものです。社会がどう変化していくのかの説明は歴史的な比較なしにはありえませんし、社会変動の要因を吟味するには発展段階の異なる社会の比較が必須です。要するに、自然科学と違って社会科学では大胆な社会実験ができないので、ある現象を生み出した諸社会や諸事例を比較して、共通点と差異を見ながら、特定の要因群との相関や因果関係を考察するしかありません。このように比較の視点なくして社会学的分析はあり得ないといってもよいのです。

先に述べたエミール・デュルケムは『自殺論』において、自殺率の国別統計から自殺を生み出す社会的要因の比較分析を行い、社会的規範の力が人々の生き甲斐や生きる力にどれほど影響を及ぼしているのかを明らかにしました。また、マックス・ウェーバーは大著『経済と社会』において初期の資本主義が誕生した地域におけるキリスト教派や諸宗教の労働・経済倫理を比較することで、経済活動を促進する文化の力を指摘したのです。

社会は多様であることを確認するために比較するのではなく、社会現象の生起に与える要因を明らかにするための比較なのです。これが比較社会学の特徴なのですが、比較宗教学は宗教の多様性そのものの確認に力点があるような気がします。

†比較宗教学

ギリシャ神話とインド神話を比較することで神話の共通起源を論じたマックス・ミューラーの比較神話学や、諸宗教における聖俗の現れ方や宇宙論の比較を通じて宗教性を捉えようとしたミルチャ・エリアーデあたりが典型的な比較宗教学者でしょう。神話・儀礼を読み解く数カ国語以上の言語能力と博覧強記の学識がないと、比較宗教学は難しそうです。

岸本英夫編『世界の宗教』（岸本、一九六五）は東京大学の宗教学宗教史学講座教授だった岸本が、七人の執筆助手（その後に錚々たる宗教学者）の手を借りて一冊を編もうとした著作です。この本は死後に遺志を汲んで分担執筆した七人によって完成されました。未開宗教・古代宗教、ユダヤ人の宗教、キリスト教、イスラーム、インド人の宗教、仏教、中国人の宗教、日本人の宗教という構成ですが、今読んでも宗教史を概観するには十分な知見が収められています。

現時点において比較宗教学は著書よりも事典の形をとることが多いでしょう。星野英紀・池上良正・氣多雅子・島薗進・鶴岡賀雄編『宗教学事典』（星野ほか編、二〇一〇）、井上順孝編『現代宗教事典』（井上編、二〇〇五）が、多数の専門家により執筆されています。事項の説明に間違いはないが、微視的すぎて全体像がつかみにくいのです。一人とは言わないまでも、少数の執筆者によってまとめられた著作が読みやすいでしょうが、学問の蓄積と専門分化が進んだ今となっては、なかなか比較宗教学と題した著作をものするのは大胆かもしれません。

なお、図版も豊富で読み応えがある比較宗教学の著作としては、ニニアン・スマートの『世界の諸宗教 Ⅰ・Ⅱ』がお勧めです（スマート、一九九九＝二〇〇二）。地域と時代を交錯させて世界全体を扱っています。この域に達すれば、比較宗教社会学と言えるでしょう。私が本書で扱うのは、東アジアに限定した比較宗教社会学になります。

さて、序論を終えたところで次章から私の比較宗教社会学の本論にとりかかりましょう。

第二章　タイ仏教のかたち

二・一　タイとの付き合い

†タイとの出会い

私が初めてタイを訪れたのは一九八七年です。二六歳にして初めての海外旅行でした。私は学生時代山に登っていたのでヒマラヤのトレッキングがその頃の夢でした。ネパールを歩き回るべく、勤務先の短期大学に正月休みと年休の全てを使って約四〇日間の休暇を申し出たところ、それは休暇ではなくネパールの国情視察の事由なら許可しようと学長先生の計らいによって入試業務を免除してもらい、成田からバックパッカーになったのです。今から考えると教員一年目でよく出してもらえたと思います。

一九八七年は日本経済の絶頂期であり、円相場が一ドル一二二円と三年前の二五一円から一気に円高となり、貧乏旅行者が成田から一気に海外に出かけたものでした。ただし、日本航空や全日空は高嶺の花であり、エジプト航空やパキスタン航空などのアジア各駅停車便といった格安航空会社を利用しました。数年してユナイテッド航空クラスを利用できるようになりましたが、バンコク到着はいつも深夜でした。

ネパールのカトマンズへはバンコクからロイヤルネパール航空に乗り換えるのですが、この時期はまず、バンコクのサートン通り近くのマレーシアホテルに泊まって、近くの旅行会社に行き、直近で取れる航空券を買ってからネパールへ行きました。ヤワラートの中華街の安宿よりはマレーシアホテル付近の方がよい（当時カオザンはまだたまり場でなく）ということでした。

カトマンズからポカラ、アンナプルナ・ベースキャンプ（約四千メートル）へのトレッキングが思いの外早く片付いたので、年末から急遽インドに出かけることにしました。これもカトマンズの旅行社でインド航空の格安航空券を買い、例によって深夜便でニューデリーに降り立ちましたが、運悪く、白タクの運転手に連れ込まれたモーテルで身ぐるみを剝がれ、翌朝外へ放り出されたのです。ひょっとして川に浮かぶことになるのかという恐怖とネパールだけにしておくんだったという強烈な後悔でまんじりともしなかったその晩のことは今でも忘れません。その後、親切な人に助けてもらったり、ベナレスで死体が流れるそばで沐浴する人たちを眺めたりしながら、九日間の鉄道旅行を経てカルカッタからカトマンズへ戻りました。超俗的なインド社会を旅することに疲れて、インドの片田舎のようなカトマンズでトゥンバをストローで啜りながら心身を休めました。

旅の最後に観光したのが、経由地であるバンコク市内のチャオプラヤー河や付近の寺院などです。インドのギラギラした太陽光と強烈な個性を放っていたインドの人たちに比べて、タイの人たちの物腰穏やかでゆったりした話し方、そして手軽で美味しい屋台料理に癒やされました。そこでタイにもう一度来たいなと思ったことで私のタイとの付き合いが始まります。もし、ネパールでダルバート以上の料理を食べ、インドでいい思い出を作れたらネパールやインド通いが始まっていたかもしれません。

†NGOから社会開発の研究へ

その頃私はダルニー奨学金というNGOと関わり、私が年間一万円ほどあしながおじさんとして送金していた東北タイの農村へ中学生を訪問しました。当時の日本の経済力はアジアで圧倒的であり、小学校六年を終えて農業を手伝ったり、都会に働きに出たりする子供たちの姿に、数十年前の日本の農村を思い浮かべて、なんとか中学校に行かせてやりたいと思う中高年の人たちが多かったのです。子どもの貧困は海外の話であり、日本は世界で最も裕福な国と自他共に認めていた時代でした。三〇年後の日本は、子どもの貧困が社会問題化しておりますが、当時のタイでは青少年の売買春、エイズ、貧困など社会的排除がすべて顕在化しており、タイに関心を持ち始めた私も何かしないではいられなかったのです。

東北タイでは一九八〇年代まで森林を農地に開墾するフロンティアの拡大が進んでいたので、ほとんどの農民が自作農でしたが、片親だったり病気の親だったりすると子どもたちは進学を断念せざるをえませんでした。山裾に広がる畑地の農村から水田を擁する平地の古い村や町場の学校に子どもを通わせることが難しく、ダルニー奨学金では中古自転車を送る活動もしておりました。一万円で学費と学用品代が賄えるので、貧しい親にとっては、一つの村で二、三家庭に割当てがある奨学金は喉から手が出るほど欲しかったのです。

その頃からNGO活動よりもタイ社会そのものを深く知りたいと思うようになり、短期大学の休暇だけでなく、一九八九年に初めて半年間の研究出張ということでバンコクでタイ語を習い、東北タイで最初に訪問した村の農家に二カ月住み込んだのです。その後も年に一、二回はタイを訪ね、私はタイの地域研究を志すようになりました。タイの農村を理解するためには農業のみならず、村と家族、寺と僧侶、冠婚葬祭の儀礼や年中行事を知る必要があります。農村調査を一通り終えた後、出稼ぎ者の調査に移り、バンコク郊外にある工場団地で日系の鉛筆製造工場を調査し、労働者の生活ぶりを知ることができました。この後、再び農村開発NGOや学校などを調べ、一九九七年から九八年にかけて東北タイのマハーサラカーム大学に滞在することになります（櫻井、二〇〇五）。

私がタイの上座仏教を研究するまでに一〇年ほど、様々な人との出会いを通じて調査機会を得られた複数のテーマで研究しました。地域研究というジャンルでは、そこで生じた文化現象や社会的出来事を理解するために、現地語の習得から始まって何でも勉強し、そのうち二つか三つの得意な分野や研究対象を得るというスタイルです。そこで最終的に出会ったテーマが東北タイの開発僧、宗教の社会貢献でした。地域社会の維持や発展に上座仏教寺院がどのような役割を果たしているのか――寺院や僧侶の活動によってソーシャル・キャピタルがどのように形作られているのかを見ていこうと思ったのです（櫻井編、二〇一三）。

†タイ仏教をみる視点

私がタイ仏教をどういう視点から見ているのか、図示（図２－１）してみました。

私は自分の専門領域を宗教社会学としておりますが、宗教をもっぱらに研究されている方の宗教社会学とはいくぶん異なっております。宗教の方から文化や社会を見ていく視点は、①宗教学的宗教社会学と言え、このタイプの研究者は常に宗教を研究対象の中心に据えます。それに対して、社会や文化から宗教を見ていく視点は、②社会学的宗教社会学と言えます。私の視点は後者であり、宗教は広義の文化現象の一つであり、文化は社会の構造・変動的要因と深く結びついているという認識があります。したがって、制度化された宗教の教義・教典、宗教者の言説や信者の信仰よりも、地域性と歴史性を見ていく地域研究や歴史社会学的な視点から宗教・文化・社会の関連性を考えることに軸足を置いています。

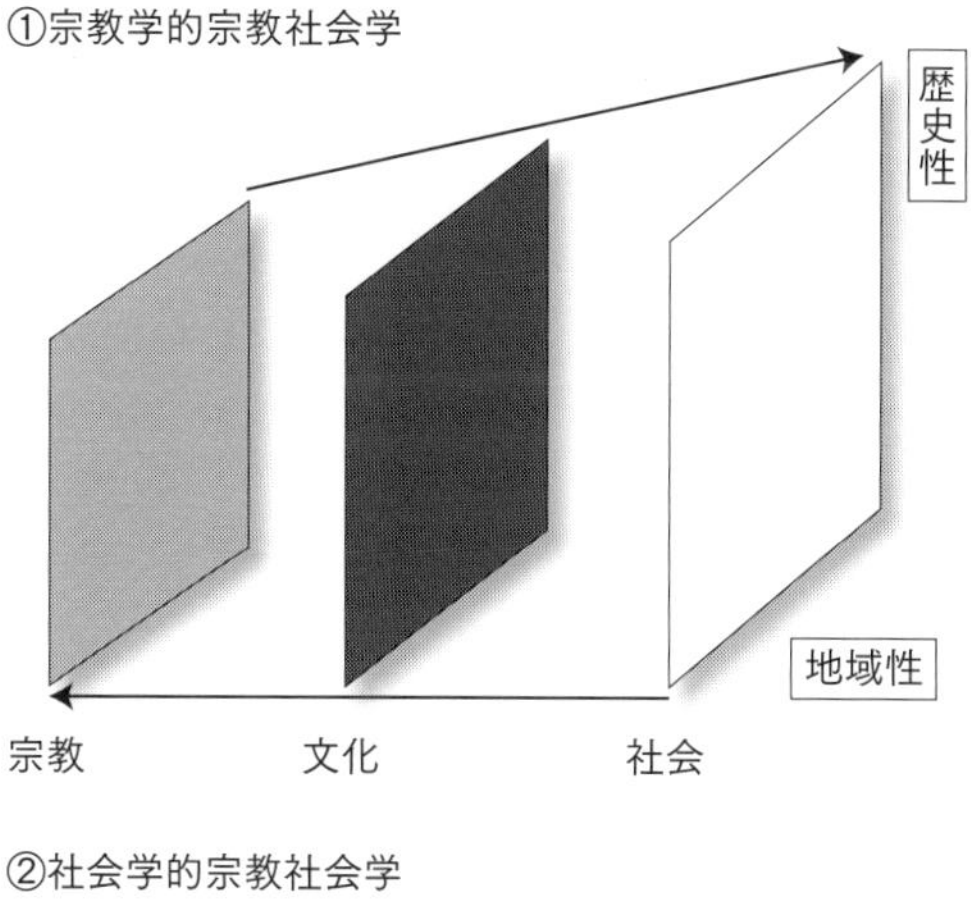

図2−1　宗教社会学のアプローチ

　このような関連性はどのような研究の方法から明らかになるのでしょうか。私は比較による相対化であると考えています。比較する場合に、西欧とアジア、日本といった宗教・文化・社会のすべての要素が異なる地域を取り上げて、違いを論じても違いがあることの確認に留まり、なぜ違うのかが説明できないことが多いのです。典型的には西欧のキリスト教、中東のイスラーム、インドのヒンドゥー教、日本の神道を比べるようなものです。そうではなく、タイの上座仏教、中国やモンゴルのチベット仏教、中国・韓国の大乗仏教、日本の寺院仏教を比較すれば、宗教文化を仏教に固定して、文化と社会の歴史的・地域的背景から宗教文化の相違について説明が可能になります。

一例を挙げれば、釈迦の教説が仏典として編集され、戒律として整備される過程で上座部と大衆部の分裂が起こり、それぞれがさらに分裂して教説の洗練（論蔵の作成）を図り部派仏教になりました。スリランカから東南アジアに広がる上座仏教は、戒律を重視した初期仏教のかたち—サンガと在家信徒の互恵的関係を伝えていると考えられます。労働をしないタイの僧侶は在家からの布施なしに生きることは不可能です。他方で、大衆部から起こった大乗の北伝仏教は中国において儒教や道教の文化と習合し、日本に伝えられた後に先祖祭祀の仏教民俗を作り上げ、また貴族社会に適合するかたちで寺領を有する独自勢力として変化してきました。明治五年の太政官布告によって肉食妻帯畜髪等勝手なることとなり、数十年を経てほとんどの寺院が親から子へと世襲されるようになりました。現在のタイ仏教と日本仏教を比較すれば、釈迦と仏典を重んじることは共通しますが、寺のあり方や僧侶のライフスタイルが全く異なることに驚くでしょう。

なぜ、違うのかを考えてみることは実に楽しいことです。

†タイのかたち

これほど異なるタイの仏教と日本の仏教ですが、ここに近代化という歴史的な視点を入れてみると、実はかなり共通する要素が見受けられるのです。これについては章を改めて詳しく説明をしますので、ここではより大きな視点からなぜタイと日本に共通の政治的・文化的要素が生まれたのかを大づかみに説明しておきましょう。

東南アジアと東アジアには、西欧の植民地主義勢力とキリスト教に遭遇することで近代化―国民国家形成を行ってきたという歴史的経緯があります。キリスト教のインパクトが重要であるのは、国民国家には国民を統合する精神的支柱が必要であると元首たちが考えていたからです。そのため、宗教が体制の正統化装置として再編されるようにもなりました。

ところで、日本では、長らく日本という民族と日本語という国語、古事記・日本書紀まで遡る国史があると考えられてきました。現在の歴史学の観点からすれば、縄文人や弥生人が現日本人なのかどうか、現在の日本国籍保有者が日本人という民族性でまとめられるか、大いに疑問とされるでしょう。日本語といっても、明治前は東アジアのリンガ・フランカである漢文と土地の言語（方言）の組み合わせだったわけで、明治以降共通の書き言葉と話し言葉が学校教育によって普及し、日本語が確立されてきました。大王の時代から大和朝廷への王権の確立以後も、日本では長い封建時代を経て勢力は分散され、明治以降に国民国家の体制として政治的に強力な天皇制が確立したとも言えます。領土の面では、島津藩が琉球王朝を勢力下に治め、明治政府がアイヌ民族を同化し、千島・樺太まで植民し、台湾と朝鮮半島を植民地化し、満洲に傀儡政権を立てるなどして帝国主義の版図を拡大しましたが、第二次世界大戦に敗れて連合国に占領され、現在の領土での独立を回復しました。

日本は近代的な国民国家を形成する際に、国語の統一に加えて日本人のこころを象徴する宗教――神道を国家の宗教に格上げしようとしましたが、大教院の設置や廃仏毀釈などをやっても徒労に終わりました。結局、教育勅語の発布と天皇の巡幸によって天皇制を精神的支柱に据え、戦後も天皇制は国民統合の象徴として残され、昨今では天皇のお言葉が国家のバランサーとして機能するようになっています。

タイと日本を比較するとき、王制と天皇制が対比されますが、両国とも東アジアと東南アジアで唯一の王族に象徴的・政治的権限が委ねられた国家です。おそらくタイでも日本でも共和制に移行する可能性は極めて低いでしょう。しかも、アジアにおいて一度も植民地化されなかった国という意味で、王制と天皇制の権威が揺るぎませんでした。タイは、日本同様、独自の書き言葉――タイ語という表音文字と話し言葉を有する国語を持つ東南アジアの大国（インドネシアとマレーシアで用いられるマレー語やベトナム語はアルファベット表記）です。領土で言えば、一八世紀にインドシナ半島は現在のミャンマーとマレーシアへはイギリスが植民地を拡大し、ベトナム・ラオス・カンボジアはフランスが押さえておりました。そうした植民地勢力との交渉によって現在のタイの国土が確定しています。こうした諸点も近代化の過程として似ている点です。

そして、タイの民族、タイ語については、現在の歴史学の知見を動員すると、これまた日本民族や日本語以上に国民国家の形成において想像されてきた「タイ」らしさになるようです。

ここで赤木攻先生の『タイのかたち』を参照することにしましょう（赤木、二〇一九）。私が「かたち」というモチーフを得たのはタイの政治と歴史研究を専門とする赤木先生の本を通してです。

タイの歴史は、仏像や遺構から七世紀から一〇世紀にかけてのモン・ドヴァーラヴァティー文化にまで遡ると言われています。一〇世紀頃に中国の雲南省からタイ（Tai）族が南下して定住し、クメール王朝が弱まった頃の一三世紀にスコータイ王朝が成立し、一四世紀頃からアユタヤー王朝に覇権が移り、一八世紀後半にトンブリー王朝、すぐに現在のチャックリー王朝に代わったと伝えられています。タイの国史ではスコータイ王朝をタイ民族の起源とし、とりわけ一八三三年にラーマ四世がスコータイ旧市街から発見したラームカムヘーン大王碑文には、スコータイ時代のタイ人の暮らしぶりや国王と仏教と民衆の結びつきが描かれていました。赤木先生は、これはラーマ四世の創作、すなわち「スコータイ神話」であり、「民族・宗教・国王」のタイ的原理が、近代国民国家のイデオロギーとして現在まで継承されていると述べています。日本における記紀神話に基づく天皇制イデオロギーとも比較可能でしょう（図2―2）。

ラームカムヘーン大王碑文のレプリカ
（スコータイ。筆者撮影）

ただし、タイの場合、王族が外来人との混血であり、海外交易を王室の経済基盤としてきたために、タイの国土や伝承

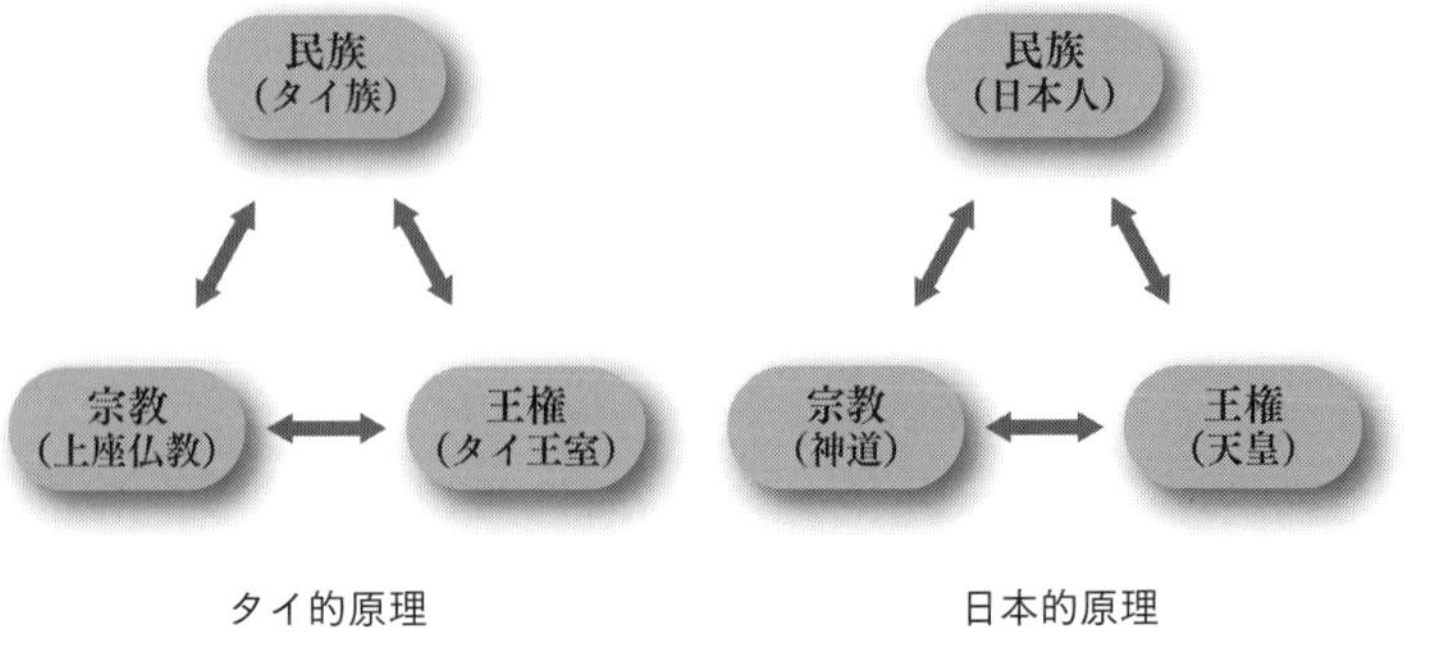

図2−2　タイと日本の比較

に頓着せず、ラーマ六世の頃から現在の一〇世まで幼少期から青年期をヨーロッパとの往来で過ごし、タイの民衆や農民には遠い存在だったのです。一九六〇年代以降、サリット・タナラット元帥・首相が、周辺国の共産主義化に対抗するべく独自の開発独裁体制を考え、その際、王室の利用を図りました。その頃から明治天皇の行幸と比肩されるラーマ九世の行幸が行われ、王室の資産を用いた地域開発プロジェクトによってラーマ九世は国父と慕われるようになったのです。天皇家の諸事が宮内庁によって所轄されているのとは対照的に、タイ王室は元来の所有地の賃貸や資産運用で国家に依存しないタイ有数の資産家なのです。

もう一つ、この本の独自な視点は、タイの王室同様（チャックリー王朝の初代ラーマ一世は中国人の母親を持つ貴族出身で主人のタークシン王を殺害して即位）、タイの文化もまた外来文化とのハイブリッドであることを指摘している点です。タイは三つの世界に分かれており、タイの王朝は、基本的には外来人による交易都市の支配者として「サヤーム世界」を形成し、中部タイから北部タイ・東北部タイには「ムアン」と呼ばれる半封建的な小国家があり、隣国であるムアン同士や大ムアンの王朝と小競り合いや連衡合従を繰り返していました。北タイのランナーや東北部のラーオなどです。南部にはパッターニーをはじめ、マレー系の交易国家がありました。これらの小宇宙をなすムアン（クニ）が国家（大ムアンやチャート）に再編されたのが、一九世紀中盤です。ラーマ四世は、植民地勢力によるチャックリー王朝の勢力圏が侵食されるなかで交渉によって国境を画定後、タイという民族やタイ語、タイ文化の想像を実行していったのです。タイ仏教は、マハーニカーイ派とタンマユット派に分かれますが、教学を充実したタンマユット派を創始したのが即位前のラーマ四世（モンクット親王として二七年間出家生活）でした。王族はタンマユット派寺院で一次出家する慣習ができあがり、仏教教団は王権を支えるようになるのです。

赤木先生は、現代のタイ的要素は複数の周辺的世界から「借景」しながら作り上げられてきたことを論じています（図2－3）。堅苦しい歴史の話が続いたので、タイ料理の話をしましょう。読者の皆さんがタイ料理店で注文する典型的なタイ料理を思い浮かべてください。

サイウア（ハーブソーセージ）、お膳料理カントーク、餅米食は北タイ料理です。ソムタム（青パパイヤのサラダ）やラープ（ひき肉サラダ）、ガイヤーン（鶏炭火焼き）、餅米食は、東北タイ料理です。南部には、ゲーン・マサマン（スパイシーなイエローカレー）、カーオ・ヤム（ライスサラダ）がありま す。中部タイでは、北・東北・南部の料理の味付けを薄くしたものに、中華料理や宮廷料理のバリエーションが加わり、いわゆるタイ米（うるち米）と米粉の麺を食べます。そして、タイ料理は味付

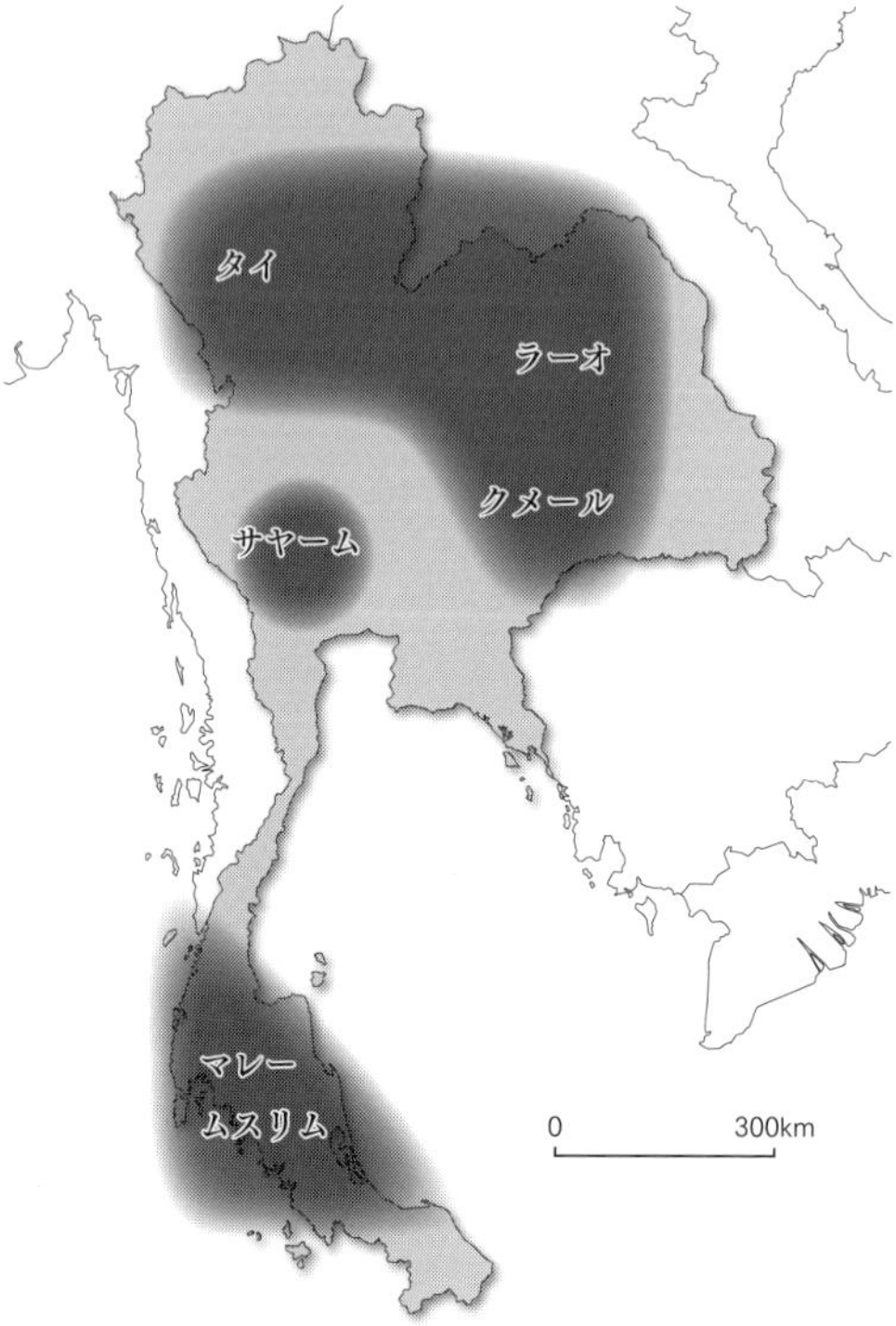

図2-3　タイの周辺世界

けを食べる人が自分好みにその場で調整できるように、唐辛子（辛味）、ライム（酸味）、砂糖（甘味）、ナンプラーやガピ（塩気）、パクチーなどの香菜（独特の香り）が調味料として卓上にあるのです。

豊富なタイ料理のバリエーションは、外来人国家、借景国家ならではです。国際都市バンコクでは、世界中から人々が集まり、コミュニティを作っているので、何でもそこそこの値段で食べられる世界で最も食い道楽の国になっています。昔、タイで調査しているときに、世界中旅したけど、タイには何でも揃っているからわざわざ外に出なくとも良かったという人に出会いました。むべなるかなです。まえおきが長すぎました。本題のタイ仏教に入りましょう。

二・二　タイ仏教のかたち

†僧侶のかたち

二〇一〇年のセンサス（一〇年ごと実施）によるとタイ国民の約九三・八％が仏教徒であり、次いでイスラーム教徒が約四・五％、キリスト教徒が約一・二％（二〇〇〇年が〇・八％なので増大）、ヒンドゥー教、儒教、その他、宗教なしと回答するものが若干名です。南部四県（サトゥーン、ナラーティワート、ヤラー、パッタニー）ではマレー系ムスリムが多数派ですが、バンコクにもムスリムが多いのです。キリスト教徒は、北部山地やラーチャブリー県のカトリック村落など旺盛な宣教活動が行われた地域に多いのですが、カトリック、プロテスタント諸教派によって設立された学校は全国にあります。ヒンズー教と儒教は印僑・華僑としてタイに帰化した人々のマイノリティ宗教です。華人がいるところ、互助的な民間信仰の拠点であった善堂があります。台湾から流入した一貫道は全国に広がり、日本から入った世界救世教はサラブリー県に聖地と自然農法農場があり、東北タイにおいて浄霊の治癒で信者を集めています。

タイが他民族、多宗教文化の地域であることはこれまでの記述で明らかだと思いますが、圧倒的多数派が上座仏教であり、タイの憲法では国王は仏教徒であり、仏教の擁護者であることが定められています。タイの総人口六六五九万人（二〇二〇年内務省）のうち、約六二〇〇万人が仏教徒です。僧は約三四万人とあるので、僧・俗の比率で言えば、僧侶は全人口の〇・五％です。タイには比丘尼戒の伝統がないので、女性は僧になることができず、メーチーと呼ばれる白衣の在家修行者になっていますが、この数は二万人程度とされます。その他、台湾で得度した尼僧も数十名います。ジェンダー論者からは、女性出家者を認めないタイ仏教の性差別が手厳しく批判されているのですが、タイで僧と言えば比丘（二〇歳以上の出家男性）を指します。

日本では、仏教系宗教団体の信者数が約八四八四万人、教師数は三五万人（うち男性は一六万人、女性は一九万人）です（『宗教年鑑』二〇二〇年）。ただし、伝統仏教に限れば、女性教師の比率が最も高い浄土真宗本願寺派で一五・四％、最も低い曹洞宗で三・一％であり、住職比率が最も高い日蓮宗が五・二％ということからすると、日本の仏教が女性に対して開放的とまでは言えないでしょう。

タイの比丘は二〇歳以上の男性出家者をさし、二二七の具足戒が課されます。一九歳以下で寺院生活する男子を沙弥と言い、十戒があります。不殺生、不盗、不婬、不妄語、不飲酒の五戒に化粧、歌舞音曲、豪華な寝具、正午以降の食事、蓄財を戒めています。小僧さんならこれらの戒を守ることはそう難しくはないでしょう。しかし、成人男性となれば、不婬と正午以降の食事ができないのは厳しいですし、十戒にさらに二一七の戒が加わるので、僧院で布施を受けて修行し続ける覚悟が必要です。出家者は、男性とは違う性・ジェンダーのライフスタイルになるのが上座仏教です（石井米雄、一九九一）。

タイで僧侶になるパターンとして、①伝統的な成人男子の通過儀礼として夏の三カ月間（雨安居）一時出家するか、②貧窮家庭の男児が寺に預けられ小僧・沙弥として教育を受け、能力あるものは仏教大学へ進学して学位取得後還俗するか、③青年期か中年期に思うところがあって火宅（俗界）を離れ、僧院に閑居し仏道に精進するか、④老年期に男やもめになった農夫が村の寺に住みこみ、村人から扶養されるといった類型があります。類型の割合としては、①>②>③>④の順であり、還俗しないで一生を僧侶として生きる人たちがタイ・サンガの中核を担っているわけです。しかしながら、タイの若者が農民から勤め人に変わり、学校教育と福祉が手厚くなることで、大量出家の①と貧しい子どもの②、独居男性の④の類型が減ってきています。なにより、先進国並の豊かな消費生活や情報社会を生きる若者にとって食欲・性欲・物欲を抑制する生活は、親孝行のための一時出家以上の契機を持たないでしょう。それでも僧侶になる人たちが減らないのは、その気になれば誰でも簡単に出家できること、普通の生活に戻りたくなったらいつでも還俗すればよく、タイでは出家したこと自体が評価されることがあります。つまり、人生の転機に選択可能な一つの生き方として確立しているのです。

喜捨を受ける僧侶（サコーンナコーン県。写真：矢野秀武氏提供）

僧侶の一日は朝五時過ぎからの托鉢で始まり、七時くらいの朝のお勤めの後、托鉢でもらった食事を分け合って食べます。昔は鉢にご飯やおかずがそのまま入れられたのでグチャグチャになったようですが、今は小分けのビニールに入れられて供養されます。午前中の一一時まで寺の掃除他の作務があり、昼には近隣の高齢の女性たちが弁当を持ってきてくれます。あるいは法事他の行事で呼ばれて出かけ、食事の供養を受けます。この後は、飲料を除いて食事はできず、夕方のお勤めを挟んで自主的な活動を行います。中には一日一食の僧もおり、教学と瞑想三昧、師匠を求めて頭陀行で各地をめぐる僧もいます。

大まかに言えば、タイには一〇％の学僧と〇・一％以下のカリスマ僧、圧倒的多数の前記のライフスタイルで毎日を生活する僧がいます。学僧にも二つのタイプがあり、学歴を問わず、仏教学（タイ語で教理を学ぶ三級から一級――ナク・タムの資格）とパーリ語教法試験（プラヨーク初段＝仏教学一級と同等から九段までの資格、九段は大卒と同等、合格率五％）で教学を収める僧侶と（石井米雄、一九七三）、寺院付属の学校からマハーマクット仏教大学へ進学して大卒者となるタイプです。サンガ内では前者が圧倒的に評価され、仏教学一級は戒和尚（受戒の導師）の資格、バンコクの名刹であればプラヨーク有段者でなければ役付は無理でしょう。基本は仏教学のテキスト、パーリ語の三蔵（律蔵・経蔵・論蔵）の解釈書を暗記しなければならないので、教学で道を究めるのはなかなか大変です。タイで著名なプッタタート比丘やパユットー比丘などは、このレベルを超えて独自に三蔵を読み説くわけです。

カリスマ僧も二つのタイプがあり、一つは森林の禁欲僧と称される北タイや東北タイの瞑想修行で卓越した僧侶であり、阿羅漢の域に達したと言われるマン師とその弟子や孫弟子たちには多くの信徒が集まりました。タイの僧侶や一般信徒たちの関心は、学僧による教説の解説よりも、瞑想＝止観行によって達した境涯や高徳ゆえの霊験・神通力にふれたいという方が強いようです。王族やバンコクの政治家、企業家も詣で、人によってはマネーロンダリングならぬモラル・ロンダリングを図ろうとします。もう一つは、瞑想修行という宗教的脈絡がやや弱まり、霊験あらたかなパリッット（護呪経典）の読誦によって治病・開運・占いなどの現世利益をあらわす僧侶です。熱烈な信奉者から多額の布施や寺院建設の申し出を受けたりします。強烈なカリスマ僧からあやかしの僧までいろいろですね。

八、九割方の僧侶は、親しみやすい村の和尚さんタイプから、住職に作務他で使われて疲れた、辛いとこぼす僧侶、人間嫌いで話をしない僧侶、逆に人を飽きさせないユーモアたっぷりの話好きな僧侶、素朴な人柄の僧侶、何か腹に一物ありそうな僧侶など、娑婆世界同様、僧侶の人柄もサンガの人間関係も変わらぬようです。もちろん、多様な僧侶が同様に具足戒を守る生活を送ることで僧侶の品格を保ち、人々から尊崇の念を受けるところが上座仏教のゆえんでしょう。

こうした僧侶の中から、村のために立ち上がって役立つことをしようとする僧侶が一九七〇年代から九〇年代にかけて現れました。開発僧（プラソン・ナック・パッタナー）と呼ばれます。私が三〇代後半から一〇年かけて最も力を入れて調査したタイのお坊さん方です（櫻井、二〇〇八）。この話は後編のタイの章を読んでください。

このあとはタイの僧侶を供養し、寺院に布施をして上座仏教を支える信徒の話に移ります。

†信徒のかたち

タイにおいて仏教徒の定義は何でしょうか？　①センサスにおいて仏教徒と答えていること（統計的仏教徒）、②国民身分証明書の宗教欄に「仏教」と記載されていること（行政的仏教徒）、③あなたの宗教は何ですかと問われた際に仏教と答えること（宗教意識的仏教徒）、④地域に通う寺があり、托鉢僧に供養し、仏教の年中行事や祭礼に参加すること（宗教行為的仏教徒）、くらいが考えられます。

①では、タイの九割方の人たちが仏教徒ですが、日本の国勢調査では宗教信仰や政治信条は調査項目に入っていません。センシティブな問題だからです。②全国民に身分証を発行していない日本では、当然、信仰を確認できません。③では全世代で仏教徒と答えるでしょうが、④の具体的な行為者は高齢世代に偏りますが、それでも家族・親族、地域単位で宗教行事に関わります。日本の場合、社会調査で確認すると、③は三〇％程度、④はそれより下がります。日本では、そもそも「あなたは仏教徒ですか」という質問よりも、「宗旨はありますか」「特定の寺院の檀家になっていますか」という方が回答しやすいかもしれません。

日本には檀家制度があります。タイにはありません。というより、日本以外に檀家制度はないのです。檀家制度とは、寺院と檀越の家との排他的関係（葬儀・法要を特定宗派・寺院で行う取り決め）が、江戸幕府によって制度化されたものです。キリシタンでないことを確認させるべく寺院が寺請証文を出し、宗門人別張で戸籍管理の役目を負ったこの制度は、近現代まで持続し、近世の日本仏教を大いに助けました。しかし、檀家は家単位（先祖代々の家・家族）で継承されるものとされたために、戦後の家族観念や実態からどんどん乖離しました。つまり、①仏教を信じる宗教意識、②仏教徒であるという自認、③慣習的先祖祭祀や供養儀礼にズレがあり、③＞②＞①の順に下がり、日本の寺院仏教を支えているものは、主として檀家制度という寺院側と高齢世代の意識だけなのです。心ある寺院関係者や若い僧侶はかなりの危機感をもっていますが、おそらく四半世紀後に日本の仏教は土台が崩れます。

その点で、タイには何世代にもわたって人々を寺院に縛り付ける制度がないために、どの寺院に詣でようとどの僧侶の信徒になろうと自由です。タイ人はイサラ（自由の意味）が好きなので、村の寺にも行くし、信仰心が強まったら評判の寺や僧侶を捜し求めはじめ、いったん信徒となっても途中で寺を変えることもありえます。逆の言い方をすると、自由だから信仰心が衰えないとも言えるのです。寺が信徒を囲い込むことなく（会員の制度もない）、いつ来なくなっても不思議ではない条件下で、どうしてタイの寺には信者が集まるのか、不思議かもしれません。

実は、国家が仏教を保護し、学校教育では道徳教育が仏教で代替されています（矢野、二〇一七）。この点は、日本からすると戦前の国家神道に似ているかもしれません。詳しくは第三章のタイの官製仏教の項で読んでもらうことにして、もう一つ、タイ仏教の強みは総合デパートだと言っておきましょう。生まれてから死ぬまでの通過儀礼、冠婚葬祭、年中行事、地鎮祭から車のお祓いまで何でも仏教儀礼なのです。日本では初宮参りから七五三、成人式、結婚式までは神社が仕切り、葬儀から法要など死んでからのことは仏事として行うという慣習が根強く、神社や寺院が一般市民を布教・教化しようとするとかえって怪しまれ、熱烈な信仰や宗教行動は新宗教の領域と認識されています。しかし、タイ仏教はどの領域にも対応可能であり、新宗教と見まがうほどの組織的布教・教化を行うタンマカーイ寺院も上座仏教の枠内に留まります。この枠というのは、僧侶が具足戒を保持する出家仏教です。

ある農村家族を一例とすると、祖父は村の寺の委員会の世話役であり、祖母は僧侶に朝の供養と昼の供養を欠かさず、仏日には寺院にお籠りもするし、出稼ぎに行っている父母には都会で休みの日に出かける評判のいい寺と個人的に信奉する僧侶があり、村で黄衣奉献祭（トート・パーパー）があれば開催費用を送金し、末娘は村の学校で先生の話の他に僧侶の説法を聞き、町で働き始めた姉は事務所で僧侶を招請して昼食を献じる行事に参加し、兄は会社に一カ月の休暇を申請して一時出家して出稼ぎで家族を支えてくれた父母の恩に報いるといった具合になります。親戚でバンコクの大学に進学したいとこは、大学でタンマカーイ寺院のサークルに誘われ、自室で水晶球からタンマカーイ（法身）を観じる瞑想を行う可能性もあります。

みな、それぞれにやっているのだけれどもタイ仏教の枠内で収まっているというのはこういうことなのです。しかし、周囲にタイ仏教しかないからタイ仏教なのだという説明は、私の料理のレパートリーにはカレーしかないので、具材に何を入れてもカレーになるという説明とどこが違うのかという話になりますね。なぜ、カレーという料理形式にこだわるのか、そこが知りたいという人もおられるでしょう。

そのカレー味に相当するものが、日本仏教であれば死者への追善供養であり、タイ仏教であれば恩あるものへの功徳の転送なのです。追善供養は、先祖が典型的ですがその恩恵に対する報恩感謝であり、その行為によって功徳を得ることができるし、死者＝先祖が加護を与えるという祖先崇拝の味付けが濃厚な仏教儀礼です。日本の仏教において追善供養だけが仏教儀礼の核心でも教説で最も重要な部分でもありませんが、葬儀・納骨・法要含めてこの儀礼を欠くと人々の寺院に関わるモチベーションがあらかた消えてしまうでしょう。

タイでは、葬儀と追善供養を行う法要は一度ずつ大々的にやりますが、先祖の霊が子孫を加護するとか死者と生者の盂蘭盆ごとの来訪・交歓といった観念はありません。涅槃に達するまでは六道輪廻を繰り返すしかないので、後生の境涯をよくするべく個人の業（カルマ＝カンマ）において功徳を積む（タムブン）か、今生で十分功徳を積めなかった父母のために子どもが功徳を積んで転送するのです。功徳を積むのは仏法僧への供養に他なりませんが、息子が父母への報恩感謝として出家するのが最大の功徳とされます。時に感謝の対象が、国王だったり、尊敬すべき王族の病気平癒を願って出家することもあります。こうして出家した息子たちなので、一時出家者を供養するのは中高年世代にとって喜びでもあります。

タイの仏教徒が日本の仏教徒と比べて熱心に見えるのは、布施と供養の行為が世代間の互酬的関係に立脚しており、高齢世代にとって僧侶とは息子であり、福田（功徳を積む田）に他ならないからです。僧侶と在家の関係が直接的なんですね。それに対して、日本ではお墓参りに来た檀家が寺の本堂を素通りするとよく言われますが、寺と僧侶が追善供養のエージェントという間接的な関係になっているためではないかと考えられます。この点は、最後にもう一度立ち返ることにしましょう。

タイ仏教のかたちを見るうえで、仏教周辺の宗教的観念をも見た方が、仏教の力強さのゆえんがわかるように思われます。

†タイ仏教と精霊崇拝

一九七〇年代に東北タイを研究したタイ研究の泰斗スタンレー・J・タンバイアは、東北タイの宗教文化が四つの宗教領域と担い手から構成されていると説明しました。①仏教―僧侶、②クワン（生霊）―プラーム、③土地の守護霊―チャアム、④ピー（精霊）―モー・タムがその領域と担い手であり、図2－4で示しておきました（Tambiah, 1970）。仏教と僧侶については既に説明しています。

クワンというのは、人間の生命力そのものとも言え、このクワンが人間から抜け出ると病気になったり、災難にあったりすると考えられています。出稼ぎや進学などで農村から都市へ移動するような場合、あるいは結婚して新しい家庭を築く場合に、タイの人たちは別れの時に、あるいはお祝いの時にその人の腕に木綿糸を結び、クワンが抜け出ないようにします。プラームとは農村バラモンと訳されることもありますが、子どもの誕生、得度式、結婚式などの儀礼を執行する司会役を行う高齢男性で出家経験や経文の知識があります。守護霊崇拝は、サーンチャオ（土地神を祀る社を据えた台座）

やラック・ムアン（街の創設者がたてた柱）に対する信仰です。チャアムとは守り役を果たす人です。

ピーとは、死霊、精霊、悪霊、不可思議な現象を起こす何ものかといった非常に広範な精霊崇拝の対象となるもので、不適切な扱いをすると障りや祟りをなすと信じられています。タイに仏教が浸透する以前の宗教観念とも言われ、およそ自然物や人物など何からでもピーは生まれ、日常的に了解可能な世界の外部（村境や森、墓場など）に入り込んだり、通過したりする時に憑くと考えられます。その結果、当人は病気になったり、変死したり、ピーが入り込んだ村には不幸が続くという災因論が人々に信じられ、ピーを扱ったホラー映画はタイの低価格娯楽映画の定番です。

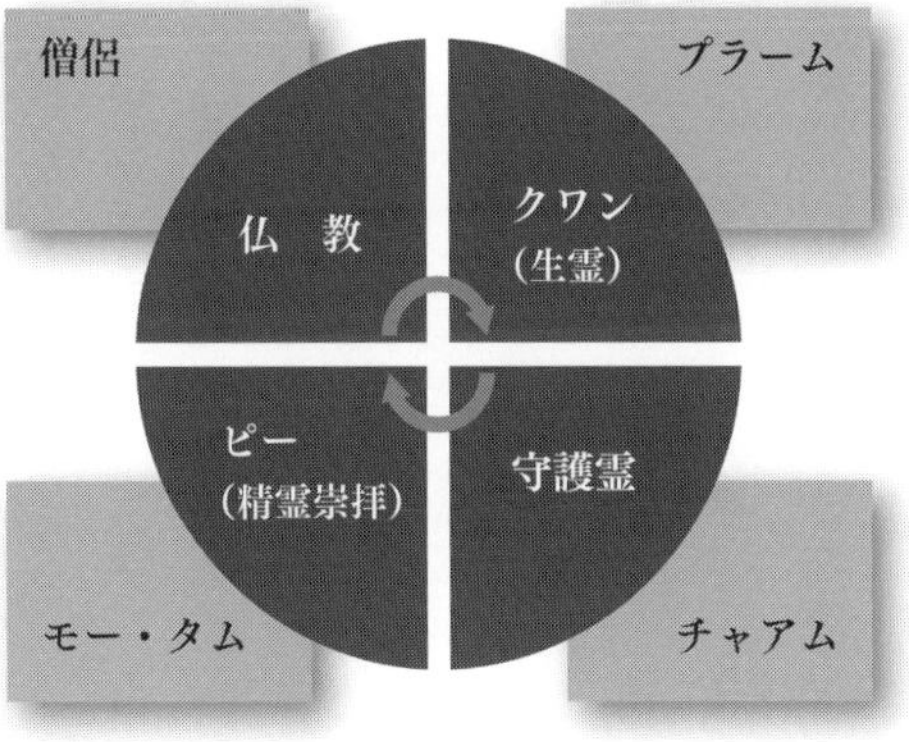

図２−４　宗教領域と担い手

文化人類学者の林行夫は、ラーオ文化圏の東北タイが政府の開発主義や仏教化によって、元来の②生霊と③の守護霊の領域が縮小し、①仏教と仏教によって善導されるべき④精霊の領域が拡大したのではないかと推測しています。その主役は僧侶の経験があるモー・タム（呪医）であり、仏法の力を駆使して悪霊祓除の儀礼を行うようになったと述べました（林行夫、二〇〇〇）。同じく文化人類学者の津村文彦は、霊能の力によってピーの働

祖霊の祠「ピープーター」（ピサヌローク県。筆者撮影）

土地神の社「サーンチャオ」（ピサヌローク県。筆者撮影）

きを統御するモー・タム（呪医）に弟子入りして呪法を習い、仏教的価値観とは異なった不可解さへの民俗的対処として精霊信仰は今でも存続していることを確認しました。東北タイでは「不調和な共受容」として仏教的信仰と併存する精霊崇拝の領域が根強いのだと言います（津村、二〇一五）。人々はわからないものをピーと表象し、生活世界にわからない部分を残したままにしておく。そのわからなさを一定程度わかるもの、受容可能なものに変えていくのが精霊崇拝という宗教文化であり、その主たる担い手としての呪術師たちがいるというわけです。

私は一九八〇年代末から東北タイにおいて、モー・タム（呪医）、モー・ドゥー（占い師）、モー・サムンプライ（薬草師）、モー・ヌアッド（マッサージ師）に出会いました（櫻井、二〇〇五）。モーとは、普通は医者の意味（クン・モー＝お医者様）ですが、その道に熟達して人を癒やすローカルな専門家はモーと呼ばれます。人々は病院に行けないから民間の呪医に行くのではなく、どちらにも行きます。慢性病や寛解しがたい病（難治性のガンやＨＩＶ／ＡＩＤＳ）では、タイ方医療や呪医とも関わりながら癒やしを求めているのです。日本でも漢方や代替医療を併用する医療者は少なくないし、タイでもその傾向があります。ただし、このバランスが重要であり、薬毒論から自然治癒や護呪経へシフトしすぎるとスピリチュアリズム（タイ語ではサイヤサート＝霊能・霊感の世界）になります。

タイのお守り屋（バンコク。筆者撮影）

タイでは、護符信仰（プラ・クルアン）が盛んであり、高僧や名僧がこしらえた仏像や高僧を象ったお守り（製造は鋳型や彫物、素材は石、焼きもの、鉄など）の専門店や新古物市場まであります。なかでも、チャートゥカームラーマテープ護符は、南部ナコンシータマラート県にあるプラマハータート寺院でパンタラック僧によって工場で製作したジャトゥカーム聖王とラーマテープ（ヴィシュヌ神の化身）を合体させた図柄の円形メダルがブームとなりました。病気治しや開運・武運など霊験あらたかなことが喧伝され、庶民が入手に奔走したので贋作も出回り、元値一個数百バーツのメダルがパンタラックお手製の保証書が付くと一〇万バーツまで値上がりするなど大変な騒ぎだったのです（ヌンスック、二〇〇九）。

この護符信仰も仏教がスピリチュアリズムを取り込み、寺院運営基盤の強化を図ったと言えなくもなく、精霊信仰に対する仏教の優位がうかがえます。前述した林の言を借りれば、タイ仏教の特徴は徳（ブン）によって未開で訓化されていない他者を力で支配する宗教なのです。この仏教の大いなる徳と力を最大限生かしたのがタイの王権です。仏教を外護することでむき出しの権力支配を徳治に変換し、人々の自発的な聖法や正法王に対する委任を引き出すのです。この点もまた後編の章で詳しく説明しましょう。

以上、タイ仏教のかたちを僧侶のかたち、信徒のかたち、仏教と精霊信仰の併存のかたちから解説してきました。国民の約九四％が仏教を信じ、寺院に布施をし、タイ王室や政治家が仏教を擁護する理由をわかってもらえたでしょうか。現代のタイ仏教は、現代の日本仏教と同列にありません。同じ仏教を名乗っていますが、国民と国家の認識は全く異なります。簡単に言うと、日本では仏教は宗教です。タイでは仏教は単なる宗教ではなく、文明であり、タイ文化やタイ民族の本質をなすものという位置づけなのです。文明であるからこそ、未開のフロンティアを開発し、異民族や異文化を徳の力によって包含することができるのです。日本において仏教がこのような社会的地位を得た時代は、大和王権の鎮護国家仏教から封建時代に寺社勢力となった時代で終わりました。その後、正法による統治を日蓮が主張しますが鎌倉幕府に受け入れられることはなく、大正から昭和にかけての国柱会を中心とした日蓮主義運動や戦後の創価学会による王仏冥合論など散発的な社会運動はありましたが、日本では主流となりませんでした。

同じ仏教でありながら、社会的位置づけも役割もこれほど違うのはなぜなのかを比較社会学的視点で最後に考察してみましょう。

二・三　タイ仏教と日本仏教

†タイ仏教と宗教学

比較神話学・比較宗教学を創始したマックス・ミューラーは、弟子の南條文雄を通じてサンスクリット文献にあたる近代的な仏教学研究と宗教学の視点と方法を日本にもたらしました。現代においても日本の神話学、インド哲学・仏教学、宗教学では欧米の宗教研究者の影響が強く、仏教を一つの宗教として世界の諸宗教と同一の地平に置いて研究します。それに対して、日本の宗派仏教では、漢訳仏典と祖師の著述を経典として宗派仏教の独自性を強調する宗学を仏教研究として行っています。

日本の国立大学では仏教学講座と宗教学講座を哲学科のなかに設置しましたが、どちらも欧米の研究に近い学問を教えてきました。宗学としての仏教学は、いわゆる宗門大学の仏教学科にしか設置されていません。この事実が、日本における仏教の宗教としての位置づけを如実に示しています。つまり、一宗教としての仏教であり、宗派仏教による祖師による大乗仏教の優位性は、宗教的言説として認識されているということです。

これに対して、タイでは日本に近い仏教学と宗教学は主要国立大学において講座化されていません。わずかにアサンプション大学というミッションスクールにおいてキリスト教に対応する仏教と宗教の研究教育の組織があるのみです。タイにおける宗教学の不在を歴史的に研究してきた矢野秀武の見立てでは、タイでは宗教学の不在は必ずしも宗教に対する価値付けが低いことを意味せず、むしろ、仏教を宗教的言説として脱構築するような欧米型研究の対象としていないことの表れではないかというのです。宗教（religion の訳語としてのサーサナー）の扱いも文明（キリスト教やイスラームに相当）に対応させ、不可思議なことを信じる類いの信念体系とは区別されています（矢野、二〇一四）。

タイの宗派であるマハーニカーイのマハー・チュラーロンコーン大学、タンマカーイのマハー・マクット大学は僧侶のための専門大学ですが、既に学生は僧侶なので、むしろ、大学の一般教養課程を教授し、学位を出すことに力点が置かれています。この点は、僧侶の資格取得科目を教授する日本の宗門大学の仏教学科と異なるところです。もう一言踏み込んで言えば、タイには宗派の祖師信仰がありません。自分の師匠の先には仏陀がいるだけであり、パーリ語経典や現在の戒律も原始仏教教団から部派仏教の時代を経て変わらず伝えているというたてまえなのです。日本の宗派仏教における祖師、宗派のさらなる分派、法脈のそれぞれに独自の教説がある日本仏教に比べれば、驚くほど教義上もサンガとしての組織性も統一されているのがタイ仏教です。

モンクット親王=ラーマ四世は、現代仏教の教学体系とサンガの統治機構を創設しました。サンガの統治機構は、タイの行政機構を模して構築されたものであり、サンガの長（サンカラート）は形式的には国王が任命します。国王は仏教の擁護者にして徳をもって統治する正法王です。王権とこれだけ密接なタイ仏教が単なる宗教ではないことを理解していただけたかと思います。

読者のなかには天皇制と国家神道の関係に近いのではないかと考えられるかもしれません。しかし、日本の国家神道は教育勅語に説かれた家族国家観と国体の崇高さを本質としており、地域の神社神道や神仏混淆の仏教、および修験道のように地域共同体や人々の心性に染みこんだ信仰や慣習ではありませんでした。タイ仏教は官製仏教でありながらも、地域共同体や人々の道徳観や精神性と不可分に結合しているので、国家神道よりも強力な国民国家の精神的基盤なのです。

†日本仏教の夢

仏教の夢といっても、夢譚や夢信仰と仏教説話との関係ではありません。仏国土を実現したいという理念です。ひょっとしたら日本の僧侶や仏教教団のなかに、タイのような正法王の理念、国家が保障する安定的なサンガ機構、国民の大多数が仏教徒であり、国民道徳の基礎として学校教育や社会教育にまで及んでいる姿を見て、これこそ仏国土ではないかと想像する人がいるかもしれません。

タイ仏教のかたちだけ見れば、そうかもしれません。タイ仏教徒の対比で、日本仏教が国家に、国民に、学問にもないがしろにされているのではないかとも感じられるでしょう。日本仏教は単なる宗教なのです。宗派仏教の伝統教団と在家主義の仏教系新宗教には宗教法人としての差異はありませんし、伝統仏教でも歴史の長い新宗教でも僧侶や宗教者という職能は、身分や社会的地位というよりも、世襲される稼業に近いものがあります。

これは仏教の本来のあり方ではないとして一宗教としての仏教から社会的な仏教、政治と関わり、国民道徳の基となるような仏教を構想する思想家や宗教家、そして宗教団体があります。現在で言えば、冨士大石寺顕正会や創価学会など法華系新宗教です。日本では憲法第二〇条の政教分離の中身を、①政治が宗教に関与すべきではないに加えて、②宗教は政治に関わるべきではないとも厳格に解釈する人が多いので、政治参加する宗教に対する忌避感が強いのです。しかし、憲法は①に関して国家に制約を課しているだけで、②に言及はしておりません。戦後、伝統教団や新宗教から直接議員を国会に送り、戦後の民主主義に自分たちの声を届けようという動きがありましたが、この方針は政治家の中に自教団への理解者を求めて支援するやり方に転換していきました。例外的存在が創価学会であり、支持政党の公明党は政権与党として国政に二〇年来関わっています。

タイの僧侶は世俗から離れ、出家生活を送っていますが、地域コミュニティや政治と関わりを持つ場面に現れます。日本の僧侶は独自の出家生活を送りながら、一市民として地域や政治に関わり、宗派仏教は教団として社会的発言をなし、在家主義の仏教系新宗教は政治参画を行います。それぞれに仏国土の実現をめざしているともいえるのですが、どのやり方が望ましいと簡単には言えないでしょう。

この章のまとめとしては、次の二つになります。

①日本人は、僧俗の別を問わず、宗教研究者の中にも、タイ仏教を上座仏教、日本仏教を大乗仏教として同じ宗教のカテゴリーで見ておりますが、宗教を教説ではなく、かたちとして見る場合、誤解を招く見方となります。日本の宗派仏教が、西欧的な人文学の視点から一宗教となり、宗教政策上何らの特権もない一宗教団体とされていることから、他国の宗教もそのようなものとして無意識に見てしまうのですが、仏教に限らず、日本における宗教の位置づけが社会意識上も政策的にも世界的に見て特異な例に属しています。他所の国では特定の宗教文化に属する教団が特権を享受したり、政治に深く関与する例が見られます。

②タイの仏教は、国民国家形成の過程で構築された官製仏教であり、王権と深く結びついている一方で、教育や文化政策の影響を受けて国民の生活文化に深く根を下ろしており、タイ人の通過儀礼や地域の年中行事の大半が仏教儀礼となっています。国民の約九四%が仏教徒とされますが、信仰的行為の中心に積徳行がすえられ、具体的には報恩感謝の出家と仏法僧への布施があるために、僧侶と信者の活動がどこでも目に付きやすく仏教興隆の国と見えるのです。葬送と追善の儀礼を主軸に仏教民俗を形成してきた日本仏教では、近代社会において死が隠蔽され、継承される家が崩壊するに至って、ますます人々の日常生活に登場する機会を失いつつあるのではないでしょうか。

第三章　タイ政治と仏教

三・一　正法王の政治と民主主義

†新世紀のタイ政治

二〇一三年一一月末からタイの首都バンコクでは、市民のデモによる政府機関の占拠、街路の封鎖が続きました。連日の新聞やテレビの報道を通して、国旗を掲げて大通りをデモ行進する人々の姿を見て、この人たちは何をしているのだ、なぜ、選挙の妨害をするのだ、首都機能が麻痺するような状況を政府や警察がなぜ黙認しているのかと不思議に思った人もいたかもしれません。

私自身タイの研究を三〇年来やってきましたが、このような混乱が続いたことを悲しく思いますし、世界の人々から不可解な国という印象が強まることを懸念しています。現在のタイ政治を見通すことはできないにしても、なぜこうなっているのかを多くの人に説明することで、タイで研究させてもらった恩返しをしたいと考えています。

当時、デモ隊から辞めろと言われていたタイの元首相（第三六代）はインラック・チンナワットという四六歳の女性ですが、この人は二〇〇一年から〇六年まで首相（第三一代）を務めたタックシン・チンナワットの妹です。兄妹で首相を務めるという例は世界でも稀だと思いますが、この人は二〇〇一年に政界入りするまでチンナワット一族が経営する企業の経営者でした。この人の義兄であるソムチャーイ・ウォンサワット（裁判官・官僚・政治家）も第三四代首相になったのですが、兄のタックシンの政治力・経済力によるものです。

タックシンは北タイ出身の華人系タイ人であり、警察官僚在職中に始めたサイドビジネスの携帯電話事業で巨万の富をなしました。一九八六年に設立されたこの会社は、電話線の敷設が遅れていたタイに一気に携帯電話ブームを巻き起こしたのですが、政府から独占経営の認可を得たことが成功の鍵とも言えます。彼は企業家だけでは飽き足らず、一九九四年にパランタム（仏法の力）党に入党します。この党は、一九九二年にクーデターによって軍部が政権奪取した後、一九九三年の民主化運動をリードしたチャムロン・シームアン（元軍人でサンティ・アソークという仏教団体に所属、旧バンコク都知事を務める）が率いたもので、彼とスチンダー将軍がプミポン・アドゥンラヤデート国王の前に額ずいて平和的事態収拾の裁定を受け入れたテレビ映像が鮮明な記憶として残っています。それはともかく、ビジネスで財をなした人物が政界入りする慣行はこの時期から盛んになってきます。

その理由は政治、選挙に多額の費用がかかるためです。アメリカのように草の根の支援や寄付を呼びかけるというスタイルや、日本のように業界団体や組合が候補者を直接擁立する、あるいは世襲議員、政党公認の官僚横滑りというやり方が少ないのです。タイの新興政治家は自分の金で選挙運動員（末端で票固めに使う金を含めて）を雇い、集票活動を行います。従来、農村部では一票いくらで取引されていました。

なぜ票買いの慣行があったかというと（今でもあるから選挙に意味はないというのが今回のデモ派の主

張でしたが）、タイでは公共事業や地方交付税交付金という形で国に集まった金を地方に配分する仕組みが弱いのです。政治家が選挙区に応援の見返りとして地元貢献もしませんでした。ですから、選挙民は恩を売る意味がないので、一票いくらで売り渡したわけです。票買いは悪習ですが、民主主義が定着していないという以上に、選挙民と政治家の長期的な互酬関係が成立しない政治システムが根本的な問題なのです。

実は、タックシンこそ少数者（王族・財閥・軍や官僚という社会の上層）による政治を選挙民の総意による政治へと抜本的に変更した政治家でした。彼は一九九八年にタイ愛国党を結成し、わずか三年で首相まで登りつめました。

親族や側近を使ってトップダウンで物事を進める政治手法は、CEO型・大統領型と呼ばれましたが、従来の首相とは違った発想の持ち主でもあったのです。前首相のチュワン・リークパイ（南部に強い民主党の政治家）が北タイ・東北タイの農民たちの要求（貧民連合による居住・環境・農耕の権利保全など）を冷たくあしらったのに対して、①三〇バーツ医療（初診料だけで医療を受けられる健康保険制度）、②農家の債務返済猶予、③タイの全行政村に百万バーツの基金を設立して地域開発を実施するという公約で選挙戦を圧勝し、それらを実行したのです。マニフェスト型選挙の嚆矢です。

①は既に保険省が用意していたプランであり、③は日本の一村一品運動にヒントを得ていた構想ともタイアップした地域起こしです。これらは南部を除くタイの農民たち（民主党の地盤）に歓迎されました。加えて、メディア戦略に長けたタックシンは、木綿で藍染めの農民服を着てムラ人と歓談し

てみせるなど農民に親近感と自尊心をも与えたのです。

自民党政治に慣れた日本人にとってあたりまえのこと（候補者が田んぼに入って握手をし、農村発展のため道路や補助金を約束する）が、タイの農民、地方の人々にとっては新鮮でした。農村は安い農産物と人手を都市部に提供し、タイの産業化に貢献しました。しかし、地方は壮年世代や子世代の出稼ぎ・仕送りに頼る以外に経済成長の果実を味わえなかったのです。タックシンはこういう人たちを選挙民（顧客！）として遇したのです。

言うまでもなく、地方に金を還流させるためには原資が必要です。タイは一九八〇年代半ばより工業化を進め、九〇年代終わりには世界最大のコメ輸出国でありながら、自動車・電化製品・加工食品などを輸出する工業国へ転換しました。新中間層と呼ばれる都市住民も増えてきたのですが、所得税の課税所得限度額以下（年間一五万バーツ―約五〇万円）の収入しかない農民・都市住民が半数を超えます。間接税（消費税）七％は貧しい人も負担していますが、多く収める都市上層・中間層の人たちにとって地方に偏った政策はポピュリズムに見えました。

タックシンは少ない税収で多くの事業を行うために、政府内の無駄な支出を削減する方針を打ち出し、既得権益への切り込みを図ります。これも日本では民主党政権時に「仕分け」の劇場中継を見てきたとおりです。タックシン自身が既得権益を利用してきたこともあって、どこに既得権益があるのかをよく知っていたのです。それを剝がされた人は彼を恨んだでしょう。また、二〇〇三年には麻薬撲滅作戦と称して国内の拠点・関係者を警察・軍で一斉に捜索し、抵抗するものはその場で射殺したりもして、処刑者（タイで麻薬製造・所持・販売の最高刑は死刑）を含めて死者二五〇〇名以上、逮捕者数万人に達しました。これには冤罪の批判も出ています。さらに、南部四県（ヤラー、ナラティワート、パタニ、サトゥーン）のムスリム教徒との対立激化とその対応（タックシンは分離運動をテロ活動として封じ込めにかかった）をめぐって南部タイの人々から批判を受けました。

その他、彼自身の所有する会社株をシンガポールの会社に売り渡して巨額の利益を得たことを国益に反すると批判され、首相とタックシン財閥ＣＥＯの二足のわらじをはくことにも疑問が出されました。彼自身は会社経営のやり方でタイ国をマネジメントするつもりだったのでしょうが、ビジネスが急速にグローバル化されるほどに政治は旧慣を脱してはいなかったのです。ついていけないという人が急増しました。

†クーデターと街頭デモ

タックシンの退陣を求める世論は、彼の支援者でもあった雑誌社主ソンティ・リムトーンクンによるタックシンの不正蓄財疑惑批判デモで火がつけられ、黄色シャツを着た民主市民連合のデモ隊が王宮前広場を連日埋めるほどに膨れ上がりました。二〇〇六年に軍が介入し、タックシンが外遊先のニューヨークから非常事態宣言を出したのを打消し、戒厳令を出しました。王室に近い枢密院や軍関係者および経済界からも支持を得て、最終的には国王が承認し、タックシン派政治家は一掃されたのです。

しかし、二〇〇七年の総選挙ではタイ愛国党の後継政党である国民の力党が多数派となり、党首のサマック・スンタラウェートが首相になります。そこでソンティ他民主市民連合（黄色シャツ派）がタックシン政治の傀儡政治は許さないとして（亡命先のイギリスからタックシンは強力な政治力を行使していました）内閣総辞職を求め、政府省庁の占拠や街頭での示威活動を展開します。サマックは辞任し、タックシンの義弟であるソムチャーイ・ウォンサワットが首相になりますが、民主市民連合は国内線のドンムアン空港・国際線のスワナプーム空港を占拠して政権に揺さぶりをかけます。

ソムチャーイに引導を渡したのは、憲法裁判所であり、国民の力党の選挙違反が告発されていたのですが、それに選挙無効と罰則としての解党を言い渡しました。こうして政権は野党の民主党に引き継がれ、首相となったアピシット・ウェーチャチーワは総選挙実施までの政権運営を行いますが、なかなか選挙を行いませんでした。それは、二〇〇一年、二〇〇七年の総選挙はいずれもタックシン派の圧勝であり、選挙では民主党は勝てないし、タックシン派を一掃することはできないからです。

実は黄色シャツ派と同様に、タックシン支持派が二〇〇六年に反独裁民主同盟を結成し、アピシット政権に対して即時選挙を求めるデモ活動・街頭の占拠等を二〇〇九、一〇、一一年と継続的に行いました。二〇一〇年には、政府が非常事態宣言を出し、五月にデモの鎮圧に乗り出した警察・軍との間で大規模な銃撃戦が起き、約九〇名の死者と千名を超える負傷者、目抜き通りの商店・デパートが放火されるなど深刻な事態となったのです。

二〇一一年に総選挙が実施され、タックシン派議員がリメイクした政党であるタイ貢献党（憲法裁判所から解散命令が出されても別の党として設立が繰り返される）が二六五議席、民主党が一五九議席を獲得し、タックシンの妹であるインラックが首相に選出されました。

以上、長々と現首相までの道のりをかけあしで説明してきました。

†恩赦の法案とデモ

インラック首相に政治経験がなく、兄のタックシンによるリモートコントロールの政権であることは明らかだったのですが、タイ国初めての女性首相、就任時四四歳の若さと企業経営者として働く母親と新時代首相のイメージとして悪くはありませんでした。しかし、二〇一一年にタイを襲った大洪水（八〇〇名を超す死者と五兆円に達する経済的損失）への対応の甘さ（プミポンダムの水量コントロールと排水計画の不備）、二〇一二年秋に恩赦法案を提出する（上院で否決され、見送り）など失策が目立ちました。

タックシンは土地の不正取引の罪で実刑判決を受けていますので帰国すれば逮捕されます。兄妹の情愛を政治に持ち込むのは禁じ手でしょう。もちろん、二〇〇六年のクーデター以降、政治的理由で訴追され有罪とされた事件で不適切なものもあるわけで、黄色シャツ・赤シャツの和解（ひいては国民全体の和解）をうながしたいという大義名分はわかります。その一方で、赤シャツデモを鎮圧した責任者であるアピシット首相とステープ副首相を訴追し、恩赦は双方にとって得になるという裏取引の構図も批判されました。

マーブンクロン前のデモ隊（バンコク。筆者撮影）

ラーマ四世通りを行進する人々（バンコク。筆者撮影）

そうした社会の雰囲気を読み取り、先手で政権に攻勢をかけたのがステープであり、民主党もデモに同調したのです。再び、選挙を通した代議制民主主義から街頭の政治に戻りました。ステープの主張は、タイにはタイの民主主義があり、選挙は選良を選出する制度としてふさわしくないので、国民各層・各職域・地域から選出された代表者で構成される代表者会議による政治改革を実施後、総選挙を行うべきだというものです。インラック首相は、現政権に批判があるならば総選挙で国民の判断を仰ぐと、二〇一三年一二月下院を解散して、二月二日の投票日を決定しました。デモ隊は選挙阻止に向けて示威活動を続けています。

私は一月一〇日から一四日までバンコクに滞在し、関係者に話を聞き、デモ参加者にインタビューもしました。わかったことを列挙すると、①デモで占拠された地点は出入りが自由であり、籠城中のデント派（大半が南部から動員された人々）と日帰りのバンコク市民で集会が構成されていること。②デモや集会は祝祭の雰囲気があり、タイ国旗をあしらったデモ・グッズ（笛、鳴子、リストバンド、Tシャツ等々）の露店や屋台が出ていること。③行進するタイ南部県出身者や応援するバンコク市民の顔は晴れやかで、政治の舞台に立っている自負心がうかがえること、④指導者のステープに市民が次々に紙幣を活動資金として提供し、一日で数百万円（それでも不足）が集まること、⑤拠点には炊き出し班や医療班などがおり、秩序を保っていること（黄色シャツ・赤シャツによる暴力的占拠・暴行への反省）、にもかかわらず、⑥過激な行動を完全に制止できないこと（他方、反デモ派も手りゅう弾を投げ込み、不測の事態が勃発していること）でした。

政府は二一日に非常事態宣言を発令し、治安維持に動き始めました。収拾のめどが立たないのは、タイの政治意識に原因があるのではないかという気がします。

†正法を求める政治

タイでは一九五九年にサリット・タナラット元帥が首相となり、王制・仏教・国家がタイの柱と定められ、プミポン国王崇拝が進められてきました。タイ上座仏教サンガの近代化は、ユルブリンナー主演の『王様と私』に登場するラーマ四世王が着手したのですが、王権には正法を持する王の理念が重ねられたといいます。プミポン国王の六四年に及ぶバランスのとれた統治に慣れたタイ国民は、政治家に直接的な善政（徳や無私の心を求める）や大岡裁き（法律に依らず根本的な正邪で判断）を求める

プミポン国王追悼の弔問ステージ（筆者）

心性があります。王を尊び、国民の心を一つにすることができない政治家は邪悪なものです。タックシンがそうだと。選挙による代議制民主主義は所詮治世を司る代理人を選ぶ手段に過ぎないのです。デモ騒乱による経済的被害と正しい政治を天秤に載せること自体ナンセンスというわけです。

私の見るところ、こうした治世や正法王による善政という発想は上座仏教の社会タイで根強く、仏教と王権の関係がアショーカ王の時代から脈々と受け継がれ、徳（正しさ）が民主主義（欲得の利害調整システム）に優越するのです。

ただし、王権に対する信頼性は、タイの場合ラーマ九世プミポン国王の一九四六年から二〇一六年までの七〇年にわたる長期在位期間に生まれたものです。国王は一九六〇年代からサリット・タナラット首相による王権の演出に沿って地方巡幸を繰り返し（櫻田、二〇一七）、王室予算による地方の開発を進め、王族が国立大学の卒業式において直々に卒業証書を授与する、公務員の葬儀には火葬用の着火用火だねを王家にゆかりのある名刹から下賜するなどの種々の工夫を重ねて絶大な信頼と尊敬を勝ちえたのです。そして、一九九二年における軍部と民主化を求める市民運動の衝突に際して、スチンダー・クラープラユーン将軍・首相と仏法の力党の党首チャムロン・シームアンを王宮に呼び出し跪かせて対決を戒めるなどの権威を示すほか、基本的に政治的中立性を保ちました。国父として敬愛された国王が二〇一六年に八八歳で崩御されたとき、多くの国民が号泣し、供養のために出家する者も多く、公務員は一年間喪に服することになりました。国民はしばらく黒の喪服を外出時には着用したので喪服はおろか黒色のTシャツもなくなり、路上で色物のTシャツを黒く染める無料サービスまで出現しました。私はこの年タイを訪問したのですが、滞在中黒いワイシャツか黒ズボンという格好で暑かった思い出があります。

幼少年期から青年期を欧米で過ごしながら即位後はタイを離れなかったプミポン国王に対して、ラーマ一〇世となったワチラーロンコーン国王は半生を王子として思うままに過ごし、即位後もドイツに滞在していました。学生や市民の反政府デモが王室改革まで求める状況に急遽帰国しましたが、タイ国民の厚い信頼を得ているとは言いがたい様子です。

ともあれ、ウィンストン・チャーチルの名言「民主主義は最悪の統治（政治）の仕方かもしれないが、歴史上試されてきたこれ以外のやり方よりもましである（意訳）」にタイ国民が同意するようになれば、タイ国王の仏教の擁護者、卓越した徳の保持者、国父のイメージは世代を超えて保持されることはないでしょう。

三・二　国家と仏教

†軍事政権の復活とタイ仏教の正法

タイ政治を理解するためには、タイの正法王の観念を理解しなければなりません。すなわち、仏法の実践者・擁護者としての王こそ正しい統治をなしうるという理念は、タイにおける王権と仏教（実践者としてのサンガ）の関係を示すものです。しかし、これが選挙を通じて代表者を選び、多数派が国民の付託を受けて政治をなすという民主政治にとって障害となることがあります。

選挙結果にかかわらず、私こそ正しい道を知っている、私こそ国王へ忠誠を誓うものだという主張が、二〇〇六年以来、街頭の政治としてどの政権に対しても反対派によって起こされています。一九三二年の立憲革命以来、主要な政権交代は一〇回もの軍事クーデターで起こされ、一九九七年にようやく新憲法が発布され、総選挙の結果二〇〇一年から二〇〇六年まで首相の地位にあったタックシン・チンナワットもクーデターで政権を追われたのです。

軍部は中立を装っていましたが、現政権が混乱を収拾できないのであれば再び秩序と社会の安定を国王に返すべく登場する姿勢を示し、実際その通りになりました。

二〇一四年五月二〇日にタイ王国陸軍は、政治的混乱の収拾と平和と秩序の維持を名目として全土に戒厳令を発令し、二二日にプラユット陸軍総司令官はテレビ演説を行い、国家平和維持評議会による全権掌握を宣言しました。八月二五日にプラユットは国王ラーマ九世の任命を受け、正式に第三七代首相に就任しました。プラユット政権は、タックシン勢力を含む旧勢力や民主化を望む市民の票が軍事政権に向かうのは必至だったために、総選挙を二〇一九年まで先延ばしにしました。小選挙区（三五〇議席）、比例代表（一五〇議席）の計五〇〇議席が争われた総選挙では、タックシン派で反軍勢力のタイ貢献党が一三六議席を獲得し比較第一党、親軍勢力の「国民国家の力党」が一一五議席で第二党になりました。プラユット首相は少数政党による首相指名をとりつけ、上下院合同による首相指名選挙において首相に選出されました。二〇二〇年には、学生や高校生による反政府デモがありましたが、新型コロナウイルスの感染拡大を防止するという名目で集会の禁止を命じる緊急事態を長期間継続しています。

軍隊や政治家、デモを続ける市民が必ずしも仏教の正法を持しているわけではないのですが、正法王の観念と正しい政治の実現のみを主張し、その具体的な手続き論を飛ばして自己の政治活動の正当化に使う限り、タイにおいて「正法」の通俗的実践こそ、混乱の源となります。仏法を社会に実践すれば世は治まり、人々に平安がおとずれるという言説は、実は仏教者ほど慎重に用いるべきであり、自己正当化に使ってはならないと思います。

日本を代表する宗教学者である島薗進先生は、近著『日本仏教の社会倫理』（島薗、二〇一三）において、石井米雄氏の『上座部仏教の政治社会学』（石井米雄、一九七五）から正法に係る構想のヒントを得て、「タイにおいて正法が機能している」「仏教は最初から社会参加仏教だったということにはならないだろうか」という着想をあとづけるべく、日本仏教史を読み直されています。直接タイ上座仏教を論じているわけではないのですが、タイの上座仏教における正法の評価が理念的であり、現実の政治や歴史との齟齬をもう少し見ていった方がよいのではないかと思いました。

島薗先生が現代の日本仏教や仏教研究にいだく疑問は、戒律と正法の不在もしくは軽視です。戒律と肉食妻帯の問題には日本に仏教が導入され、発展してきた歴史が大きく反映されています。すなわち、官僧の身分・世襲化は元来からあり、出家者によるサンガは成立せず、平安時代から寺領を有する寺社仏教が栄えたために布施を通して僧侶と在家が互酬的関係を結ぶこともありませんでした。乞食坊主は蔑みの言葉であり、托鉢によって食をえる僧侶のあり方は模範にならなかったのです。後に宗派をなした鎌倉新仏教は、武士や民衆への教化によって檀越を獲得し、近世では寺壇制度によって地域社会に根を下ろしていきました。浄土真宗の宗派は血族により法灯を継承してきましたが、明治以降、僧侶の蓄髪妻帯を政府が公認すると他の宗派も妻帯と寺院の世襲を認めたのです。

正法については、鎮護国家仏教の時代と、叡尊・忍性による新義律宗、日蓮が創始した法華系仏教以外では、正法の護持によって国家繁栄・安定を実現しようという運動は起きませんでした。このことは東南アジアの上座仏教やチベットの仏教と大きく異なる点です。むしろ、正法を掲げた時代は官製仏教か仏教急進主義の時代として距離を置かれ、慈悲の心や世俗の生活に仏道を見いだす（妙好人など）ことが戦後の仏教研究を規定してきたと島薗先生は述べ、社会に積極的に関わる際の思想的根拠である正法の理念を再評価しないことには、仏教の理念を広く社会に行き渡らせることが難しいのではないかとまとめています。

日本では、明治以降、法華系在家主義仏教運動が日本ナショナリズムやアジア主義に拡張されていき（田中智学の国柱会やそれに関わった石原莞爾など）、戦後は仏教系の新宗教教団（霊友会、立正佼成会、創価学会）が社会参加仏教として展開してきたと島薗先生は評価しています。日本の仏教史を通観し、既成仏教の宗門も新宗教の教団も公平に見たうえで、戒律に対しては実態としても経学・宗学としても重視されず、正法理念は日蓮正宗の傘下セクトであった創価学会やより急進的な顕正会に宗派主義的な形で護持されていることの問題点を指摘したのです。

大胆な日本仏教史の再考、現代仏教の考察として高く評価されている論考ではありますが、私にはわかりにくい点がいくつかありました。

一つは、正法を護持する仏教と国家・社会との関係が、歴史的には明治以降の法華系政治団体や新宗教を通してイメージされてしまうために、現代に正法を復活することの具体的な形がよくわからなかったことです。このことは後述するタイの正法思想と国家との歴史的展開を見てくると官製仏教の評価とも関わります。もう一つは、社会参加仏教の思想的基盤に正法理念は必ずしも必要ないのではないか。為政者が法や徳を具備すること、仏教の理念が社会形成に力を及ぼすことは、説話的な経典や新宗教教団の教説においてのみ理想状態を見るのであって、現実的にはむしろ問題をはらむのではないかということです。

こうした論点を深めるべく、正法の具体相と社会参加仏教の思想的基盤をタイ社会の文脈から考察してみましょう。さらに、日本では十分に展開しなかった新義律宗における戒律と正法の護持にどのような意味があるのか、島薗先生の問題提起を受けて、タイにおいてその実相を捉えてみたいとも思います。

三・三　タイ上座仏教の歴史的・宗教的実像

†王権の正法と土着的仏教

第二章で述べたタイ仏教のかたちと一部重複する箇所もありますが、タイ仏教の通史としてお読み下さい。

タイはスコータイ朝（一三～一五世紀）からアユタヤ朝（一五～一八世紀）を経て、現在のラタナコーシン朝に至りました。スコータイのリタイ王は仏教に帰依して自らを正法王（タンマラーチャティラート）と称し、『三界経』を著して因果応報と地獄界を説きました。アユタヤ時代にも正法王の観念により王権が正統化されましたが、バラモン教による神王（デーヴァラージャ）観念で王の神聖性が表象されてもいました。

タイの古い時代の仏教は遺跡や仏像、古寺に残された葉綴本から想像するしかないのですが、王や貴族が仏教を信奉していたこと、自由な民（土着の民で賦役の義務あり）と奴隷（他国との戦争により捕虜としてタイに連れ帰ったものたちとその子孫）は土俗的な仏教を信じていたのではないかと考えられています。残念ながら、民衆化した仏教の中身は日本の鎌倉新仏教のように史料で確認できません。せいぜい一九世紀後半くらいからの史書・伝承により、近代化以前の仏教の様子がうかがえる程度です。

カマラ・ティヤワニッチという人類学者が森林の遊行僧（Kamala, 1997）という興味深い本を書いており、それによるとタイでは王家や貴族と関わるバンコクの名刹・古刹が主導する仏教と地方の人々が信奉する遊行僧たちの仏教があったとされます。一九世紀から二〇世紀中頃（東南アジアにおいて国民国家の国境が地図上で画定され、人々が国籍を持つ）までは、タイの北部・東北部、ラオス、ミャンマーにまたがる広大な密林を仏道修行のために、あるいは見聞を広めるために僧となって遊行（頭陀行）する僧侶たちがいました。僧侶にとって肝心なことは仏教学ではなく、瞑想修行により解脱の境地を高めることでした。そして、こうした遊行僧、森林の苦行僧に布施する民衆が求めたものは、卓越した僧侶の徳が力能として顕在化した力であり、力の象徴としての遺骨、日用品やお守りです。その伝統は現在も残されており、高名な僧侶謹製のお守りは高値で売買され、その功徳により病気・災禍から逃れ、幸運を得られると信じられています。

東北タイの土着的な仏教の様相は、スタンレー・タンヴァイアというスリランカ出身の人類学者が克明に調査しており、日本でも京都大学の林行夫先生がまとめています（林行夫、二〇〇〇）。これらの研究や私自身の東北タイ調査からわかることは、民衆が受容した仏教はタイ民族が元々持っていた守護霊信仰（ピープーターなどの祖霊棚やラックムアンと呼ばれるムラの守り神を象徴する文柱）や精霊崇拝（クワンと呼ばれる生霊を招来し木綿糸で身体に結ぶ儀礼）、バラモン信仰（プラームと呼ばれる民間祭祀者が結婚等を司式）と共存していたということです（櫻井、二〇〇五）。

もちろん、現在はバンコク主導の仏教伝統の力が強いのですが、それでも人々は僧侶の力能にすがろうとします。そして、その力能は僧侶のカリスマ、苦行、瞑想の境地に由来し、経学の研鑽により得られるものとは考えられていません。

タイ仏教の基本的観念は、布施・積徳行為（タンブン）と業（カンマ）です。因果応報と言いますが、現世でよい地位にあり幸福であるのは前世での行いが良かったからであり、不幸は前世の報いと考えられています。来世が幸せであるためには現世での積徳行為が重要です。しかも、現世での積徳行為は故人に転送可能であり、男子が親へ報恩のために一時出家して徳を積むことは重要な人生儀礼でした。僧侶・寺院への布施は、個人の積徳行為として現世・来世の幸せのためにやるものです。僧侶は托鉢において布施を受けますが、決して在家に感謝はしません。徳を積ませてやること自体が尊いのです。

個人の解脱を目指す修行僧と寺院、積徳行為を求める在家が互酬的関係を維持しているのがタイ上座仏教の頑健さです。信仰・信心というこころの問題よりも、極めてコスモロジカルな力学的世界観のゆえです。ここには僧侶に戒律と統治を課す僧団（サンガ）も、正しい仏法を社会に求めていく正法の観念も直接的には関係しません。
こうした土着化した仏教、宗教文化の革新を求め、サンガを作ったのが王権なのです。

†近代化と仏教

二〇世紀後半の調査でも民間の習俗と混交した仏教信仰が地方に存在していることが確認できたのですから、一九世紀の仏教は民俗・習俗に近いものだったでしょう。タイ王室が西欧社会と触れ、交易やサクディナー制（王が所有する国土を貴賤に応じて臣民に貸与する土地制度）に立脚する封建社会から近代国民国家へ転換を図るようになると、複数の僧団（サンガ）がそれぞれの教説・行法（瞑想法や頭陀行）・民間療法を伝承していた事態は改革すべきものと考えられました。

即位前に二七年間出家し教学の研鑽を積んだラーマ四世（在位一八五一〜六八）は仏教の改革運動に乗り出し、教学の教本や階梯（仏教学が一〜三級、パーリ語の経典学四〜九段）を整備し、タンマユット派を創設しました。ラーマ五世（在位一八六八〜一九一〇）はチャックリー改革（政治的中央集権化）を進め、全ての僧侶を一元的に管理するサンガ法を策定します。タイの僧侶はタンマユット派でないものは、マハーニカーイ派とみなされることになったのです（現在九〇%の僧侶がマハーニカーイ派）。

僧団の官僚制的統治機構は、一九四一年の仏暦二四八四年サンガ法によって大僧正の下に立法、司法、行政を置くことになり、一九六二年の仏暦二五〇五年サンガ法では、大僧正の下に長老会議を置き、実務はその下の行政機構（内務省の機構そのままで区―郡―県―地区の順でピラミッド型の統治）で担うことになりました。このサンガ法を制定したのが、サリット・タナラット元帥・首相（在任一九五九〜六三）であり、王制・仏教・国家がタイの中核と定められ、一九六〇年代以降プミポン国王による巡幸・慈善事業、サンガが開発や教育という公的領域に積極的に関わりはじめました。

タイは一九三二年に立憲革命を経て近代国家へ転換したものの、これは明治維新に相当するものと考えられます。その後、クーデター等による政権交代や憲法制定の過程を経つつも、東西冷戦体制時にようやく現在まで続く国家の骨格が定まりました。北と東西を中国・ミャンマー・ラオス・ベトナム・カンボジアという共産主義国家に囲まれ、南にイスラーム国家であるマレーシア・インドネシアとつながるタイは、アメリカ自由主義（資本主義）陣営の前線基地であり、周辺国との差異化こそが「善きタイ人」を形成する政策的根拠となったのです。サンガの布教師による地方の取り込み（仏法の使節計画）、プミポン国王崇拝、善きタイ人を生み出す国家発展計画（パッタナー）が一九六〇年代から九〇年代まで実施され、まさに正法を護持する国家的体制（サンガと王権、国家との連携）が整ってきたのです。

三・四　タイの社会参加仏教

†社会参加仏教とは何か

社会参加仏教はEngaged Buddhismの日本語訳です。日本仏教と近代宗教に造詣の深い阿満利麿氏は、著書『社会をつくる仏教――エンゲイジド・ブッディズム』（阿満、二〇〇三）において、反戦平和活動をアメリカとフランスで行ったベトナムの僧侶ティク・ナット・ハン（Thich Nhat Hanh）を参照しています。エンゲイジドはフランス語のアンガージュマン（engagement）に由来し、哲学者のサルトルによって人間が自由を行使するための活動として政治参加の意味に用いられ、後に広く社会参加を指す概念として使用されています。ベトナムにおいてもミャンマーにおいても自由な宗教活動の空間を確保し、政府によって抑圧される市民の側にたったという意味でまさに社会参加仏教でした。

タイの仏教思想家として著名なスラク・シワラック（Sulak Sivaraksa）は、ティク・ナット・ハンとも交流し、一九七〇年代から社会参加仏教（Socially Engaged Buddhism）の重要性を唱えます。彼は国際的な平和・人権活動を推進していく知識人であり、タイ・サンガとは距離を置いて仏教による社会貢献を目指しています。

こうした仏教思想や実践の新しい動向に着目した西欧の研究者たちは、従来の僧院・出家者主体の伝統仏教に代わる社会参加仏教（Engaged Buddhism）の興隆に着目しています（Queen and King, 1996）。この本の中には、タイのスラク・シワラックに加えてプッタタート比丘の仏教社会思想、台湾仏教における尼僧の活躍、ダライ・ラマ一四世とチベット仏教、ティク・ナット・ハン、そして日本の創価学会が取り上げられており、政治や社会運動に直接関わる仏教という意味で社会参加仏教という概念が用いられていることがよくわかります。島薗先生が日本の在家主義仏教運動として法華系新宗教の教団を社会参加仏教に加えていることの問題意識、すなわち正法の政治にもつながります。

しかしながら、私は社会参加仏教という概念の出自が極めて西欧的であることに注意した方がよいと考えています。つまり、仏教は出家者・僧院中心の禁欲的行の宗教であって、元来社会活動には消極的なのに近年新しい動きが見られるという思い込みが、社会参加仏教という概念化につながっているのではないかと思うのです。これは宗教社会学の巨人であるマックス・ウェーバーであっても仏教の特質として世俗外禁欲（社会から離れて修行）を指摘しましたし、近年欧米で人気のある仏教は禅やチベット密教ですので、西欧における仏教のイメージが偏っていたのかもしれません。

もう一つは、政治に参画していく宗教運動については、運動の段階論を外すわけにはいかないということです。すなわち、社会建設に仏教の理念を生かすという為政者・仏教者共の当初の企図は、どろどろした利害調整の場である政治に持ち込まれると変質せざるをえません。萌芽的な運動だけをみれば、純粋で美しいのです。マイノリティとして政治に異議申し立てをした段階とマジョリティとなり体制側となった段階では、政治への関わり方が変わってきます。タイにおいてサンガは体制側の仏教です。社会参加仏教として注目されている開発僧はまったくのマイノリティです。しかし、どちらも社会参加仏教なのです。

さらに言えば、社会参加仏教というほど仏教教団の社会活動は新しいものではなく、社会事業の例はどの地域においても枚挙に暇がないほどです。しかし、社会参加や政治に関わる歴史的脈絡はそれぞれに独特なものです。そのため、アジアにおける社会参加仏教の興隆という問題設定は、魅力的な実践と研究のテーマなのですが（龍谷大学アジア仏教文化研究センター、二〇一二）、あまり一般化しすぎたり、西欧の研究者たちの影響を受けすぎたりすることには慎重であるべきです。

さて、概念定義や研究動向のおさらいはこれくらいにして、タイの社会参加仏教である開発僧の事例を見ていきましょう。

†開発の時代

タイにおいて開発（パッタナー）という言葉は、政治、教育、衛生等公共的世界における秩序と進歩を指し示します。王権・仏教・国家がタイの柱であると説いてやまないサリット・タナラット（在任一九五九〜六三）は、王室プロジェクト、僧侶による布教や開発教育、行政主導の開発に乗り出し、東北地方で勢力を温存していたタイ共産党やラーオ民族主義の懐柔も図りました。一九七〇〜八〇年代には、東北タイの国境付近でベトナム難民の支援にあたっていたＮＧＯが東北タイ農村の開発も手がけるようになります。この時期にＮＧＯが主張する草の根型の地域開発が推奨され、地域のリーダーとして小学校や中学校の教師、僧侶がＮＧＯの相談役になりました。政府やサンガの開発政策を担う形で地域開発に取り組んだり、説法や瞑想修行を通して貧困の呼び水となる飲酒・ばくち・売買春などの悪癖をやめるよう村人に促したりする農村出身の僧侶たちが、開発僧（プラ・ナック・パッタナー）と呼ばれました。

私は、一九九七年に一〇カ月間東北タイのマハーサラカーム大学に滞在し、開発僧の調査を行いました。開発僧として名高い僧侶がいると聞けば、ってをたどって紹介してもらい三〇名を超す僧侶に話を聞きました。また、開発僧と普通の僧侶の差は何かを明らかにするために、カーラシン県カマラーサイ郡寺院の悉皆調査約八〇カ寺を行い、比較しました。この二つの寺院群に、コーンケーン大学が一九九〇年代初期に調査した一九八〇年代の開発僧の事例約四〇ケースをも加えて比較分析を行ったのです（櫻井、二〇〇八）。

タイの僧侶が托鉢後朝食を終えて時間のある午前中に聞き取りを行いました。基本は一日一カ寺で郡内であれば二カ寺できました。東北タイの離れた県の開発僧に会いに行く時は車で一日約四〇〇キロを走ったこともあります。まさに現地で時間がなければできない調査です。数十カ寺も回ると、境内の清掃具合だけで住職の人柄や寺院の活動ぶりがうかがわれるようになりました。小学校卒ながら仏教学を修めた僧侶の整理された話しぶりに驚いたり、僧侶の所作から伝わる清浄さや村人への温かい心遣いに思わず布施を申し出たりすることも多々ありました。

タイ人が布施を惜しまないのは積徳行為によって現世来世の御利益を願うことはもちろんですが、初対面の人間を魅了できる僧侶が多いことも事実です。自分が金を使うよりもこの僧に使ってもらった方がはるかに功徳もあろうと思えるのです。

私が調査した開発僧たちは、寺院と村落社会が築いてきた次のような社会関係資本を生かした地域開発を行いました。①文化的資源（僧侶の信用・宗教的守護力）、②歴史・政治的正当性（社会開発のなかで政策に応じながらも僧侶の主体性を維持し、時に行政に批判的な開発実践も志向）、③社会関係資本

（頭陀行により僧侶は情報の伝達者・媒介者となり、僧やサンガのネットワークを活用して村を中央や他地域と結ぶこと）の利用です。そして、開発僧のタイプとしては、一九八〇年代はNGOと連携する僧侶が多かったのですが、一九九〇年代中盤においては、僧侶個人のカリスマ（森林で苦行・瞑想実践によって威徳や霊力を得たと信じられたり、呪術的占いや治癒能力などを身につけたりしていること）が広く人々の帰依を集めておりました。地域社会を超えた積徳行のコミュニティが形成され、バンコクからも布施をしようと人々が押し寄せ、喜捨された浄財が寺院を通して社会的に還元されていました。寺のある村のインフラ整備、学校・病院への恒常的な寄附、薬物中毒者への施療院付設など、行政や福祉的事業を進めていました。

しかしながら、僧侶や寺院に開発の担い手を期待する村人の声は九〇年代半ばでも半々であり、経済開発は行政や民間に委ね、僧侶には精神修養の指導者としての役割を求める声が少なくなかったのです。一九九〇年代後半になるとタイの経済は著しく発展して中進国の段階に達し、急激に消費社会化して節度や規範が喪失した社会の問題性に警鐘をならす役割を仏教に求める声の方が強くなってきます。そして、二〇〇〇年代に入ると開発僧と目された僧侶達の開発活動はほとんど終息したのです。

ただし、寺院が不測の事態に社会関係資本として機能することは間違いありません。

†社会関係資本としての寺院

二〇一一年、タイでは大洪水が発生し、東洋のデトロイトを評されるタイ中部のアユタヤーからバンコクにかけての工業団地が浸水域となり、周辺の田畑や住宅地も水没しました。洪水関連の死亡者は八一五人、家屋の損壊は約一〇万世帯、避難者は約五三九万人に達しました。政府の対策は後手に回り、地域住民は自助努力を求められたのですが、その際、大きな力を発揮したのが寺院です。

二〇一二年にナコーンパトム県で私は寺院調査を行い、洪水被害に対応した寺院が次のような対応をなしたことがわかりました。①タイの洪水は数週間という時間をかけた水の移動であるため、寺院は前もって土嚢を積む、船や食糧を用意するなど準備可能でした。②多層階になっている説法所や庫裡を地域住民の避難場所として開放し、数週間から数カ月食事・医療等を提供しました。③敷地内に学校を併設する寺院ではそこも開放し、工場団地から避難してきた外国人労働者（ミャンマー人、ラオス人、カンボジア人等）を数百名収容しました。外国人は情報から疎外され、避難先として頼る縁者がいなかったのです。④寺院には地域の信者（住民や商店等）、行政関係者が出入りするので情報が集約され、被災者支援センターのような機能が果たせました。⑤支援活動を行う寺院には広く喜捨が寄せられ、活動資金が途切れることなく続いたのです（櫻井編、二〇一三）。

このような寺院の社会活動は、寺院と地域社会、僧侶と在家一般との互酬的信頼関係があったからではないでしょうか。僧侶の生活費、寺院の運営費はたかが知れています。そこに日本では考えられないほどの布施が集まり、財の社会的再配分がなされます。戒律を守らない僧侶もいますが、大半の僧侶は二二七の戒律を守ります。

タイの僧侶は社会的次元で正法の護持を考えません。政治には消極的に関与するのみです。しかし、僧としての生き方、戒律を守るという行為が、寺院の社会関係資本としての力を高めています。人々が安心して布施できるのです。

ここで思い起こされるのが、新義律宗の社会事業です。戒律の護持は僧侶と寺院のあり方を明確化し、シンプルにします。そうでない場合に教説の解釈や教線の拡大に勢力を使います（正しさの証明として覇を競う）。日本の宗派仏教は後者ではなかったかと思うのです。正法を理念や社会倫理として考察するだけでは不十分ではないか、それは僧侶の在り方や在家者との信頼関係として顕されるものではないかというのが私の見解であり、タイの開発僧や現代の寺院による活動からもそう言えるのではないかと思うのです。

三・五　タイの一貫道と扶鸞

†一貫道とは何か

私は二〇一四年から一五年にかけて香港中文大学に滞在していた折、香港の街中にある古びたオフィスビルを改装した一貫道の仏堂を訪問し、道場長（点伝師）に質問し、菜食をいただいたことがあります。信者の大半は中高年女性であり、水色の道衣を身につけ、点伝師の女性に親のように導いてもらっていると口々に話してくれました。

一九九七年の返還前に香港には約三〇〇カ所の道場（仏堂）と約五万人の信者（道親）がいると言われていました。私の教え子たちの調査によると、信者たちの多くは、友人・知人から誘われ、家族や職場の悩みを相談したり、菜食による健康法や教えを学ぶことで安らぎを得たりして高い幸福感を得ているということでした（伍・寺沢、二〇一五）。

まず、一貫道とはどのような宗教であるかを説明しましょう。

清末から民国期にかけて中国では民衆宗教が活況を呈したと言われています。儒仏道の三教が制度的には科挙で官吏に登用された士大夫や郷紳、寺院の僧侶（僧・尼僧）や道観の道士（乾道・坤道）によって担われたのに対して、民衆宗教では三教の習合が起こり、通俗道徳が善本にまとめられ、卜占や扶鸞の神託、善堂による慈善活動を備えた民間結社の運動が活発になります。その中に、同時期に日本の大本と交流した道院紅卍字会や、今回説明する一貫道がありました。

扶鸞（扶乩）は扶箕とも呼ばれます。典型的な例として、神霊を憑依させた人が、台座にしつらえた砂地に剪定ばさみのような柄の先に取り付けられた短い棒で文字を書くのです。一人で書く場合と、二人で柄をそれぞれ持って書く場合があります。横にいる人が文字を読み上げ、小さなデッキブラシで砂地をならして消し、その上に素早くまた文字が書かれます。読み上げられたとおりに記帳する人もいます。その様子を信者たちが回りで取り囲みながら見守るのです。台湾の寺廟でなされている映像がインターネットで簡単に見ることができます。

二人が一緒に文字を書く様が日本のこっくりさんに似ていたり、西欧の降霊術に似ていたりします。こっくり（狐狗狸）さんとは、数字・五十音表の上に硬貨を置き、複数の人間が硬貨を支えながら、「こっくりさん、こっくりさん、おいでください」と呼びかけると、支えている人の合力や自己暗示で硬貨が動き、言葉やイメージを示したりするというものです。私が子どもの頃、感応する子どもがいるためか、小学校の先生は、こっくりさんをやらないように児童にきつく注意しました。このこっくりさんは、西欧のテーブル・ターニングと呼ばれる降霊術が明治期に輸入されたものです。降霊術でも文字盤を使い、みなの合力や自己暗示で文字が指され、それが霊のメッセージと受け取られたのです。『レ・ミゼラブル』の著者であるヴィクトル・ユーゴーは降霊術に熱中したことで知られます。

しかし、扶鸞は映像を見ればすぐ了解できますが、書く人間が漢字を知らないことには何も書けません。次々に流麗な行書体で書かれた漢字で七言律詩のような聖諭が作られるというのは、主たる書き手の精確な記憶によるものです。書き手は天才（役の名称）と呼ばれます。

上座仏教やイスラーム、キリスト教もそうでしょうが、聖典や経典が限定される宗教では完璧な暗記を行う宗教者がいますので、扶鸞でなされる砂文字は超人的ですが、神秘的・スピリチュアルとまでは言えないでしょう。もっとも、民衆の大半が識字できなかった時代、あるいは口承の伝承が廃れた現代では驚異的な業になります。扶鸞は民衆宗教において人の心をつかむ強力な儀礼なのです。

一貫道については、篠原壽雄の大著『台湾における一貫道の思想と儀礼』（篠原、一九九三）があります。以下の記述はこの本によっていますが、教団組織論は私の解釈です。

一貫道の教説によれば、儒仏道において本来の道統が祭儀の専門家から在家に移り、第一五祖の王覚一によって教理が整えられました。王覚一は先天道という民間信仰団体にも属しており、第一八祖の張天然が民国期に教勢を拡張したのです。しかし、中華人民共和国の成立によって宗教統制が厳しくなったために、指導者と信者は台湾や香港、東南アジアの華人社会に移動しました。台湾でも一九八七年の戒厳令解除まで邪教として統制の対象であり、仏教界からも民間信仰でありながら仏教の本流以上に自分たちの真理性を主張するということでも批判を受けました。

このような状況でサバイバルをするために、一貫道は公然の宗教活動ができずに民家を道場にし、公刊物ではなく人づてや目立たない場所・時間帯で儀礼を行いました。そのために一貫道は秘密結社的となり、隠秘な邪教という非難を浴びせられるだけでなく、包括的で整合的な教説と教団の形成ができなかったのです。一貫道の教線は組と呼ばれますが、組ごとに教線を国内外に拡大し、公認後に組同士の交流が行われているようです。

一貫道では、組単位で教えの継承・拡大が精力的に行われるという特殊な教団構造のゆえに、組ごとに競い合う強力な布教力を有します。台湾では四つの大きな分派、四六の公衆仏堂、四千の家庭仏堂、五十数万人の信者、千軒を越す精進料理店を擁する大教団になったとのことです。

さて、一貫道の教義です。世界の全ての霊は無始無終、無私無生の理天と呼ばれる極楽浄土に生まれたのですが、そこから降世して衆生になり、三期末劫の暗黒時代を生きています。そこで、主神の無生老母《ラウム》は道教・仏教・儒教・キリスト教・イスラームの祖師に命じて衆生救済を行おうとしたのですが（王覚一の五教同源）、その救いを早めるべく五教の上に一貫道をあらわしたというわけです。

この宗教の総合化という発想は、ベトナムのカオダイ教（呉明剣により五教のカオダイ＝高台にある宗教として二〇世紀初頭に立教）、イランに発祥し世界宗教となったバハーイー教（バハーウッラーが一神教の啓示宗教にゾロアスター教や仏教も接合し、一九世紀中頃に立教）にも通じます。

一貫道では、入信を「得道」と呼び、弥勒仏の前で得道式が行われます。信者は道親と呼ばれ、二人の道親が保証人となり、「三宝」（点玄関――天に通じる法門を開く、合同印――両手で作る印契で厄災から逃れる、五字真経――最高機密で明かされない）をいただき、五戒（不殺生・不偸盗・不邪淫・不妄語・不飲酒）を守ります。

代表的な儀礼として、扶鸞と叩首がありますが、叩首とは頭で礼拝台を叩くような礼拝法です。一貫道の祭壇で祀られている明明上帝に対しては十回、諸天神聖や弥勒祖師などは五回、師母三回、自己祖先一回と叩首の回数が決まっており、何十回も叩首することになるので、初心者は目眩を起こしたり、首を痛めたりしやすいのです。そして、菜食主義が信者に勧められます。殺生は業になり、輪廻転生からの解脱の妨げになると考えられているからです。

一貫道は東南アジア、特に大きな華人社会を形成したマレーシアやシンガポールなどへも布教がなされ、日本でも兵庫県三田市に天道総天壇（玉皇山弥勒寺）があります。私は一度訪問したことがありますが、華人よりも日本人信者が多いようで、関西一円から集まっていることが永代供養の地蔵から分かりましたし、菜食にかかる特産品の販売や布施の受付など盛んな様子でした。

ところで、林育生という台湾出身の研究者が、東北タイにも一貫道の広がっていることを明らかにしました（林育生、二〇一六）。以下の略史にかかわる記述はもっぱらこの論文、および私が同氏の博士論文審査において意見交換した情報を元にしています。

†タイの一貫道

タイ人の約九四％は仏教徒であり、マレーシア国境付近の南タイにイスラーム教徒が約三％、キリスト教徒が一％、ヒンズー教徒が数万人程度います。新宗教の入る余地がないくらいの仏教国にどのような形で一貫道が根付いているのでしょうか。

乾一という組がタイに流入したのは一九七四年で一九九九年まで二六の組が入り込み、発一崇徳組では一九の中心仏堂を建て、東北タイのブリーラム県にある泰妙檀中心仏堂の傘下には五県にまたがる二五の仏堂（家庭仏堂・公共仏堂）が作られました。仏堂では信者が礼拝と研修を行います。研修は規模の大きい仏堂で定期・不定期に行われ、信者は研修や儀礼・礼拝に参加し、信仰生活を継続することで、一般信者から、弁事、檀主（仏堂設立可能）、講員、講師、点伝師の順で職階を上昇していきます。

一貫道では、外国での布教ということもあってタイ語の経典を作り、研修で一貫道の教説を体系的に教えるので信者の理解は早く進みます。そして、複数の仏堂で時期を違えて行われる研修と儀礼に信者を参加させることで、信者に明確な到達目標と救済の保証を行います。他方で、信者たちが多くの仏堂に詣でることで仏堂を建てた檀主への布施や、研修の講員・講師への布施、最高位にある儀礼の執行者である点伝師への布施を確保しているのです。しかも、職階の上昇には新しい信者の布教実績も加味されるとあって、教線は下へどんどん伸びていき、組全体として下から上に布施を吸い上げる仕組みとなり、常に新人が下から入ってくるのです。

伝統的なタイ上座仏教では僧侶と在家に明確に区分され、在家は積徳行為を勧められますが、信仰の深まりに応じた役割や実利があるわけではありません。一貫道はまさにその点で在家型新宗教としての強みを遺憾なく発揮しているわけです。そして、教説と儀式の全てがオープンな伝統仏教に比べて、秘教化された「三寶」の伝授は霊験あらたかな仏法の力を求めるタイ人にも魅力的ですし、叩首の礼拝は仏像だけへの礼拝より念が入っているように思われ、扶鸞には驚嘆させられるのでしょう。

†臨終行儀はなぜ人の心をひきつけるのか

一貫道の教団の特徴として、①扶鸞による超絶的な聖諭で人々を惹きつけ、②殺生をしないための菜食を健康法とし、③一般信者から、弁事、檀主（仏堂設立可能）、講員、講師、点伝師の順で職階を上昇する研修のシステムによって会堂の維持や教師の布施の確保し、さらに、④線と呼ばれるグループ（師弟関係）が競合しながら教線を伸ばすことで、教団組織を形成しないにもかかわらず、一貫道全体の勢力を拡大することとまとめられます。

一貫道では、弥勒仏に加えて主神の無生老母以下諸天神聖や祖先を祀る特異な教義と儀礼を持っていますが、五教同源ということでタイ上座仏教徒のまま一貫道信者になれます。年中儀礼や通過儀礼も仏教式で、しかも敬愛する国王も仏教徒であるタイでは、仏教徒をやめて他の宗教を信じることは極めてハードルが高いのです。したがって、旺盛な布教とミッションスクールの実績の割に、キリスト教人口は一％を超えません。

タイには日本から世界救世教の諸団体が入り、社団法人MOAと新生派（現在は世界救世教いづのめ教団）が共に教勢を拡大しており、タイではYOUREI（浄霊の意）と自然農法（琉球大学元教授である比嘉照夫が開発した有用微生物群。略称EM）の活用で知られています。それぞれ、バンコクとサラブリーに教団施設があり、私は十数年前に調査しました。どちらも会員は、仏教徒のままでいいのです。救世教拡大の理由は、浄霊による病気治しと粗放的な天水依存の東北タイ農村における農業技術支援です。教勢拡大には、それなりの現地に対するニーズへの対応が必要です。

一貫道には、もう一つ、タイ仏教ではあまりこだわらない臨終行儀があります。臨終行儀とは、死を前にした人の心得と死にゆく人の看取りの作法です。中国から日本には浄土思想が伝えられ、往生するための儀礼として整備されていきました。しかし、上座仏教は基本的に出家者の仏教であり、在家は仏法僧に帰依して積徳することでしか来世のよき生まれ変わりを期待できません。たとえ高貴で報徳の在家者であっても僧侶が得る境涯に至ることはないし、仏法の功徳をもって業を脱し涅槃に入るのは困難とされます。臨終の有り様で死後の魂の行方や来世が決まるという発想はありません。

ところが、林育生氏の博士論文（京都大学）によれば、一貫道信者は仏教式の葬儀の後に信者が集まる葬儀をもう一つ行い、その時に遺体の状況を幹部信者が確認するというのです。すなわち、往生できていれば、死相に黒い斑点など現れていないか、遺体が柔らかく関節など動くか、どうかです。顔も穏やかで身体もしなやかだというわけです。

一般的に、死体には死後数時間で死斑（血液の循環が止まることで生じる鬱血が主因）が現れ、筋肉が硬直します。硬直の度合いは温度や経過時間、筋肉量、年齢によって異なりますが、遺体は硬くなるものです。夏では二、三日後に解硬・腐敗します。この自然の摂理は、往生しているかどうかに関連ありません。もちろん、亡くなり方によって身体の状態は変わるでしょうし、心臓マッサージと人工呼吸を最期まで続ければ、高齢者などでは肋骨がバキバキ折られてしまった壮絶な苦闘の跡が残るでしょう。どの時点で、亡くなった方の顔を見て身体を触ったかで随分と違うのではないでしょうか。しかしながら、死後硬直の有無にこだわる宗教があるのです。

私はタイの一貫道が臨終行儀の一環として死後硬直の確認をしている話を聞いて、日本でまったく同じことをする教団があることに思い当たりました。教団として明確に表に出しているわけではありませんが、現役信者や脱会した信者の話として、その教団では信仰のあり方として臨終行儀への特異なこだわり方をしているというのです。一つは日蓮正宗の講組織から発展した仏教系新宗教と、もう一つは念仏の浄土門系統の単立宗教法人です。

ウェブ上には現役信者や脱会した信者が見聞した「遺体は、死後硬直が起こらず柔らかいままで、鵞毛《がもう》のように軽くなる。色は生前よりもきれいになり、腐敗臭も出ない」「善知識を立て、奥義を修得すれば成仏できる」といった話があり、成仏した人は死後硬直しないかどうかを質問する人も少なくありません。教主が善知識です。

信心の証は現世利益として得られるかもしれませんが、高齢で亡くなる人には極楽往生かもしれません。しかし、往生したかどうか、本人以外に、誰がわかるのでしょうか。だからこその徴《しるし》です。

平安時代、名僧高僧が亡くなれば、紫雲がたなびき、異香が室内に満ち、奇瑞が現れると考えられていたとされます。阿弥陀仏が来迎するのであれば、そのくらいのことは起きるかもしれないと信じられたのです。貴族が臨終時に出家したり、善知識に導いてもらおうとしたりして、死後は追善供養をするようになったのはこの時期からとされます。庶民が葬儀を行い、墓を作るようになったのは鎌倉時代であり、いわゆる鎌倉仏教の下層の僧侶（顕密仏教の僧侶に対して）が、葬送と墓地の管理にあたるようになったのです（池上、二〇一六）。

法然は、平生の念仏行を行えば善知識や臨終行儀を行わずとも浄土に行けると説いたものの、自身の臨終に際しては円仁の九条の袈裟をかけて亡くなったと伝えられています。親鸞も、自力である臨終行儀によるのではなく、弥陀の本願を固く信じて平生の念仏を唱えれば、臨終の善悪を問わなかったと言われます。そして、末娘の覚信尼と門弟に見守られて九〇歳で亡くなりました。ところが、親鸞の玄孫にして蓮如の父存覚は、臨終行儀書を書写するなど気にかけましたし、蓮如の臨終にも紫雲の奇瑞が語られています。浄土真宗教団であっても平安浄土思想の影響下にあって、完全な他力浄土門ではなかったのではないかという研究者もおります（小山、二〇一七）。

いわゆる浄土思想が貴族階層から庶民層に拡大するまでには二、三百年の時間差がありました。法然や親鸞の時代になっても高僧や貴族の臨終行儀はそのまま残り、庶民層に浄土宗や浄土真宗的な臨終行儀に過度にこだわらない教えが定着するまでさらに数百年がかかり、それでは納得せずに呪術的な臨終行儀を求める人々の群れも残ったのではないでしょうか。なぜ、科学的な知見と関係のない臨終の身体のあり方にこだわる人たちが少なくないのか、宗教史を遡って考える必要があります。

現在、仏教界では臨終行儀を伝統的なターミナル・ケアのあり方として再評価しておりますし、看取りがスピリチュアルケアとして医療者に注目され、看取り士という資格もできております。しかし、死の形態それ自体を問題にし、往生の証を求めすぎる日本人の心性にも注意をしておく必要があろうかと考えます（神居ほか編、一九九三）。

第四章　東アジア宗教のかたち

四・一　縦糸・横糸・撚糸で紡がれる宗教文化

†タイ研究から東アジア研究へ

私は一九九〇年前後から二〇〇〇年代前半にかけてタイの地域社会と上座仏教の研究を主にやっておりました。この時期にタイのことを学びたいという修士・博士の日本人学生や留学生が研究室を訪れ、調査研究を共にしておりました。他方で、大学の学生相談を手伝うかたちで、統一教会（世界平和統一家庭連合）や摂理（世界福音宣教会）、オウム真理教（アレフ）の現役学生信者や脱会を願う親御さんたちとの話し合いを経験する中で、国内でカルト問題の研究も進めていきました。統一教会や摂理は韓国出自のキリスト教系新宗教なので、韓国にも何度か足を運び、韓国で研究者、現役信者や元信者から聞き取り調査なども行いました。こういうわけで、二〇一〇年代前後、タイ研究とカルト問題研究が私の研究の柱となったのです。

しかしながら、一九九二年以降民主化され、東南アジアにおける経済成長の牽引役として工業化し、新中間層も厚くなってきたタイにおいて、二〇〇六年に軍事クーデターが発生しました。それ以降、断続的な揺れ戻しによってタイの市民社会は縮減して、再び〈国家（国軍）―王権（王室）―仏教（サンガ）〉のラック・タイ（タイ的価値・構造）が社会の表面に現れるようになって、いわゆる社会科学的な近代主義モデルが大いに揺さぶられたのです。

タイの研究者も世界中の社会科学者も、近代化を進めていた中東や南アジアにおいてイスラーム革命によって宗教が政治勢力として前面に出てくる揺れ戻しはイスラーム圏に限定され、その他の地域では工業化・近代化によって中間層が手厚くなり、そうすればいっそうの民主化とリベラルな価値観が強くなって民主主義国家となるというモダニズムを信じていたのです。さらなる例外を探せば、旧社会主義圏のロシアや東欧、現共産主義体制の中国でしょうが、欧米の先進諸国や東アジア・東南アジア、南北アメリカなどでは、いずれにせよ世俗化と民主化が進行すると見ていたのでした。ところが、タイでは権威主義体制が復活し、周辺国を見ても消費社会化・情報社会化という意味での経済のグローバル化は進行しても、必ずしもリベラリズムが進行しないことが明らかになってきました。

現在は、国家による統制を緩和し、自由を尊重するリベラリズムがグローバル資本主義と結びついて巨大ＩＴ企業ＧＡＦＡＭや金融資本主義として成長し、国家や地域コミュニティを脅かす存在となっています。それに対抗するポピュリズムが人々の関心を集め、力への欲求が権威主義の復活に棹さすかたちになっています。今では無邪気に近代主義やリベラリズムを信奉したり、それを社会モデルとして世界の動向をうらなったりする研究者もいないのですが、十数年前はさすがに今の社会情勢を読めませんでした。私もまた、タイにおける権威主義の復活に大いに驚き、社会学的な近代主義モデルの限界を感じたのです。

地域研究者としてタイだけを研究している人はもちろんおり、タイがどうなろうと社会や文化の動静を記述し、学問的蓄積をなすというやり方もあったのですが、私はどうも社会学的な問題関心が強すぎたようです。タイがどうなっていくのかを考えるには、タイだけ見ていてはわからない。東南アジア全域に拡大したとしても、グローバル資本主義の動向やローカルな地政学的情報をフォローすることだけで私の研究者人生が終わってしまうのではないかとも考え、しばらくタイを離れて、もう少し遠くからタイを眺めようと思ったのです。

二〇一〇年代以降、日本の文系大学院には学部学生があまり進学せず、主として中国からの留学生が大学院生の大半をなす状況が出てきました。一九九五年頃から二〇〇五年頃にかけての就職氷河期を経て学生の意識は就活サバイバルの様相を呈します。日本経済自体も長期停滞に陥っていたので、文系のように大学院教育が資格や就職と直結しない分野で、さらなる遊学の時代を過ごそうという余裕のある若者が激減したのでしょう。折しも、中国は世界の工場から世界経済の牽引役となり、都市住民は子世代へ十分な教育投資ができるようになりました。そこで、中国の二千数百ある大学の日本学科で学んだ学生や、第二外国語として日本語を学んだ学生たちが日本の大学院へ留学を希望するようになったのです。

私の社会学研究室でも指導院生の約半数が中国からの留学生になり、私は二〇一〇年代の前半から数年間、修士課程の留学生が調査する現地に足を運び、中国で開催される諸学会にも参加するようになりました。また、台湾中央研究院の社会学研究所と学術交流協定を結んで五年間毎年相互に訪問し合ったり、北海道大学とソウル大学校との大学間交流によってソウル大学校社会学研究室とも七年間相互訪問する機会などを経たりして、一気に東アジアへ目を開かれるようになったのです。私の指導院生では中国の留学生だけで博士の学位を二名（全学位取得者一三名中）、修士の学位を一八名（三六名中）に出し、現時点では博士課程で五名（指導院生六名中）、修士課程で四名（五名中）を指導しています。

こういうわけで私はタイ研究から東アジアの宗教文化研究へシフトしてきたのです。

†東アジアの宗教性

タイの宗教文化と東アジアの宗教文化を比べてみると、あたりまえのことですが宗教文化の多様性が異なります。それは一国単位で見ても、どの東アジアの国においてもタイ上座仏教に匹敵する国家宗教や国民の宗教がないのです。これは国民の宗教がイスラームか上座仏教、カトリックのいずれかである東南アジア諸国と主流派宗教がない東アジア諸国との違いとも言えます。

なぜそうなのか。二つの点から考えられます。一つは、東アジアの宗教文化は、中国の宗教文化に典型的ですが、儒仏道が家族や地域社会の中に溶け込んで渾然一体となって人々の日常生活を彩っているということがあります。つまり、世俗的な生活が主体であって、そこに慣習的な宗教文化が生活の秩序やアクセントを作っているというわけです。日本で言えば、正月三が日に初詣に行って、お盆には墓参りをするけれども、神道や仏教の信者の自覚がない人々が大半です。このように信念や教説をあまり強調しない宗教文化が強いために、信じるタイプの宗教が主流派宗教とならないのではないかという仮説です。

もう一つは、この章の後半で述べる近代化における宗教の行政的管理の浸透です。前章でタイの官製仏教と日本の国家神道を対比しましたが、東アジアにおける近代化と植民地経営の先導者であった日本は、積極的に宗教の行政的管理の発想を朝鮮や台湾の植民地統治に持ち込み、中国の国民党政権にも影響を与えました。中国共産党の時代になっても、宗教を行政的に管理する宗教統制が強かったので、強い信念・信仰、明確な指導者と教団組織を有する宗教団体は管理・抑圧の対象となったのです。逆に、それらを欠いた行為レベルの宗教文化は伝統行事として統制から逃れることが可能です。もちろん、強い宗教が歴史上幾度となく時の政権に弾圧されてきた歴史は、東アジア諸国のいずれにも見て取れますが、宗教であることを強調しない宗教性が東アジアの宗教性であることを覚えておいてもらいたいのです。

この章では、東アジアの宗教文化の多様性と関係性を学ぶために、中国・韓国・台湾・香港・日本の関係を歴史的に整理し、地域の宗教文化を相対的に俯瞰しようと思います。ここで私は「相対的」という言葉を使いましたが、本来「総体的」に俯瞰するのが正しいのではないかと思われる人が多いでしょう。しかし、この章では東アジアの宗教性を示す宗教文化の諸要素を数多く紹介しますが、ほんの一部分でしかないのです。宗教研究者の例で言えば、各国ごとに宗教文化の研究者がおり、しかもそれが各宗教別に分かれ、さらに年代別に専門家がいます。こうした何百人分もの研究を総体的にまとめあげることは不可能であり、特定の視点と特定の国の事例を足場として他国の事例を見ていくしかないという意味で「相対的」と書いたのです。

個別宗教の内容や歴史について言及する前に、それらをつなぐ地域の横糸と歴史の縦糸、および撚糸について説明を加えておきましょう。

†宗教文化を縦糸・横糸・撚糸から考察する

宗教文化は縦軸（歴史性）と横軸（地域性）から考察すると広がりや奥行きが理解できます。東アジアにはインドと中国の文明圏があり、周辺地域に影響を及ぼしました。それらの文明も他地域からの影響を受け、また相互に交流があります。仏教やイスラーム、キリスト教などの歴史宗教を考えてみてください。宗教は伝播され、変容します。図4－1には仏教の伝播を示しておきました。紀元前六世紀から五世紀にかけて活動したとされる釈迦（ゴータマ・シッダルタ）の教えは弟子たちが口承し、原始教団が教説と戒律についてまとめる会議（結集）を重ねるなかで上座部と大衆部に分かれ、さらに部派に分裂していったと言われます。紀元前三世紀のアショーカ王の時代に仏教はインド各地と中央アジア（西域）に達し、ギリシャ、シリア、ペルシャ、インドの様々な様式が混じり合ったガンダーラ仏教美術として華開きました。宗教文化は文明の中核であり、人間観や世界観を文字、音楽、美術、信仰によって伝えられました。一世紀頃、中央アジアを支配したクシャーナ朝のカニシカ王が仏教に帰依したとされ、シルクロードを経由して西域僧が仏教を中国に伝えることとなりました。上座仏教は紀元前一世紀頃からスリランカへ伝わり、東南アジアでは一二世紀頃にミャンマーのパガン朝時代に東南アジアに伝わり、タイでは一四世紀にリタイ王が三界経を著し、正法王を名乗りました。

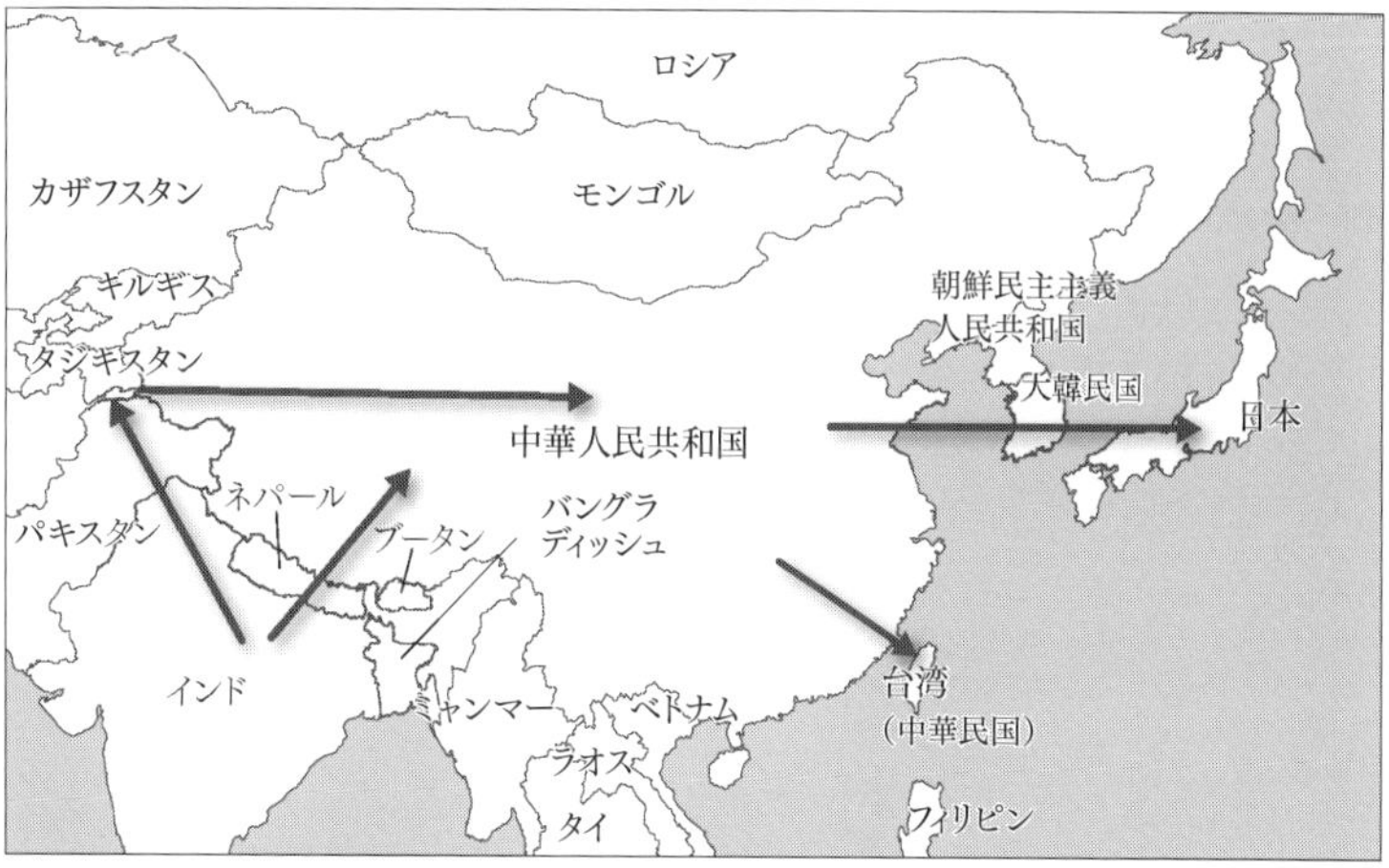

図４－１　仏教の伝播

東アジアにおいて古代から中世まで中国は宗教文化の創出国にして輸出国であり、日本と朝鮮（北朝鮮と韓国）は輸入し、受容する国でした。儒仏道の三教は東アジア共通の精神文化と言えます。東アジアの宗教文化史を簡単にまとめることなどできないことですが、あえて一つの年表にまとめてみたのが図４－２「東アジアの宗教文化」です。仏教は統治者が信奉した時代は興隆するのですが、権勢を誇りすぎると弾圧されることもあります。しかし、仏教はどの時代においても人々に最も信奉されてきた宗教でしょう。儒教の儀礼的側面が祖先祭祀として宗族の維持存続と結びついたのが中国・朝鮮であり、道徳的側面は朝鮮・日本において徳治のイデオロギーとして受容されました。神道を儒教と同じカテゴリーに置いたのは、日本の国家神道との接続面を重視したためであり、祭儀や自然崇拝的側面を重視すれば、道教の神仙思想や巫俗による治病、開運、霊界との交流といった民間信仰的要素が強

図4-2　東アジアの宗教文化　（数値は世紀。筆者作成）

	日本	韓国
仏教	6、8〜10　鎮護国家仏教 11〜13　寺社仏教 14〜　鎌倉新仏教 17〜　寺壇制度 20　近代仏教・宗派仏教	6、8〜14　仏教の興隆 15　王朝による弾圧 20　再生と興隆
神道・儒教	〜19　神仏習合・修験道 伊勢神道 17〜19　朱子学・国学 19〜20　国家神道・教派神道	13〜19　儒教の隆盛 宋明理学 祖先祭祀・祭礼
道教／巫俗	10〜　陰陽道・修験道・風水 鬼道　卑弥呼 〜現代　イタコ・ユタ・拝屋・新宗教の教祖	祖先祭祀 巫俗　ムーダンによるクッ
キリスト教／イスラーム	16　イエズス会・キリシタン大名 17〜19　潜伏キリシタン 19〜20　宣教と拡大・停滞 20　マスジット	18　カトリック 19　プロテスタント宣教　リバイバル・反植民地運動・国民の約三割に拡大
新宗教・スピリチュアリズム	18〜19　民衆宗教・新宗教の発生 20　新宗教の隆盛・カルト問題　スピリチュアリティ・ブーム	19　東学（天道教）・反植民地運動 20　日系新宗教・キリスト教系新宗教・スピリチュアリズム

中国	台湾	香港
1～ 漢訳仏典と学派・宗派の形成、廃仏政策の交代 玄奘三蔵 天台・禅 20 人間仏教 文革による弾圧 中国仏教協会	19～20 日系仏教宗派の布教 斎教 20 中台山、法鼓山、佛光山、霊鷲山、慈済基金会による仏教復興	20 寺院・道場・遺骨安置施設
前5～ 孔子 孟子 儒家思想 12 朱熹 16 王陽明 20 新儒家 共産党による弾圧と再評価		20 新儒家・思想研究
老子 神仙思想 20 正一教・全真教 文革による弾圧と復興 中国道教協会 廟信仰 多数の神々（黄帝・関羽・財神等々） 媽祖と天后廟	19～20 正一教・閭山派 媽祖廟・行天宮 尫姨・童乩	道観 関帝・媽祖廟 黄大仙
7 ネストリウス派（景教） 16 イエズス会 19 プロテスタント宣教 20 文革による弾圧 三自愛国教会 家庭教会興隆 回族・中国イスラーム協会 清真寺	19 原住民宣教 20 長老派教会・真耶蘇教会 清真寺、外国人労働者	19～20 聖公会他各教派 教会・慈善団体・NPO多数 清真寺
2 太平道（黄巾の乱） 19 太平天国の乱 20 法輪功の隆盛と禁止	一貫道 日系新宗教 一九八七年 信教の自由	一貫道

くなるでしょう。

近世にかけて、日本・朝鮮でも宗教文化の土着化が進行し、またキリスト教が伝播されましたが、キリスト教の影響力と西欧の植民地主義を恐れた国々では禁教とされました。しかしながら、近世から近代にかけて反体制・抗植民地勢力として宗教団体が朝鮮半島と中国で活動しますが、教説を体系化し、信者を教団組織に組み入れて政治・宗教運動とするところはキリスト教の影響を受けて(あるいは反発して)のものです。

近代に入ると日本の植民地主義が朝鮮半島・台湾・満洲を政治・文化圏として併合し、日本化が進行しました。しかし、第二次世界大戦後、日本文化は払拭され、中国・台湾・韓国ではナショナリズムと親和的な宗教文化・体制が構築されることになります。これについては、章の後半で詳しく説明します。

ところで、年表では宗教文化を五つのカテゴリーに便宜的に分類したのですが、東アジアの宗教文化は多彩な宗教が歴史的に重なり合いながら構築されています。私はそれを撚糸と言ってみたのですが、宗教研究ではシンクレティズム(混淆性)という言い方もなされてきました。しかし、現在は、「混淆」の表現が、純粋な宗教文化よりも何か劣っているようなニュアンスを含み込んでいるためにあまり使われなくなっています。英語では、ダイバーシティ(多様性・重層性)と言っているのですが、この言い方の方が的確だと私も考えています。濃厚なスープのように具材が完全に溶けているわけではなく、スープに味付けされた具材、その上にまた新たな具材が乗っているようなイメージです(図

4－3　宗教文化の重層性）。

この図に従って説明していくと、東アジアの宗教性の基層部分には家族親族制度と密接不可分な祖先崇拝と精霊崇拝とも結びついた巫俗（シャーマニズム）があり、東アジアの人々の心性やふるまいの根底を形成しています。その上に儒教的な徳目、道教的な神仙思想・占術、仏教的な報恩・供養、現世利益を保証する廟宇・諸神・寺社により構成される伝統宗教が乗っております。第二層は慣習的な宗教実践です。そして最上部に自覚的な信仰、明確なメンバーシップを持つ教団宗教が位置し、東アジアではキリスト教とイスラーム、および新宗教が相当します。仏教寺院や道教の道観には排他的信仰を持たない出入り自由の信徒がいます。日本の檀家制度は政治的に構築された例外的な仕組みなのです。イスラームは家族・民族宗教の側面と信仰を強調する宗教の側面があり、前者は中国において回族と表象され、世界的なイスラーム復興の中で信仰的側面を重視する（共産主義的無神論と対峙する）イスラーム教徒としての回族も増えてきています。

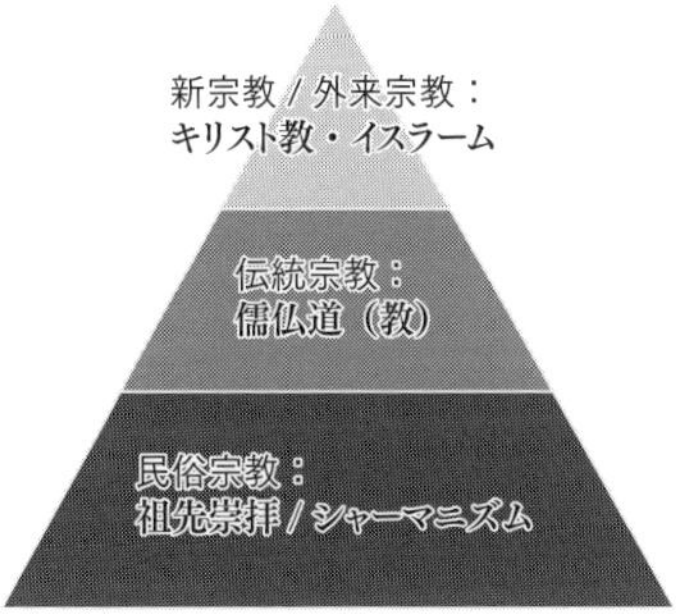

図4－3　宗教文化の重層性

さて、この章も前置きが長くなりました。宗教文化が何であるかを説明する前に、どのように説明していくのかの説明に紙幅を費やしてしまったのですが、第二節は東アジアの諸宗教を構成する諸宗教について簡潔に説明を加えていくことにします。この節ではあまり参考文献を挙げておりませんが、私の編著にガイドブック（櫻井・平藤編、二〇一五、二〇二二）や専門書があり、資料や図表で転載しているものがあることをあらかじめお断りしておきます（櫻井・濱田編、二〇一二。櫻井・外川・矢野編、二〇一五。櫻井編、二〇一七、二〇二〇a、二〇二〇b）。

四・二　東アジアの諸宗教

㈠　宗教文化の源流

†祖先崇拝

祖先崇拝・先祖祭祀（ancestor worship）は、東アジアとアフリカに見られる民俗宗教です。系譜（lineage）上の先祖を祀れば子孫に加護を与える、祭祀を怠れば罰が下されるという信念と祭祀儀礼から構成されます。死者に対する供養儀礼は世界中に葬儀・追悼式としてどこでもありますが、先祖となった死者が特別な能力や権能を有すると考えるのが祖先崇拝の特徴です。家父長制家族の親族構造に根ざした宗教文化といえ、祭祀権を相続する家長に家族・親族集団をまとめる権威が与えられます。

東アジアでは本貫（発祥の地）と氏姓を同じくする親族集団「宗族」が単位となりますが、日本には宗族に相当するものはなく、規模の小さい本分家関係の「同族」がありました。同姓同本不婚の観念は韓国が一番強く、反対に日本はいとこ婚を認めるなど親族集団の規模と禁忌には双方で違いがあります。

東アジアの祖先崇拝は地域によってバリエーションがあります。日本の祖先崇拝は主として家族の先祖（初代から先代）か本家の先祖（本家―分家の同族）に対してであり、仏教の追善供養と深く結びついています。それに対して、中国と韓国では宗族の祖先を祀り、中国では祀堂を建設し、韓国では族譜を作り、宗族に連なる数千人の宗族集団が単位になります。祖先崇拝は仏教寺院とは全く関係がありません。

中国の祀堂（福州市。写真：翁康健氏提供）

韓国のチェサ（写真：金光徳氏提供）

日本の墓（勝浦・妙海寺。筆者撮影）

†シャーマニズム

シャーマニズム（巫俗）とは、シャーマン（巫者）が超自然的な神霊、精霊、死者の魂などと対話・交渉し、神霊の言葉を語り（託宣）、未来を予見し（予言や卜占）、災禍の原因（祟りや障り、邪視など）を取り除いて治病などを行う宗教現象をいいます。黒竜江省やシベリアのツングース系民族などのシャーマンは、自ら脱魂して神霊の世界に入ると言われます。韓国には万神、丹骨、神房という地域呼称もありますが、ムーダン（総称で巫堂の意味）と呼ばれる女性や男性のシャーマンがおり、クッという儀礼において死者の口寄せや祈願を行います。台湾や東南アジアの華人社会ではタンキー（童乩）と呼ばれる男性の巫者が儒仏道の神霊を憑依させ、託宣や治病を行います。日本では東北地方に盲目の女性が成巫したイタコがホトケ＝死者の口開きを行い、男女問わず神霊を降ろすことができるカミサマが種々の相談事にのり、沖縄にはユタと呼ばれる中年期に神懸かりした女性シャーマンがいます。

韓国の霊界結婚（写真：李賢京氏提供）

私は大学院時代、シャーマニズム研究を行い、祖先崇拝とシャーマニズムの関係を考察しました。つまり、祖先崇拝では

ムカサリ絵馬（山形県東根市・若松観音。筆者撮影）

系譜に連なる先祖たちが慰霊・崇拝されますが、不慮の事故・病気・戦争などにより系譜に加われなかった人たち（独身で亡くなった死者）は死後祀ってくれる人たちがいないわけです。それだけに遺恨を持っていると考えられ、特別な慰霊の仕方が考案されてきました。それが霊界結婚の習俗です。韓国では未婚の死者を抱えた家族同士が見合いを行って人形を依代とした冥婚を執行し、その死者の名を族譜に書き入れることがあります。中国でも村外の旅人と亡くなった娘を結婚させる古俗の記録があり、台湾では亡くなった娘に姉妹の夫を儀礼的に娶せたりする冥婚の民俗もあるようです。日本では、山形県に結婚式（ムカサリ）絵馬を奉納して供養したり、青森県では花嫁・花婿の人形奉納で慰霊したりする習俗があります。どの国でもシャーマンが介在し、家族や親族の病気や種々の問題に死者の恨み、悔い、願望などを関連付け、供養儀礼を勧めるのです（櫻井、二〇一〇）。

†儒　教

儒教は儒学とも呼ばれ、仁、礼、忠、義などの人倫と君子の為政方針を論じ、超自然的な神々や霊界、来世については語らないという意味でいわゆる「宗教」とは趣を異にします。しかし、死者の官位と姓名を木簡に記して依代に礼拝する葬礼に言及しており、祖先崇拝とも関係します。この木簡が日本に入ってくると位牌―死者の法号や戒名を記す依代となるわけです。

儒教の創始者と考えられる孔子は、現在の山東省曲阜に生まれ、弟子への教育と戦国諸侯へ教えを説く人生を送りましたが、用いられることはありませんでした。しかし、孟子などの後世の儒家が教えをまとめ、儒家思想が前漢の官学として採用され、清の時代まで科挙の必修科目となりました。南宋の朱熹（朱子）は万物の構成元素である気と万物の構成原理である理の相即という視点で森羅万象から人性道徳まで包括的に説明する理気世界観を構築し、日本や朝鮮の官学となりました。この官学としての側面が日本では強いので、儒教は統治・徳治の学問と認識され、宗教と呼ばれると違和感を持たれるかもしれません。儒家の一人である王陽明が人の心は理を会得しようと無理な努力をしなくてもそのまま理を体現し得るとする心即理を主張し、陽明学が大衆の心をとらえました。これは、仏教で言うと、聖道門に対する浄土門の易行に近く、宗教的認識に近いと言えるかもしれません。

近代の民国期の中国において儒学は封建思想として排斥されましたが、改革開放後に儒学の再評価が行われ、中華民族の文化的核心として道徳教育の根本にすえる動きも出てきました。孔子廟は華人社会では重要な記念施設ですが、那覇市は久米至聖廟の公益性を認めて地代（年額五七六万円）を免除してきた経緯があります。ところが、この件で那覇市が政教分離違反で訴えられ、二〇二一年最高裁は原告勝訴としました。元来、この孔子廟は久米村総役金正春が一六七六年に孔子廟建立を尚貞王に願い出て許され、聖廟として維持、祭礼を執行してきた伝統的なものです。判決では、この施設が観光名所とならず、特定の祭礼のみを執行し、部外者の出入りができない施設であることから公共的施設とは見なさず、自治体が特定の宗教団体に便宜を図ったとみなしたのです。日本では廟となり祭礼が行われている事実をもって儒教を宗教と認識しているわけです。

†大乗仏教

インドで成立した仏教は紀元前後にはシルクロードと南海航路を経て中国に伝えられました。四世紀末に西域僧のクマーラジーヴァ（鳩摩羅什）が長安において、摩訶般若波羅蜜多経、妙法蓮華経、維摩経他大部のサンスクリット仏典の漢訳に従事し、漢訳仏典は朝鮮と日本の仏教に多大な影響を与えました。

七世紀の唐の時代、玄奘三蔵はインドに一六年もの求法の旅に出て、帰国後持ち帰った仏教経典の翻訳を行い、唯識思想を深め法相宗を開きました。持ち帰った仏典を収めた寺が、西安にある大慈恩寺の大雁塔です。玄奘の紀行文『大唐西域記』は有名であり、明の時代に白話で書かれた小説『西遊記』が世界四大奇書として日本でも読者を集め、玄奘が孫悟空、猪八戒、沙悟浄を供に従え西域に旅する物語はおなじみです。

宋代には禅宗が栄え、日本の室町文化にも影響を与えています。日本の栄西は建仁寺開山の禅僧ですが、中国から茶種を持ち帰り、栽培を奨励しました。禅宗の清規には茶礼という喫茶法もあり、日本では座禅の際の眠気覚まし、養生の妙薬として重宝されたのです。公家社会や武家社会にも喫茶の文化が広がり、茶葉の産地をあてる闘茶や唐や朝鮮から取り寄せた茶道具が宝物として愛でられました。戦国時代に信長や秀吉に茶頭として取り立てられた千利休は、茶道具の目利きと流通に力があったので秀吉に煙たがられ切腹を命じられました。茶道具が戦国武将の論功行賞に褒美として与えられ、文禄・慶長の役で朝鮮出兵した武将たちは陶工を連れ帰り、窯を作らせました。日本の焼き物の産地には朝鮮の人が初代となる名工の家系がきら星のようにあるのです。

清朝では儒教とラマ教が重視されましたが、中華民国になると太虚と印順が中国仏教の近代化、特に仏学院による僧侶教育をすすめ、今でも台湾や中国大陸では社会貢献型の人間仏教(〝じんかんぶっきょう〟と読む)として継承されています。一九世紀は東アジア全域で国民国家による近代化が進められ、日本で言えば和魂洋才、中国では中体西用と、科学技術や文化の両面で西欧化が顕著になったために、危機感を覚えた仏教者たちが学校教育と新聞・雑誌による社会教育によって仏教の興隆を図ろうとしたのです。

†チベット仏教

チベット仏教はインドの後期密教がチベットに伝わって独自の発展を遂げたものです。チベット仏教にはサキャ派、カギュ派、ニンマ派、ゲルク派と呼ばれる四大宗派があります。

チベット仏教の特徴は、高僧の死後お告げや占い、遺品の識別等を頼りに幼児を探し出し、高僧の地位を継承させて英才教育を行い、宗派や僧院のシステムを維持する化身ラマ制度であり、最大教派であるゲルク派の化身ラマがダライ・ラマです。もう一つの特徴は、密教による瞑想法と灌頂です。インドのヨーガの影響を受け、種々の観想により身体のチャクラを開発しながら心身の浄化を図るのですが、師が弟子に行法の伝授を行うのが灌頂であり、これがないと修行は先へ進みません。日本のオウム真理教は、チベット仏教のこの側面を利用し、教祖の松本智津夫がイメージの性ヨーガを実際に行ったり、灌頂部分をシャクティーパットやイニシエーションと称して師の霊的エネルギーの弟子への伝授法としたりしました。

チベット仏教圏は、①チベット高原（現在の中国チベット自治区、四川省、青海省、甘粛省、雲南省のチベット人居住地区等）、②モンゴル（モンゴル国、中国内蒙古自治区等）、③ヒマラヤ（ブータン、インドのシッキムとラダック、ネパールの北部等）からなります。

一九五〇年、中国共産党は、チベットを軍事占領し、封建領主や僧院の領地を奪取して農民に配分し、「文化大革命」によって宗教活動は壊滅的な被害を受けました。ダライ・ラマ一四世は一九五九年にインドへの亡命を余儀なくされ、チベット亡命政府を樹立しました。逆説的ですが、チベット仏教はダライ・ラマ一四世によって世界的に広がり、一民族宗教から小規模ながら世界宗教へと転換しています。この経緯については、後半の中国宗教の章で詳しく説明します。

現在、中国におけるチベット仏教は、中国共産党によって認定されたパンチェン・ラマ一一世と、四川省や青海省、チベット民族自治区などにあるチベット僧院や仏学院との個別交渉を行い、政府は、中国内のチベット仏教がダライ・ラマ一四世側や亡命政府の方に向かないよう統一戦線の工作を継続しています。

†道　教

道教は、老子（紀元前六世紀頃）を始祖とし、老子道徳経を経典としています。無為自然など儒教的価値と対立させてとらえる見方もありますが、老子以後の道教には、陰陽説、五行説、聖王伝説、神仙思想、道家思想、魔除けや現世利益を追求するための符籙、不老長寿を達成するための仙薬や修行方法などの諸要素がはいりこみ、儒教・仏教ではない中国の民俗宗教をかなりの程度包含しています。

道観 三清殿（中国・成都。筆者撮影、2012 年）

後漢末に現れた太平道では、張角が病気直しの方術で大衆を惹きつけ、陰陽五行説による世直しを唱えましたが、黄巾の乱を主導したため弾圧されました。

魏晋南北朝時代には、統治階級も民間に広まった道教的思想を重視するようになり、唐の歴代皇帝は、老子を「太上玄元皇帝」に追封し、『道徳経』等を科挙の内容に加え、全国に多くの道観を建立しました。南宋の時代、王重陽を開祖とする全真教は儒仏道の三教帰一を主張し、禅宗の影響を強く受けて内的な修行を重んじ、天師道（正一道）は符籙の術で根強い人気を誇りました。

清末、道教は迷信と見なされ、民国期には寺廟・資産が没収されましたが、中国共産党は道教を五大公認宗教としたため、全真教と正一道が勢力を維持し、全国各地の道観で現世利益や治病儀礼を行います。符で病人を擦る、水に浸して飲ませる、燃やしてその灰を飲ませるなど種々のやり方があるようですが、道教の呪符に限らず、近代的な医療へのアクセスが可能になるまで仏教寺院や道観での祈願、民間信仰の呪法は主要な病いへの対処方法を提供していたと言えるでしょう。

†キリスト教

七世紀の唐の時代、聖母の神格を否定するネストリウス派が景教として布教していたことが、大秦景教流行中国碑から知られます。一四世紀にフランシスコ会のジョヴァンニ・ダ・モンテコルヴィーノが派遣され、北京と泉州に教会を作りますが衰退しました。一六世紀にフランシスコ・ザビエルが日本宣教のためにまず中国に拠点を形成しました。東インド管区巡察師アレッサンドロ・ヴァリニャーノは中国宣教の実現を図り、マテオ・リッチ（利瑪竇）が生涯を通じてキリスト教の文化や科学を伝え、皇帝たちに重用されました。

他方、イエズス会の宣教師達は一六世紀中盤から後半にかけて日本でも宣教に成功し、大名たちが改宗したことにより領民もキリスト教徒となりましたが、豊臣秀吉と徳川家康から禁教令を出され、宣教師やキリシタンたちは抑圧されました。一部の信徒はカクレ・キリシタン（潜伏キリシタン）と

天主教会堂（中国・大理。筆者撮影、2018 年）

なって九州の天草、平戸、五島周辺に居住していましたが、明治に信教の自由が容認され、カトリックが宣教を始めたときに数万人規模で先祖代々の儀礼を伝えていたと言われます。バチカンでは二五〇年余り一人の司祭もいない状態で信仰を守ったキリシタンたちを奇跡と評しましたが、一部の信徒がカトリック教会に通うようになったほかは、仏教や神道、民間信仰が混じり合った先祖伝来の宗教を守ることを選択したと言われています（宮崎、二〇一四）。韓国では、日本に約一〇〇年遅れてイエズス会司祭グレゴリオ・デ・セスペデスから宣教されましたが、教勢が伸びないまま一九世紀半ばに弾圧されています。

一九世紀後半に清朝、日本、朝鮮が欧米諸国から開国を要求され、宣教師たちが続々と宣教活動を始め、学校教育、病院、福祉施設や社会事業などに力を入れることで民衆の信頼を勝ち得、また東アジア社会においてキリスト教の社会的地位や評価を高めることに成功しました。キリスト教の活動は近現代において飛躍的に高まったと言えます。

†イスラーム

漢字文化圏において、かつてイスラーム、ムスリムを回教、回教徒と言っていましたが、現在は伊斯兰（蘭）教、伊斯蘭教協会（中国の五大公認宗教団体両会の一つ）と表記します。しかし、中国では宗教人口とは別に約一〇〇〇万人の少数民族としての回族がおり、新疆ウイグル自治区、寧夏回族自治区他、甘粛省、青海省、河南省、河北省、山東省、雲南省に多くのコミュニティを持ち、中国各地の大都市にもモスク（清真寺）を中心に回族コミュニティを形成しています。

回族の起源は唐から元の時代にアラブやペルシャから渡ってきた外来ムスリムと通婚によって改宗した漢族と考えられています。雲南地域には回族が多く、明に征服されて捕虜となり、去勢されて永楽帝に献上された馬三保は、武勲をあげ宦官の最高位に登りつめ、鄭の姓をもらい、鄭和となのりました。その後、一五世紀の前半に約三〇年にわたり、インドシナ半島、インド、アラビア半島、アフリカ東海岸に及ぶ七度の大航海を行い、朝貢関係の樹立をもくろみました。ヴァスコ・ダ・ガマの大航海に先立つ七〇年前のことです。

清真寺（中国・昆明。筆者撮影、2018年）

中華人民共和国成立以降は、回族は少数民族として優遇措置も受けましたが、漢族と食生活を含む慣習、強固なコミュニティやイスラーム・ネットワークなどから、民族と宗教において独自性を発揮するため、共産党政府との交渉には神経を使わざるを得ない状況が続いています。

中国以外のイスラーム教徒は、近代以降、西南アジアから人々が流入したり、近年、東南アジアから外国人労働者や留学生、商人として入ってきたりする人々が多く、韓国や日本においてムスリムの配偶者となった女性を除けば、改宗者は少ないようです。

(二) 社会への対応

†伝統宗教・新宗教・千年王国運動

これまで東アジアの宗教文化の源流とでも言うべき伝統宗教について述べてきました。伝統宗教といっても仏陀や孔子、老子、イエス・キリスト、ムハンマドが活動した時代と弟子たちが教団を形成した時期では、教説や教団組織において違いが出てくるでしょうし、当時の国が版図を拡大したり、交易ルートが開拓されたりすることによって新しい地域に拡大して定着する過程でまた変化していくでしょう。おそらく、最も変化したのが仏教であり、次いでキリスト教、イスラームの順ですが、基層信仰の祖先崇拝やシャーマニズムもまた社会変動に伴って大きく変化していることは確かです。

宗教文化は宗教建築や伝統的慣行から見る限り、時代を超えて継続しているようにも見えますが、人々の信仰心や願望の発露としてイノベーションを起こし、反体制的な社会運動の形態をとることもあります。伝統教団から分派し、新しい宗教文化を創出して教団を作れば新宗教となります。全ての伝統教団は元来新宗教でした。体制側と緊張関係にある新宗教が、社会に不満を持つ下層の人々を巻き込み、体制打破に蜂起するのが千年王国運動です。

法輪功 香港での抗議活動（筆者撮影、2017 年）

千年王国論は、元来ユダヤ・キリスト教文化圏において、終末の日、キリストの再臨、神の統治による至福千年期、最後の審判が組み合わされて、人々に悔い改めを説く神学です。しかし、新世界の待望という点で中世ヨーロッパにおける農民蜂起から現代アメリカのファンダメンタリストにも適用可能な概念となっています。近年は、キリスト教以外の文化圏に適用しようと研究がなされています。タイでは一九世紀の後半に、王室が中央集権化を進める過程で土豪の反発を招き、プー・ミー・ブン（徳を有するもの）を称して農民を扇動して反旗を翻す動きが見られました。大乗仏教でも弥勒菩薩の下生信仰が世直しのユートピアニズムを提供しています。中国の法輪功は気功集団から宗教運動へ成長し、政府から弾圧されたので国外から中国政府批判を行うようになりました。

†中国の新宗教

中国では歴代王朝から現代の中国共産党まで宗教運動には敏感です。それは新宗教が農民蜂起と結びついて王朝打倒の武力闘争に繋がり、皇帝はその鎮圧に成功するものの、財政や政治基盤が揺るがされ、新興勢力の勃興を許すことになるからです。

二世紀末、道教的な悔過（本来は仏前で悔い改め、功徳を得る行為）による治病を行っていた張角が、呪術を交えて人気を博し、太平道という宗教団体を軍事組織に変え、天公将軍と称し蜂起したために霊帝から鎮圧されますが、その後数年にわたりゲリラ戦を展開しました。黄巾の乱です。

一四世紀の元末には、白蓮教徒たちが一〇年近く反乱を起こし、紅巾の乱と呼ばれました。白蓮教は浄土教の結社でしたが、末法の世に弥勒菩薩が下生するといって先鋭化し、一八世紀末に清朝（満洲族政権）の農民統治に反発し、二年間にわたって白蓮教徒の乱と呼ばれる反乱を起こします。さらに、一九世紀の半ばにキリスト教に影響を受けた洪秀全が拝上帝会という宗教組織を太平天国という国家に形成しなおし（首都は南京を攻略し天京とする）、増税に苦しむ農民と匪賊を引きいれ、十数年にわたって清朝と互角に戦い、清朝の衰退に拍車をかけました。

近代国家形成を目論んだ中華民国では、宗教を行政的に管理する政策が進められ、その後、国共内戦に勝利した中国共産党は、徹底した宗教抑圧政策を進めますが、それらは中国における為政者の歴史的に形成された集合的記憶によるものかもしれません。

近年、中国ではキリスト教系の新宗教が多い（邪教）とされます。国家公認の中国三自教会など主流派では人々の宗教的ニーズが満たせず、周辺的な教派や教会に人が集まることで、正統派からは異端・異説に近い教説を持つ独立系教会が成長し、韓国他のキリスト教系新宗教も入り込むためでしょう。

表4－1　中国政府認定の邪教団体

	団体名（英語）	団体名（中国語）	設立者・発祥地（中国語）	設立年／教勢拡大時期	禁止年
1	Shouters	呼喊派	李常受・アメリカ	一九六七／一九七〇年代	一九八三
2	Shouters 2	常受主教[注1]	何恩杰／赵维山[注2]・中国	一九八〇年代	一九九六
3	Established King	被立王[注3]	吴扬明・安徽	一九八八	一九九五
4	Lightning from the East (All Mighty God; Actual God)	东方闪电／全能神／实际神等[注5]	赵维山・河南	一九九一／一九八九年[注4]	一九九九
5	Lord God Sect	主神教	刘家国・湖南	一九九三	一九九五
6	Lingling Sect	灵灵教（または、灵灵派）	华雪和・江苏	一九八三／一九八五年	一九九一
7	All Scope Church	全范围教会[注6]	徐永泽・河南	一九八四	一九八八
8	South China Church	华南教会[注8]	龚圣亮・湖北	一九九〇／一九九二年[注7]	二〇〇一
9	Disciples Sect (Narrow gate)	门徒会（旷野窄门）（または、三赎基督）	季三宝[注9]・陕西	一九八九	一九九〇
10	Three Ranks of Servants	三班仆人（派）	徐圣光／霍从光・安徽[注10]	一九八〇年代	一九九九
11	Cold Water Sect	冷水教	吴焕新[注11]・广东	一九八八年	一九九一か一九九九
12	China Gospel Fellowshipc	中华福音团契	申义平／冯建国・河南	一九八〇年代	
13	China Fangcheng Church (China for Christ)c	中国方城团契（华人归主教会）	张荣亮／郑书谦・河南	一九八〇年代？	

14	China Blessings Churchc	中华蒙福教会	郑献起・安徽	一九八〇年代？	
15	China Truth Churchc	中华真理教会	蒋玉祥・安徽	一九八〇年代？	
16	Commune Sect	凡物公用派	梁家业・山东	一九九一	一九九四
17	Disciples Faith Sect	使徒信心会	左坤・上海或北京	一九九五年？	
18	Resurrection Sect	复活道[注12]	郭广学／温秋会・河南	一九九六	一九九九

《出典・備考》
（楊鳳崗、二〇二〇、五三～五四頁より転載）
2～5は1から分派した教団。8は7から分派。この二つがキリスト教と認められるかどうかは海外のキリスト教においても議論がある。
12～15は海外のキリスト教会では福音派とみなされている。

《筆者注》
注1　元のアルファベットの表記は、「常受主教」になるが、中国では「常受主派」または「长寿教」の表記あり。
注2　何恩杰が創立者、赵维山が継承者。何恩杰は一九八三年に死刑。
注3　創立者は吴扬明とあるが、赵维山の説もある。
注4　东方闪电は団体名、全能（神）は創立者の自称。全能神の名前で海外でも知られる。
注5　「七灵派」「女基督派」の名称もある。
注6　「哭重生」「懊悔派」「重生派」の名称がある。
注7　一九九〇年に龚圣亮が徐永泽の全范围教会と決裂し、华南教会一九九二年河北省で創設。
注8　「华南大公教会」「华南福音使团」の名称もある。
注9　呼喊派の元信者。
注10　名前は、徐文库、元の前は徐双富、別名が徐圣光とされる。
注11　黄焕听が創設。
注12　灵灵教の系譜による団体。
注13
1　呼喊派の系譜として、呼喊派→常受教→全能神→中华大陆行政执事站（ここでは未掲載）→被立王→主神教。呼喊派には「小群／带帽蒙头会」の名称もある。
2　1～10はウェブ上に情報があるが、11～18はほとんどない。
3　注7は一九九二年五月在京山县永隆镇发表《告全国同胞书》，〝全范围教会〟分道扬镳，〝华南教会〟正式自成体系。

†韓国の新宗教

韓国の宗教文化を特徴づけるものは、近代の植民地化への抵抗と独立を回復してからの朝鮮戦争、および現在まで続く休戦期間中の緊張状態です。そこから、西欧文化（西学）や日本の植民地化に対抗した東学系新宗教と韓国的キリスト教会、キリスト教系新宗教が生まれました。

一九世紀の後半、崔済愚《チェジェウ》は仏教、道教、民俗宗教を融合した東学（党）を設立し、一八九四年に窮乏化する農民と蜂起（甲午《こうご》農民戦争）しました。東学の流れを汲む民族宗教は社会的勢力になりませんでしたが、民衆に広まりました。清や日本、ロシア他植民地勢力の野蛮性に対して朝鮮民族の道徳的優越と独自性を説きました。同じ頃、キリスト教とシャーマニズムが融合した接神派が生まれ、統一教会他韓国のキリスト教系新宗教と祈禱院の流れを作りました。これらの諸派は主流派のキリスト教会から現在に至るまで異端視されていますが、神がメシアを韓国に再臨させ、地上天国を建設するというメシアニズムや選民思想を有する点で、民族宗教と志向性を一つにしています。

一九四五年の光復後、南北分断のまま三年後に北朝鮮人民共和国と大韓民国がそれぞれ独立、国土を焦土化した朝鮮戦争を経て、両国では、民族内部に対立構造を内包したままで共産主義、開発独裁の権威主義体制を築きあげました。北朝鮮では宗教が抑圧され、かろうじて地下に潜った教会の存在が知られています。一九六〇年代と七〇年代に急激に近代都市化した韓国社会では、キリスト教会が大成長を遂げ、韓国の総人口の約二八％を占めるようになりました（約二〇％が仏教信者）。

表4−2　主な韓国の民衆宗教

天道教（東学系列）	100,000 人
水雲教（東学系列）	66,600 人
大倧教（檀君教系列）	477,342 人
円仏教（仏教系列）	1,485,938 人
金剛大道（仏教系列）	731,653 人
更正儒道（儒道系列）	55,308 人
甑山法宗教（甑山教系列）	98,800 人
大巡真理会（甑山教系列）	7,996,072 人
対極道（甑山教系列）	151,170 人

（出典：韓国 文化体育観光部、2008〈林・李、2011、148 頁より転載〉）

表4−3　韓国のキリスト教系新宗教

1930 年代	植民地下のキリスト教復興
	接神派、聖主教会、腹中教、イスラエル修道院
	聖神祈禱院（丁得恩）
	韓国イエス教復興協会（朴泰善）
	統一教　統一教会（文鮮明）——合同結婚式、霊感商法、違法伝道
1960 年代	多数の自称メシア達と教団の発生
	神様の教会世界福音宣教協会（安商洪）——175 万人
	救援派（権信燦）
	キリスト教福音浸礼会（権信燦 → 兪炳彦）——2 万人　セウォル号事件
	大韓イエス教浸礼会（李福七）——2 万人
	喜びのニュース宣教会（朴玉洙）——5 万人
	永生教（曺熙星）
	新天地イエス教会（李萬熙）——新型コロナウイルス集団感染事件
	大韓救国宣教会（崔太敏）——崔順実ゲート事件　朴槿恵

（出典：李・櫻井編、2011 をもとに筆者作成）

キリスト教系新宗教の統一教会は一九五四年に文鮮明《ムンソンミョン》によって設立され、朴正熙《パクチョンヒ》の反共政策下で政治宗教として庇護され、日本に教線を延ばすことで一九六〇年代から九〇年代にかけて飛躍的な成長を遂げました。しかし、その布教方法が正体隠しの違法伝道、資金調達法が霊感商法として二〇〇〇年代以降、それぞれ日本国内各処の裁判で違法判決を受け、教勢は停滞しています。私は統一教会の研究に二〇年を費やし、現在も継続しています（櫻井・中西、二〇一〇）。また、一九八〇年には統一教会に籍を置いていた鄭明析《チョンミョンソク》が摂理（JMS、現在は世界福音宣教会）を設立し、これも日本他のアジア諸国で学生信者を増やしています。一九八四年に李萬熙《イマンヒ》によって設立された新天地（正式名称は新天地イエス教証しの幕屋聖殿《まくやせいでん》）は韓国内で勢力を伸ばし、信者を既成教会に送り込んで乗っ取りをはかる布教方法が物議を醸しています。

これらのキリスト教系新宗教では、教祖を再臨のキリストとみなしており、韓国には自称メシアを名乗る団体が十指を下らないとされます。

†日本の新宗教

日本の伝統宗教は神道と仏教と考えられますが、世界でも稀なほど社会的勢力としての新宗教のプレゼンスがあります。新宗教教団の数も多いし、公称七二一万世帯を誇る最大教団の創価学会は公明党で政治進出を果たし、一九九九年以降、二〇〇九～一二年の民主党政権時期を除いて自民党と連立政権を組んでいます。なぜこのように日本では新宗教が伝統宗教をしのぐ勢いなのでしょうか。

表4-4　日本の新宗教運動

	時　期	運動の特徴	代表的な教団・事例
1	江戸末期	民衆宗教	金光教、天理教、富士講等
2	大正・昭和初期	霊学、日蓮主義運動	大本教、太霊道、国柱会等
3	戦後復興期	新興宗教	創価学会、立正佼成会等
4	バブル経済期	霊術系新宗教	幸福の科学、阿含宗、オウム真理教
5	格差社会の時代	スピリチュアリティ	テレビ霊能者、スピマ、ネット占い

（筆者作成）

神社神道は地域住民を氏子として祭礼を催し、宗派仏教は檀家制度によって葬儀法要を独占してきました。しかし、百年の単位で言えば、明治維新の近代化や第二次世界大戦後の民主化など大規模な社会変動や文化変容に素早く対応し、民心を収攬する力はありませんでした。なぜか。社会のエスタブリッシュとなったからです。明治以降和魂洋才部分の洋才＝ハイカルチャーの一角を占めたキリスト教は、ミッションスクールや新知識人となった牧師を通して中上層の一部に受け入れられましたが、どの社会でも中上層の人口は限られています。

中下層の人々の心をとらえたのが新宗教であり、時代の波に翻弄され、社会の底辺で苦吟し、新しい価値観を求める人々に受け入れられていったのです。日本の新宗教は、神道や仏教、民間信仰を宗教的な種とする新宗教が多く、キリスト教系新宗教は限られています。特に、戦後の社会的混乱・都市化・工業化の時代に、韓国ではキリスト教が爆発的に拡大し、日本では仏教系新宗教である霊友会、立正佼成会、創価学会他の仏教系新宗教が成長しました。なお、戦前は金光教、天理教、大本教など民間信仰・神道系新宗教が教勢を拡大していました。

日本の新宗教研究者は日本における新宗教のブームを四期または五期に区分しています。新宗教は概して霊術による治病や開運など現世利益を説きますが、教義的には生命主義的救済観（神仏は親、生命の源であり、神仏から離れることで生命力が枯渇し、貧病争に苦しむ）と通俗道徳（市井の儒教的徳目や家父長制的家族倫理）があり、疎外感を持つ人々や都市部に対して疑似家族や疑似共同体を提供しました。日本が未曾有の高度経済成長を遂げ、世界第二の経済大国となった一九八〇年代後半から、霊術系・スピリチュアル系の中規模教団や小規模のサークル的教団に人々が集まるようになり、一九八四年に設立されたオウム真理教は一九九五年に地下鉄サリン事件を起こし、世界にカルト問題の深刻さを印象づけました。

四・三　宗教と政治体制

(一)　古代から近代へ

†中華文化圏

一般的に中国四千年の歴史と言われますが、夏―殷―周の古代国家の歴史がその半分を占めます。考古学的には殷の紀元前一〇世紀頃まで確認されています。韓国でも檀君王倹が朝鮮を紀元前二三三三

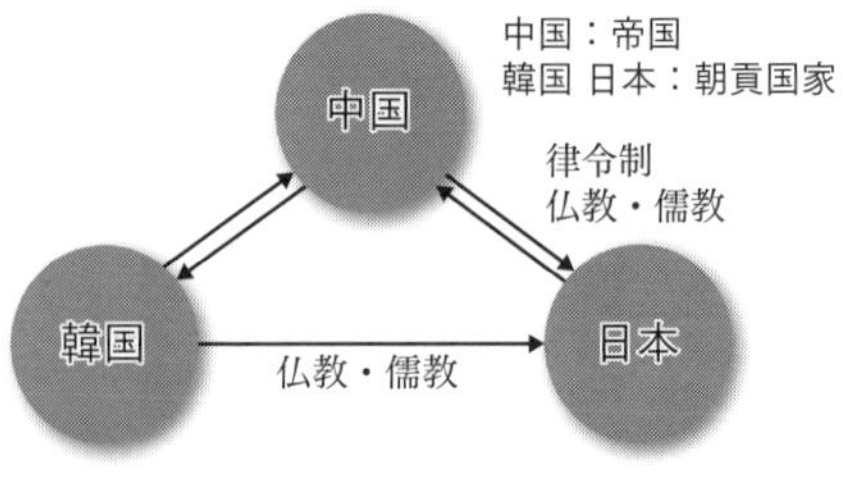

図4−3　古代から近世：中国

三年に開いたと主張されますが、紀元五世紀以降でなければ高句麗、百済、新羅などの国家名が確認されません。八世紀頃に編纂された古事記や日本書紀では、神武天皇即位紀元の元年を紀元前六六〇年としていますが、魏志倭人伝に倭国として登場した卑弥呼は紀元三世紀頃の人とされます。

こういうわけで東アジアにおいて歴史の中に国（クニ）の成り立ちを確認するためには、中国の史書に頼らざるをえません。もちろん、クニはなくとも、社会も存在したし人々の暮らしもありました。しかし、それらは考古学的な史料や遺構に依拠した推測です。

文字史料の示すところでは、古代から中世、近世にかけての東アジア世界は、中国の大文明を中心に周辺国が朝貢関係を結び、同じ漢字文化圏に属していました。朝鮮や日本の歴史は中国の史書により後付けられますが、中国から漢字という文字と史書という現体制の正当性を記述する歴史の叙述スタイルを学びました。

現代に生きる私たちが東アジアを文化的な共通項で考えにくいのは、ＥＵのような政治経済的な共同体が存在していないことがあります。しかも、中国・台湾・北朝鮮・韓国・日本の間には、共産主義と非共産主義という対立構造を除けば、同盟関係を結びにくい政治的緊張や歴史認識の相違があります。東アジアというくくりは地理的空間として存在しても、政治経済、文化や社会において共通のプラットフォームがあるとは言えないものとして認識されているのです。

しかしながら、近世までの東アジアに生きる知識人たちは、近現代的な歴史感覚によらず、漢籍や経本を読むことで同じ漢字文化圏、儒仏道の宗教文化圏に生きている感覚を身につけていたと考えられます。現代では、中国は簡体字を用い、北朝鮮と韓国では漢字を使わないハングルだけの韓国語となり、日本では漢文を学校教育で学び、ある程度分かる人が極めて少なくなりました。言語的一体感は消えたと言ってもいいでしょう。

†西欧との邂逅　国民国家の形成

一九世紀の中後半に東アジアは西欧の植民地主義にさらされます。東アジアの諸国は、古代から近世までは同じ文化圏の国家として、また近代においては日本の帝国主義の傘下において同じ歴史的時間を共有しました。その大部分は中国語、そして近代においては日本語が力を持ったわけです。

一八六八年に成立した明治政府は、江戸幕府の封建体制を天皇主権の近代国民国家に組み替える様々な施策を最も早く始めました。清朝の時代を経て孫文を首班とする中華民国の成立が一九一二年、第二次日韓協約で日本が大韓帝国の外交権を奪取したのが一九〇五年です。日本は国民国家としての近代化を約五〇年早く行ったことで、西欧列強に伍して帝国主義的な権力を朝鮮半島、台湾、満洲に及ぼしていきます。

清朝から台湾を割譲されて植民地としたのは一八九五年です。朝鮮半島を日本の植民地として併合

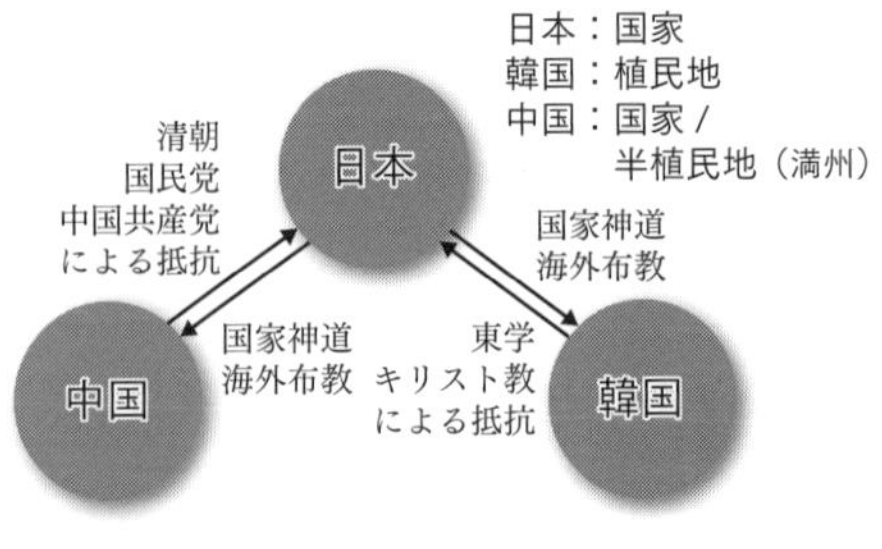

図4-4　近代：日本

したのが一九一〇年です。関東軍が中国東北部の領有を企図して清朝最後の皇帝愛新覚羅溥儀を満洲国執政とする満洲国を成立させたのが一九三二年です。日本は植民学者、財閥系企業、海外布教を目論む日本の諸宗教などを動員して台湾と朝鮮半島では近代的植民地経営を行い、満洲では日本の余剰人口を移入する満蒙開拓団を入れ込みました。

近代において宗教文化を含む日本文化は、西欧語を漢語に翻訳することによって中国に大きな影響を与えました。中国語の宗教(zōngjiào)は、中国仏教において宗派の教えという意味で用いられていましたが、日本の明治時代にreligionの訳語として宗教が充てられ定着する過程で、現在の諸宗教を総括的に指す言葉として使われるようになりました。それが中国に数多くの和製漢語と共に導入され、一般的に使われているのです。後述しますが、宗教の行政的管理というアイディアも日本由来のものです。

韓国では一九一〇年から四五年まで朝鮮総督府が置かれた期間、言語を含む日本同化政策がとられ、日本人社会に広がった日本文化が流行し、日本の宗派仏教や日本組会基督教会が布教し、寺社や教会を作り上げました。この事情は一八九五年から四五年までの日本による台湾統治でもほとんど同じでした。

このように近代の東アジアでは日本が政治経済力をバックに宗教文化の輸出を図った希有な時代でした。

†現代の東アジア

第二次世界大戦後、日本人は植民地から引揚者として日本に戻り、日本の経済資本、政治制度、文化施設の接収、廃棄、再利用などが各国政府によって進められました。中国では国共内戦を経て中華人民共和国が共産主義国家となり、朝鮮半島では一九四八年に北朝鮮が朝鮮民主主義人民共和国として共産主義に、南朝鮮が大韓民国として自由主義、資本主義経済圏に組み込まれました。中国国民党政権が移動した台湾（中華民国）では国民党が一九八七年まで戒厳令をしきました。それぞれの政権は日本の帝国主義と戦って勝利したことを国家の正当性としているために、ナショナリズムによる固有の文化構築がなされました。

　日本は戦後いち早く復興を遂げ、経済力で東アジア地域を再び主導するようになりましたが、韓国、台湾、中国の順に経済復興を達成し、二一世紀において政治経済、社会文化の諸側面で対等な文化交流が進行しつつあります。しかし、東アジアにおける歴史認識問

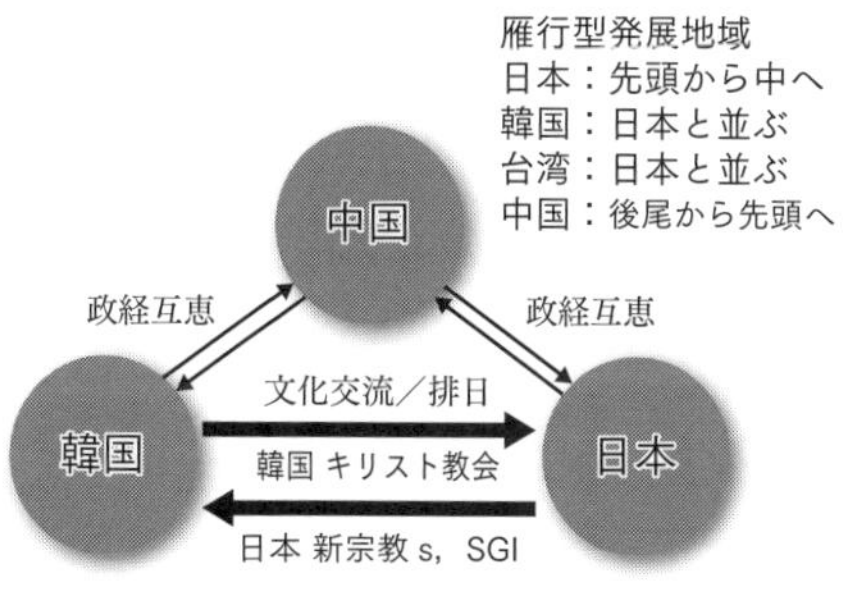

図4-5　現在

題は、二〇世紀後半から国境線や資源利用をめぐって政治的緊張を伴うものになりました。

現代における東アジアの宗教文化交流は、一つの軸が韓国から日本へのキリスト教による宣教活動です。ここには、在日コリアン対象の在日大韓基督教会からニューカマーを対象とした福音派・聖霊派キリスト教会が日本人信者も獲得した例や、キリスト教系新宗教として統一教会や摂理が日本人の青年信者を獲得している例が含まれます。もう一つの軸は、日本の新宗教である創価学会が韓国で約一四〇万人の信者を獲得し、その集票力に韓国政治家たちも注目し始めている例があります。中国や台湾から日本に流入する宗教文化には、華僑社会やニューカマーにも信奉者がいる各種民間信仰や一貫道、法輪功なども含まれます。しかしながら、日本の宗派仏教やキリスト教会が再び東アジアに布教活動を行う例はほとんどなく、唯一の例外が創価学会による布教であり、香港、台湾でも数万人規模の信者を獲得し、中国の大学にも池田大作名誉会長の足跡（百を超える名誉博士号の授与）が刻まれています。

(二)　モダニティと宗教

†社会の近代化と世俗化

モダニティとは近代性のことですが、マックス・ウェーバーの言葉を用いれば、世界の脱魔術化（Entzauberung der Welt）とされます。自然的世界や人間社会が、神話や宗教、あるいは伝統的価値観によって説明されるのではなく、合理的思考――科学技術的発想によって説明されるようになるということです。ウェーバーはプロテスタンティズム、特にカルバン主義の救済の予定説と職業召命説によって信徒が日常生活を徹底して合理化する態度が生み出され、資本主義勃興時代の資本蓄積過程と親和的であったためにヨーロッパでのみ資本主義の発展が見られ、同時に合理的世界観をも生み出したと考えました（ヴェーバー、一九八九）。しかしながら、合理的精神は人間社会で言えば官僚制の鉄の檻を生み出し、社会のイノベーションや活力が失われることをも予想していました。

ウェーバーと対照的な近代の捉え方がカール・マルクスによってなされています。近代化のような社会変化をもたらすものは経済関係と階級関係の矛盾、およびそれを打破する革命的な社会運動であると述べます。宗教とは社会関係の諸矛盾を隠蔽し、現世で満たされない欲求や価値の実現を来世に期待させ、日常生活の苦しみを慰める精神のアヘンであると断じました（マルクス、一九七四）。こうした宗教への評価は、後の共産主義国家において宗教者や宗教団体への徹底した弾圧となります。宗教は強制的に社会から排除しなければいけないというわけです。

もっとも、ここまですることもなく宗教は自然・社会・人間に対する説得力を失い、自然にその社会的な役割を喪失していくという世俗化論が、多くの社会科学者から出されてきました。エミール・デュルケムは、フランスの共和主義体制における合理主義と自由・博愛の精神、および政治と宗教を徹底して分離する世俗主義を強調したのですが、これは、フランスのライシテ（非聖化）政策として実現されていきます（伊達、二〇一〇）。

宗教が近代においてどのような趨勢をたどるのかというみたては、ほとんど世俗化なのですが、世俗化論にはおよそ三つの類型があり、各国ごと時代的差異を伴いながら進行してきたと見られました（ドベラーレ、一九九二）。

第一の世俗化は、一七世紀以降西欧において政教分離が進み、国民国家が教会権力から自立するか協定を結んだことです。中近世ヨーロッパの宗教や民族の違いを理由とする争いには、一六四八年のウェストファリア条約（諸国がカトリック側とプロテスタント側に分かれて争わず、互いに内政干渉をしない）のように世俗化が国をまとめる指針となりました。

第二の世俗化は、宗教制度や伝統宗教の衰退です。これは二〇世紀にはいって国民国家の権力に各国の公認教会やローマ法王でも逆らうことができず、懐柔や利用されてきたことがあります。こうした事情と相まって伝統宗教が信者の高齢化や保守化によって活力を失い、新宗教が人々の求めに応じるようになります。

第三の世俗化は、人々の信仰心や超越的なものに対する畏れや敬意が薄れ、道徳やモラルが個々人の判断や感覚に委ねられ、宗教に根ざした社会倫理が説かれなくなります。むしろ、個人に内在する価値がスピリチュアリティとして評価され、宗教の超越性や普遍性が失われていくと思われていました。自我が肥大化し、自我と結びついた情報世界で閉じられてしまい、その外部にある社会や世界の圧倒的実在性が薄れていく現代人特有の意識形態とも関連しているでしょう。

しかしながら、この世俗化論は一九八〇年代に入って急速にリアリティを失いました。一九七八年に生じたイランのイスラーム革命や、アフガニスタンやパキスタン、一九九一年ソビエト崩壊後のロシア周辺国のイスラーム勢力の拡大、インドにおけるヒンドゥー・ナショナリズム、アメリカにおける福音主義の台頭、東欧やロシアにおけるカトリックや正教の復興など、政治をはじめ公共空間において伝統宗教のプレゼンスが再び強化されてきました。

さらに、イスラームの過激主義団体アルカーイダは、二〇〇一年にアメリカ同時多発テロを起こし、二〇〇一年から二〇年続いたアフガニスタン紛争ではアメリカが最終的に撤退し、タリバンが勝利しました。しかも、二〇〇三年のアメリカ他の有志軍が介入したイラク戦争によって中東に権力の空白地帯が生まれ、シリアの内乱他中東情勢は混沌とし、大量の難民が発生することになったのです。イスラームを共産主義世界に次ぐ第三の仮想敵勢力としてきたアメリカの世界政治は、イスラーム諸国における王族や独裁政権による近代化路線を挫折させ、宗教の台頭を招いたのかもしれません。

†共産主義と宗教弾圧

二〇世紀において世俗化を進めた近代主義のもう一つの表れが共産主義でした。

カール・マルクスが説いた唯物論的歴史観や共産主義者の無神論において、体制側と結託した宗教勢力は打破すべきものとされ、政府によって宗教施設が接収され、宗教者への抑圧が進められました。社会主義政権による宗教弾圧の例として、一九三八年モンゴル人民党は、当時のラマ僧約一一万人に対して反革命的反動階層として強制還俗と粛清を行い、七百余りの寺院を破壊しました。中国では一九六六年から七六年までの文化大革命の時期に、四人組と紅衛兵によって四旧打破（旧思想、旧文化、旧風俗、旧習慣）が唱えられ、「牛鬼蛇神」の徹底した抑圧—宗教施設の破壊と収用、宗教者の強制還俗や強制労働が行われました。東南アジアでは、一九七五年から七九年の間成立した民主カンプチアにおいてクメール・ルージュは、反植民地主義と毛沢東主義を掲げ、都市住民を農村に移動させて原始共産主義を実践し、僧侶を含めて反体制派とされた数百万人の人が殺害されました。

しかしながら、共産主義は宗教を根絶することはおろか、人々に無神論を押しつけることもできず、モンゴル人民党は一九九〇年に一党独裁を放棄するだけでなく、国民の歓心をかうべく仏教を国家の宗教文化としました。中国でも仏教やキリスト教が復興を遂げ、キリスト教徒人口は東アジアで最も多いと考えられています。カンボジアでは上座仏教が復興しています。東欧やロシアに目を転じてもカトリックと正教が活性化しています（櫻井編、二〇二〇a）。

近現代において世俗化には限界がありました。人々の宗教心がなくなることはなく、宗教制度や宗教文化も維持されてきたのです。その理由は、官僚制や実定法のシステムを含む近代主義にせよ資本主義的な経済システムにせよ、国民国家としてのまとまりを維持するには十分な仕組みではなかったのです。人々は国民になるよりも民族としてのアイデンティティが強く、共産主義政権が崩壊したときに顕著ですが、国家の枠が消え去ると人々は民族の枠に戻っていきます。その際、同じ民族であることを確認できるものとして、言語と宗教を含む伝統文化があるのです。

もちろん、言語や宗教といい、民族の概念といい、タイ社会のかたちでも確認したとおり、国民国家が近代化のプロセスで作り上げた伝統です。しかしながら、構築されたものであることは忘れられ、伝統としての頑健さがたよりにされるのです。また、すべての国民国家が安定的に近代化のプロセスを辿れるわけではありません。複数民族の国家や強国に挟まれた小国では、国家の枠組み自体が簡単に破綻したり、民族の伝統文化や宗教と西欧的リベラリズムとが衝突したりすることもあります。数十年単位で見れば、どの地域でも産業化・都市化は起こり、近現代的な社会が出現しますが、政治指導者や保守的な宗教指導者、および社会上層の人々によって宗教文化が維持されていきます。その理由は、当該地域の宗教文化には社会秩序を正当化し、再生産さえする機能が組み込まれているからです。

世界の国々は、宗教文化を維持・再編しながら複数のモダニティを実現していると言えましょう。

†宗教の行政的管理

世俗化は二〇世紀に進行した近代化の一側面でしたが、政治と宗教が分化し、政治が宗教を統制した経験は共産主義国家に限らず、東アジアの諸国が多かれ少なかれ通ってきた道筋でもあります。

東アジアにおける政教関係の特徴は、政治が宗教団体を行政的に管理するというあり方です。日本が国民国家を統合するために天皇制と国体の崇拝を中核とする国家神道を構築したことは既に述べました。他方で、地域色が強い神社信仰を教派神道として再編し、宗派仏教やキリスト教も合同による宗派や教派を再構築するなどして統制下に置きました。管轄外の民間信仰は類似宗教としてよくて管理、巫俗など悪くすれば迷信として抑圧排除の対象となったのです（櫻井・外川・矢野編、二〇一五）。

植民地とされた朝鮮半島と台湾では民間信仰の抑圧や国家翼賛的な教団宗教が認められました。これは光復後の韓国や台湾でも開発独裁政権の遺制として一九八〇年代後半まで継続されました。政権に左右されず自由に宗教活動が認められるのは、韓国では一九八七年に大統領選挙が実施されて以降、台湾でも一九八七年に三八年間に及ぶ戒厳令が解除されてからのことです。

中国では、日本の宗教団体を行政的に管理する統治法が中華民国においても採用され、中華人民共和国では共産主義的な戦闘的無神論も加わり、統制が一層強化されました。現代の中国では、政府が公認するカトリック、プロテスタント、仏教、道教、イスラームのみが認められ、行政上許可された宗教施設の範囲内で宗教活動が認められます。政府の指針に従わない宗教活動は禁じられ、宗教統制の度合いに応じてグレーゾーンで活動する宗教も見られます（櫻井編、二〇二〇b）。

東アジアに宗教団体の行政的管理という伝統を作った日本ですが、第二次世界大戦で敗戦の後、一九五一年に主権を回復するまでの間に日本は民主主義国家に大きく転換しました。行政的管理の集大成ともいうべき一九四〇年に成立した宗教団体法は廃され、国家神道も神道指令で解体され、一九五一年に宗教団体を認証して法人格を与える宗教法人法が成立しました。その結果、東アジアの中では日本のみが戦後一貫して信教の自由と教団活動の自由を享受してきたのです。もっとも、自由を謳歌したはずの日本宗教が戦後大きく成長したものの、高度経済成長期から長期停滞の局面に入り、欧米の先進国同様、世俗化の深まりを経験しました。他方で、一九八〇年代後半から宗教的自由を享受し始めた他の東アジアの諸国では、その後現在に至るまで、日本に比べればほとんどの宗教において教

表4-5　東アジアの歴史と政教関係

	近代	現体制	政教関係の変化
中国	一八五六　アロー号戦争 一八五八　天津条約 一八九五　日清戦争・下関条約 一九一二　清王朝終　中華民国成立 一九二七~三七　国共内戦 一九三七~四五　日中戦争 一九四五~四九　国共内戦	一九四九　中華人民共和国成立 一九六六~七六　文化大革命 一九七八~　改革開放	マルクス主義唯物論 公認宗教制 宗教の抑圧・旧習の打破 宗教文化として保護
台湾	先住民　移民　清 一八八五~一九四五　台湾総督府(日本) 一九四五~　中華民国	一九四九　国民党が台湾に移動 一九四九~八六　国民党独裁 一九八七~　総統直接選挙　自由化	国民党の政策に追従した宗教活動 自由化により四大仏教の活性化
香港	一八四二　南京条約 一八六〇　北京条約　イギリスに割譲	一八六〇~　英国植民地 一九九七~　中国へ返還　一国二制度	宗教への統制なし　キリスト教優遇
韓国	一八七六　江華島条約 一八九五　甲午農民戦争 一八九七~　李王朝が大韓帝国を樹立、以後日本介入 一九一〇　李王朝(大韓帝国)終 一九一〇~四五　日本植民地	一九四五~　光復(独立) 一九四八　大韓民国 一九五〇~五三　朝鮮戦争 一九七二~八六　維新体制 一九八七　民主化宣言　自由化	宗教への統制なし　ただし、維新体制期は翼賛団体のみ許容　この間キリスト教成長
日本	一八六八　江戸幕府　終 一八六八~一九四五　大日本帝国憲法 一九四五~　日本国憲法	一八六八~　一貫して日本政府 一九四五　太平洋戦争後アメリカ統治を経て、新憲法を施行	明治・大正・昭和初期　宗教統制 戦後　宗教への統制なし

(筆者作成)

勢を拡大しています。いずれ、日本と同様の停滞局面を迎えるかもしれませんが、ここには時間差があるという解釈だけでよいのか、宗教統制と抑圧という苦難を長らく経験した宗教にはレジリアンス（抵抗力や反発力）が育まれ、それが現在においても宗教活動の活性化を生み出していると言えるのか、今後の議論が待たれます。

㈢　各国の宗教概況と今後の展望

†日本の概況

日本において宗教の概況を調べるのであれば、①文化庁宗務課刊行の『宗教年鑑』、②日本統計数理研究所の「日本人の国民性意識」調査、③新聞社の世論調査や宗教研究者による各種調査があげられます。

文化庁宗務課が所轄する宗教統計では、各宗教団体から申告があった信者数が報告されています。神社の氏子と寺院の檀家は、本来世帯なのですが信者数として数えられ、またキリスト教や新宗教でも同様の申告された数が積算されるために、日本全体では信者数の総計が一億八三〇〇万人と総人口を上回ることになります。氏子と檀家が重複していることもあるでしょうし、世帯員の誰かが特定宗教を信仰するケースもあります。二〇二〇年の集計を見てください（表4－6・7）。

宗教団体に関していえば、神道や仏教では個別神社や個別寺院が一宗教法人となることが多いのに対し、戦後に設立された新宗教やカトリックは包括団体が宗教法人となり、支部や各教会はその中に

表４－６　宗教年鑑　令和２年（2020年）

	宗教団体数	教師数	信者数
神道系	87,322	70,076	88,959,345
仏教系	84,329	352,818	84,835,110
キリスト教系	8,546	31,457	1,909,757
諸教	34,893	197,694	7,403,560
合計	215,090	652,045	183,107,772

（出典：『宗教年鑑 令和２年』、34〜35頁）

表４－７　宗教年鑑　令和２年（2020年）

	単位宗教法人			包括宗教団体		
系統	被包括法人	単立法人	合計	法人	非法人	合計
神道系	82,489	2,057	84,546	129	26	155
仏教系	74,198	2,772	76,970	167	32	199
キリスト教系	2,855	1,867	4,722	72	15	87
諸教	13,750	445	14,195	27	5	32
合計	173,292	7,141	180,433	395	78	473

（出典：『宗教年鑑 令和２年』、１頁）

含まれます。

日本統計数理研究所は全国対象のサンプリング調査を行い、五年ごとに宗教団体への所属や信仰の有無を尋ねています。図４－６では、若者・中年・高年齢者と三世代に分けて変化を見ていますが、戦後から現在までどの世代でも所属している、あるいは信仰していると答える人たちが減っています。しかも、従来、年を取れば神社仏閣詣でをし、神棚や仏壇の世話をし、自然に宗教的になっていくと考えられていた加齢効果が、中高年世代で薄れていることに注目してください。

ところで、新聞社の調査によれば日本において信仰があるか、宗教団体に所属している人の割合は平均して三〇％前後であり、社会調査のデータでは熱心に活動している人は数％です（石井研士、二〇〇七）。しかし、正月の初詣やお盆・彼岸の墓参りなどの実施率を見ると七〇％を超えます。良縁や学業成就、病気快癒、交通安全のお守りをもらったり、おみくじを引いたりしたことがない人は珍しいでしょう。慣習的で日常生活に溶け込んだ宗教文化を享受していても、無宗教・無信仰を自認する日本人の宗教意識や宗教認知については様々な検討が必要でしょう。

†日本宗教の課題　少子高齢化と世俗化

日本はすでに人口減少期に入っていますが、二〇五〇年に高齢化率が約三九％に達し、二一〇〇年には推計人口が現在の約半分から三分の一にまで減少することが予想されています。外国人定住者の割合が三％に満たず、積極的な移民政策もない日本では、世界に稀な人口減少社会となり、超高齢社会のフロンティアを歩き続けることになります。こうした人口変動が宗教にどのような影響を与えるのかが注目されます（櫻井・川又編、二〇一六。櫻井、二〇一七）。

宗教年鑑で見ても、信者数を増やしている教団はほとんどなく、信者数が最盛期の約半分に落ちている新宗教もあります。過疎地域における神社や寺院の維持・存続の課題は一九八〇年代から議論されてきましたが、現在は日本全地域の課題となりました。伝統仏教で見ると、一九九〇年頃から檀家数減少に転じています。地域人口の過疎化、若年世代の都市への移出の効果です。三世代家族の割合が総世帯数の一〇％ですから、先祖祭祀や地域祭祀を担う定着人口が減少していることが明らかです。

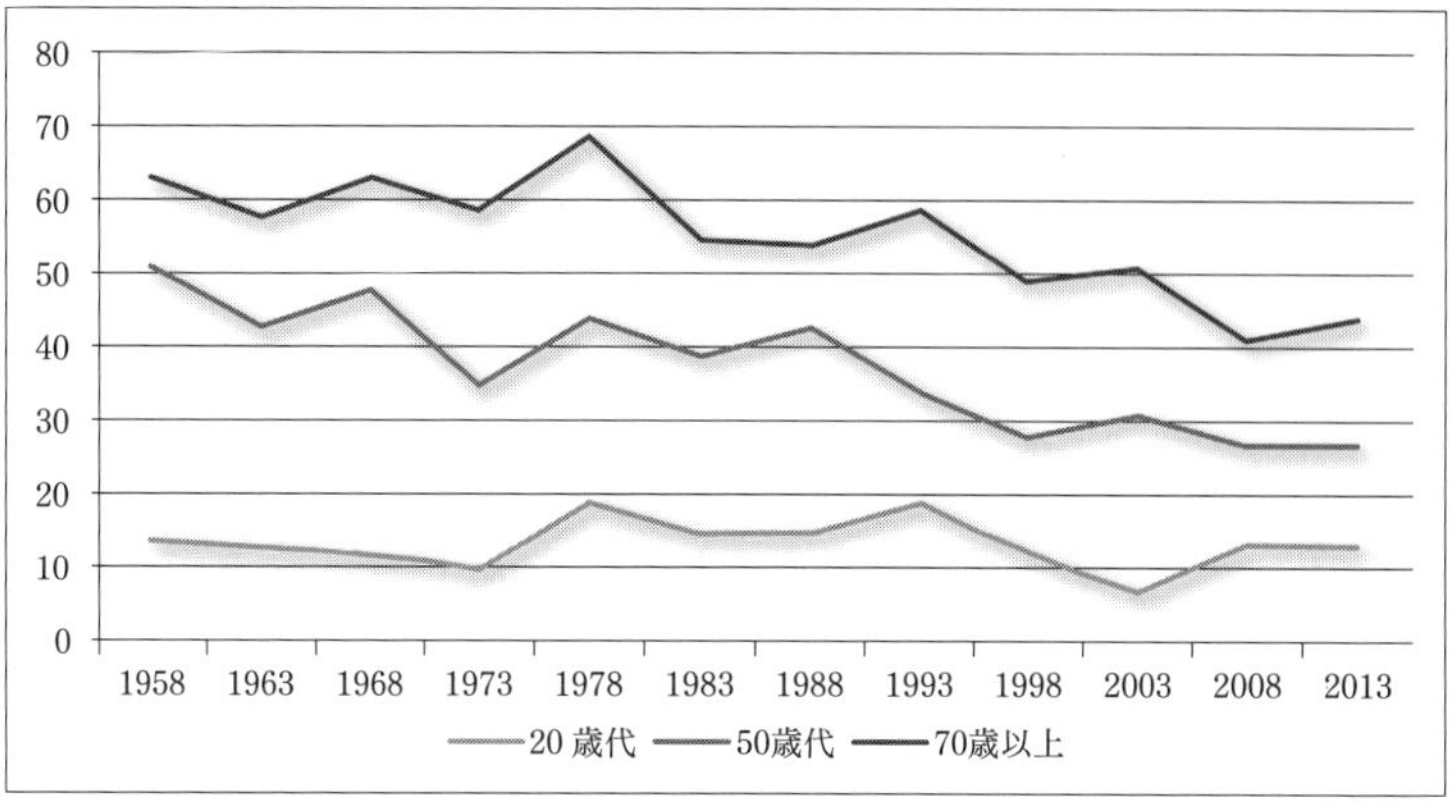

図4－6　信仰がある／所属する宗教がある人の割合経年変化
（出典：日本統計数理研究所調査　各年から筆者作成）

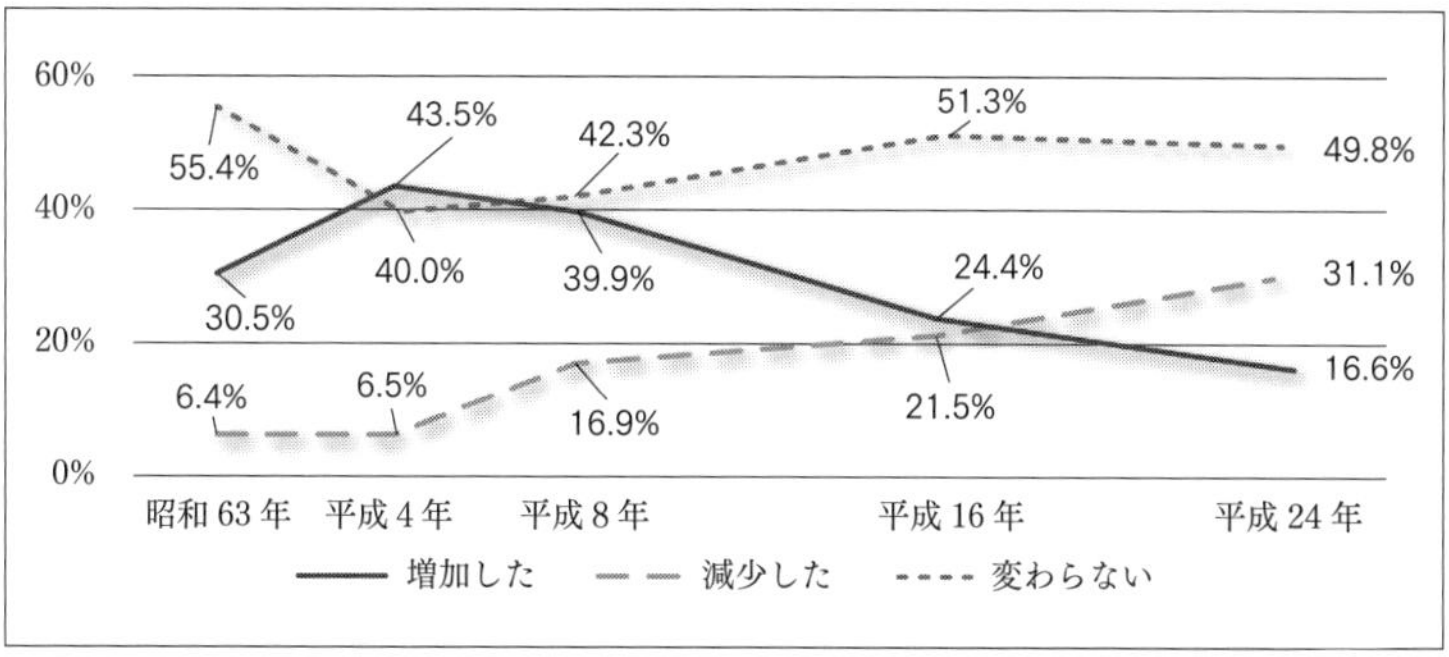

図4－7　信徒数の増減の推移（昭和 63 年～平成 24 年）
（出典：灘上智生・岩田親静・池浦英見・原一彰「宗勢調査に見る現状と課題――日蓮宗」櫻井・川又編、2016）

人口減少地域の寺社では中高年の神主や住職も兼業や兼務者が増え、後継者の見通しを持っていないところがほとんどです。都市部では不動産の活用や墓苑事業で稼げる寺のみが残ります。

キリスト教会では、都市・農村を問わず信徒の高齢化と減少が顕著であり、牧師や神父が韓国などのキリスト教大国から派遣される例が普通に見られるようになっています。新宗教教団でも最盛期に建設した大規模施設や全国に拡大した教線にある教会施設の維持が困難になった事例が各処で見られます。宗教の別を問わず、信者人口が減少しているのは、日本全体の減少人口という要因に加えて、世俗化の影響があります。

世俗化には二つの側面があります。伝統宗教、新宗教を問わず、信仰を持ち教団に所属している親世代が子世代に信仰継承をできなくなっているということと、教団自体が新しい信者を獲得する活力を失っているという宗教団体の世俗化です。もう一つは、日本社会全体に宗教に対する熱意やニーズが失われてきているという社会全体の世俗化です。この点については章末で東アジアの他の国々との比較を加えながら所感を述べましょう。

†中国の宗教概況

近現代の中国において正確な宗教統計はありません。研究者や中国社会科学院のサンプル調査による推計値が大半です。中国共産党では無神論が正しい宗教の認識とされているので、中国人民が宗教に熱心になり、宗教人口が増えることは好ましいことではなく、公式的な文書では、各省や市・県の

表4－8　中国における五大宗教の公式統計

	カトリック	プロテスタント	イスラーム	仏　教	道　教
信者数（百万人）					
1950年代初期 a	2.7	0.7	8		
1956年 b	3	0.8	10	30–50	10
1982年 a	3	3	10		
1991年 c	3.5	4.5	17		
1997年 e	4	10	18		
2009年 f	5.3	16	21		
聖職者数（人）					
1982年 a	3,400	5,900	20,000		
1995年 d	4,300	18,000	40,000	27,000	2,600
宗教施設数					
1997年 e	4,600	37,000	30,000	13,000	1,557
2009年 f	6,000	58,000	35,000	20,000	3,000

出典　a：一九号文件　b：Luo (2001)　c：中国の人権白書　d：Li (1999)　e：宗教事務条例　f：Yang 2012
（出典の詳細は、楊鳳崗、2020）

幹部たちが宗教人口を低めに推計させていると言われます。表4－8に掲載しているのは、現代中国宗教研究の第一人者である楊鳳崗《ヤンフェンガン》が各種統計から集めたものです。

中国は一九七八年の改革開放後から世界の工場として工業化社会に変貌し、現在は科学技術と政治経済力において東アジアのみならず世界に影響力を及ぼす大国となりました。ただし、中国共産党は中国人民に安全と繁栄を保証する一方で自由には大きな制限を課しております。また急激な社会変動はアノミー現象（欲望の肥大化と規範の喪失による混乱や空虚感）を起こし、キリスト教会やチベット仏教に人生の指針を求めたり、激烈な競争社会を生きるために仏教寺院や道教の道観で現世利益を求めたりする人々も列をなしています。こうして中国は宗教復興を遂げ、人々の多額の献金や布施によって宗教建築物は立派になり、宗教活動が活発化しています。そこで中国共産党は宗教の富裕化を警戒し、統制を強めています。

キリスト教では政府が公認していない場所で礼拝を行うカトリックの地下教会、プロテスタントの家庭教会が顕著な増加を示し、海外宣教者によるキリスト教系新宗教も増えています。政府は、特に、ローマ教皇と繋がるカトリックの地下教会や海外宣教団体と連携するプロテスタント家庭教会に圧力をかけ、宗教集団化する気功団体（法輪功など）をも抑圧し、公認宗教以外は邪教である旨の宣伝活動を行っています。そして、公認宗教の両会（教団側と共産党側団体）を通じて公認宗教の中国化を進めており、宗教施設には他の公共施設同様に二〇一二年以降提唱された社会主義核心価値観（富強、民主、文明、和諧、自由、平等、公正、法治、愛国、敬業、誠信、友善）のスローガンが掲げられています。他方で、一九九〇年以降経済復興を遂げた地域社会では、民間信仰の廟宇再建、寺院や道観の新設や増築が相次ぎ、観光名所化しています。イスラームは回族コミュニティにおいて女学の普及や指導者をアラブ圏に派遣するなど独自の発展をしています。

現代中国の宗教は、文化大革命に大打撃を受けた宗教が復興し、政府による厳しい管理下で地方政府と協力するなど間合いを計りながらサバイバルの戦略を立てています。そして、教団が活性化しているだけでなく、人々の宗教心もまた熱いということです。中国の宗教市場は社会主義的な統制経済です。政府は原則として公認宗教の登録された宗教施設でしか宗教活動を認めておりません。施設外の公共空間で集会を開いたり、知人宅を訪問して伝道を行ったりすることも認めていないのです。人々の宗教的なニーズに対応する宗教財、宗教者、宗教施設、宗教立の学校が圧倒的に不足しています。そのため数少ない宗教施設に人々が列をなし、なおさら活況を呈しているように見えるのです。

皆が求めるものの価値が上がるのは当然です。しかし、宗教財の供給は統制され、不足したままです。そうすると、公認宗教以外の領域においてこのような宗教的ニーズに応えようという人々の動きが生じます。地下教会や家庭教会、海外から流入したキリスト教系新宗教に通う人々も出ますし、スピリチュアルな要素を含む気功のような健康法にも人々が集まりました。政府は当初黙認していましたが、一九九九年に法輪功の信者が中南海を包囲する陳情活動をしたことに江沢民は激怒し、邪教として公安による取締りを命じました。

楊鳳崗によれば、中国には三つの宗教市場が存在するとされます。一つ目は赤い市場であり、政府の公認宗教の宗教施設です。二つ目は黒い市場であり、邪教として弾圧を受ける教団が置かれた市場です。三つ目は灰色市場であり、それ以外の教団や民間信仰などが含まれますが、政府の取締いかんによって灰色と黒の境界が移動するのです。宗教活動が最も盛んであるのは政府による統制の目を逃れた灰色市場です。統計に現れてこない灰色市場と黒色市場を赤色市場に合わせれば、中国の宗教人口は数億人の規模に達するのではないでしょうか（楊鳳崗、二〇二〇）。

†香港の宗教概況

一九世紀の中頃、英国は清朝と二度のアヘン戦争を行い、香港と九龍半島を割譲させ、新界を租借しました。太平洋戦争中、日本軍は英国軍を追い払い四年半にわたって香港を占領しました。英国は香港を一九九七年まで統治した後、中国に返還し、香港は二〇四七年まで一国二制度が保証されましたが、二〇二〇年に国家安全保障法が香港にも適用され、中国化が進行しています。

香港は今では国際的な金融経済の大都市です。一九四九年に中華人民共和国が成立する国共内戦前後に、中国から避難民・移民が大量に流入し、島嶼部の先端であった香港島と九龍半島には狭隘な山地にまで寄留者が住み着いて現在の香港市街が形作られました。旧世代は移住先を模索し、華僑的なアイデンティティを持っていたのですが、現在では香港生まれの新世代が多数を占めるようになっています。

英国は香港を返還することを前提にインフラの整備や社会福祉を充実させなかったので、華人的、華僑的な生き方とも言えますが、自助・共助が香港人の基本です。福祉を行政に代わって充実させてきたのがカリタスのようなキリスト教会系の財団やNGOです。教育面では英語で教科目を教える中高のミッションスクールや、崇基学院を元に設立された香港中文大学などがあって、香港の知識人層はキリスト教になじみが深く、市中に多くの教会があります。

一九九〇年代に経済的資産や英国式の自由教育などが共産党に奪われることを懸念した社会上層部が香港を離れましたが、二〇一四年に親中派に有利な選挙制度をめぐって学生や市民の大規模デモが

表4－9　香港　宗教別人口分布

	信者数
プロテスタント	480,000
カトリック	360,000
仏　教	100,000
イスラーム	270,000
ヒンドゥー	40,000
シーク	10,000
一貫道	数千人
新宗教他	
総人口	7,500,000（2019）

（出典：香港政庁年鑑。仏教は他文献推定）

発生し、催涙ガスを傘で防ぐ「雨傘革命」は台湾の学生運動にも波及しました。キリスト教会で学生を支援するところも多く、キリスト教会が社会運動を支えている面も強いとされます。

私は二〇一三年夏から二〇一四年春にかけて香港中文大学に滞在し、宗教社会学と日本の宗教事情を教える大学院の講義を担当しました。毎週二時間あまり下手な英語で講義し、修士課程の大学院生たちからさまざまな質問を受けて答える中、私自身も週のかなりの時間を講義準備に費やし、彼・彼女たちと交流しました。中華料理店で飲食を共にしたり、教会調査に連れて行ってもらったりと香港の思い出がよみがえります。二〇一四年の学生運動と香港行政府による弾圧事件では、香港中文大学の先生方と一緒に学生の安全を確保せよと抗議声明を出しました。香港に居続けたい、居続けるしかない若者たちが、香港を良くしようと懸命に働きかけた数年間でした。

†韓国の宗教概況

朝鮮半島は一九世紀の末から近代化を迎えましたが、一九〇五年から四五年まで日本の統治下にありました。総督府は鉄道の敷設や鉱山開発、殖産興業などを行いましたが、日本語の使用を強制し、

表4-10　韓国　宗教別人口分布

	信者数	宗教人口比	総人口比
仏教	10,726,463	43	22.8
プロテスタント	8,616,438	34.5	18.3
カトリック	5,146,147	20.6	10.9
円仏教	129,907	0.5	0.3
儒教	104,575	0.4	0.2
天道教	45,835	0.1	0.1
甑山教	34,550	0.1	0.1
大倧教	3,766	0	0
その他	163,085	0.7	0.4
不明	205,508	0.1	0.5
宗教人口	24,970,766	100	53.1
無宗教人口	21,865,160		46.5
総人口	47,041,434		100

（出典：人口住宅総調査、2005）

日本帝国のために政治的・文化的従属を強いました。朝鮮時代の民間信仰を迷信とし、民族宗教を類似宗教として、日本の神社を建立、布教を企図する仏教宗派やキリスト教教派が招き入れられましたが、日本の敗戦とともに引き上げることになります。

韓国では光復後、独立運動を担ったキリスト教会がアメリカの支援のもと勢力を拡大していきます。朝鮮戦争で荒廃した国土において人々の縁となったのが都市部のキリスト教会でした。韓国のキリスト教の成長はアジアの奇跡と呼ばれております。

韓国の宗教においてもう一つ特徴的な宗教が、東学系の民族宗教でした。しかしながら、日本の帝国主義に力がなかったということで、戦後は信者の獲得に力がありませんでした。仏教の信者も多いのですが、日本のような檀家制度はありません。禅宗系で非妻帯の曹渓宗が最大宗派であり、日系仏教の名残である妻帯を認める太古宗は少数派です。朝鮮王朝の時代に儒教が重んじられ、仏教寺院は町を外れた山に名刹があります。

†韓国　政治と宗教

韓国を訪れた人は市街地のビルの屋上に掲げられた赤いネオンの十字架に驚くかもしれません。いたるところに教会があり、ソウルの汝矣島純福音教会は信者数八〇万人を誇ります。日曜礼拝は七回行われ、聖堂には数千人が参加します。信者数が数万人から数千人規模のメガチャーチが多いことも特徴です。しかも、信者は月収の一〇分の一を献金し、熱心な信者は日曜礼拝他祈禱会、早天祈禱や断食祈禱、通声祈禱を行い、礼拝や信仰の熱量は日本の教会と比べるとこれが同じキリスト教かと驚くことでしょう。

韓国のキリスト教会は保守的な神学、聖霊体験や個人的祈福を重視する傾向にあり、聖霊充満の状態はシャーマニズムにおける憑依・感応的状態に近いものがあります。これらの特徴は、一九世紀後半から二〇世紀にかけてのキリスト教の土着化および教会の自立・自給の運営方法が韓国で採用されたことにあります。朝鮮王朝や日本帝国主義統治によって、日本のように西欧の宣教団が積極的に人材と資金を投入できる状況になかったので、キリスト教が朝鮮の宗教文化になじんで信者を獲得したものと考えられます。

結果的に、朝鮮戦争後荒廃した大韓民国の人心を癒し、都市に疑似家族や疑似共同体を形成したのがキリスト教会でした。この役割は日本では新宗教によって担われております。一九六〇年代から八〇年代にかけて信者数を韓国人の約二八％まで高めたことは奇跡と言われ、アメリカに次いで世界中に宣教師を派遣するキリスト教大国になっております。

韓国のキリスト教会、およびキリスト教系新宗教と日本の新宗教にかかる宗教文化交流と、その副産物としてのカルト問題の発生については、数百字でまとめることは到底かないません。一言だけ述べておくと、東アジアにおけるキリスト教の宣教が植民地勢力をバックにしていたのと同様に、韓国においてキリスト教が成長する朝鮮戦争後は、アメリカの軍事的・文化的プレゼンスが非常に大きかったことと、朴正熙政権が反共主義を掲げ、ここに翼賛し庇護も受ける教団組織が勢力をのばしたということです。日本においても新宗教が教勢を拡大できたのは、単に都市化や社会移動によって家郷や誇りを喪失した人々が、疑似家族や疑似国家によって心理的補償やソーシャル・キャピタルを得たということだけではなく、当該教団が体制側の政治家や政党と翼賛・庇護の関係を結び、宗教界や一般社会からの批判に対する抵抗力を持てたことが大きかったのです。詳しくは、私の統一教会の研究（櫻井・中西、二〇一〇）や宗教文化交流の研究（李・櫻井編、二〇一一）を参照してください。

†台湾の宗教概況

中国文化圏では仏教や道教、民間信仰の信者数に正確な統計はありません。なぜなら、日本の氏子や檀家に相当するメンバーシップがないので、宗教施設の側でも参詣者を信者か非信者か、観光客かなどと分類する必要もないのです。熱心に通い続ける人は多額の布施や献金を出しますし、信仰や現世利益の効能がないと判断すれば離れるだけです。

台湾の社会調査では民間信仰が個人の信仰の選択肢に入れられており、社会調査では約三割の人々が民間信仰を信じていると答えています。台湾の宗教のもう一つの特徴は、戦後中国国民党とともに大陸から避難してきた人間仏教が教勢を拡大していることです。

キリスト教は台湾の先住民族に対する布教活動を行い、戒厳令下でも国民党政権に対する批判的態度を貫き、抑圧された経験があります。

表4-11　台湾　宗教別人口分布

	信者数
プロテスタント	400,000
カトリック	180,000
仏　教	約800万人
佛光山	約300万人
慈済会	約400万人
一貫道	20,000
日系新宗教	数千人
道教・民間信仰	数百万人
総人口	2357万人（2020）

（出典：台湾政府内政部、2012年。個別教団は自称数　教団HP参照）

また、清朝期に黄徳輝が興した先天道を前身とし、万教帰一を説き、明明上帝（無生老母）を最高神格として諸教を混交した一貫道が発展し、国内外に信者組織を拡大しています。

†台湾　宗教ボランティア

台湾には大陸の老官齋教の流れを汲む民間の廟宇に住する僧の齋教があり、日本統治下に日本の宗派仏教や神社神道が開教しましたが、戦後寺院や神社は打ち捨てられました。その後、国民党とともに仏教者が移入し、台湾人相手に仏教を弘教しました。

釈星雲が開いた臨済宗の佛光山、釈證厳の慈濟功德會、禅宗の中台禪寺、法鼓山、霊鷲山が著名であり、多くの信者を集めています。台湾仏教は出家仏教であり、尼僧が多いことでも知られます。台湾では高学歴女性の活躍の場が限られていたために、仏教教団の中で学問や社会事業の担い手として活躍する場を求めたのではないかと言われています。その中でも佛光山は国内外に道場を設け生活に根ざした仏教の布教に努め、慈濟功德會は国内外の災害ボランティアや福祉活動に取り組んでいます。

佛光山や慈濟功德會はカリスマ的な宗教指導者に恵まれただけでなく、仏教学や人間仏教の理念を仏学院で教え（後に大学に発展）、欧米や日本に留学させて国際的に通用する学僧を育て、併せて社会事業のノウハウや組織運営も学ばせています。能力の高い僧侶や尼僧が市民に仏教を教え、大陸復帰を目指して台湾の社会福祉に力を入れなかった国民党政権時代から地域福祉を担い、社会的信用を獲得したことが成長の要因であったと考えられます。もちろん、巨大な宗教団体として数百万単位の信者を動員する力があれば、国民党、民主進歩党双方からの働きかけはあり、宗教と政治の関係も抱え込むことになります。

四・四　近代と宗教

†東アジアにおけるモダニティ

この章では、タイ社会研究から多様なモダニティがありうるという示唆を受けて東アジアに研究領域を拡大してきたという私自身の問題意識から筆を起こしました。そして、東アジア宗教のかたちと題して、中国・台湾・香港、韓国、日本の宗教文化について共通性や相違点を比較してきました。比較の軸は歴史性と地域性、および各地域が交錯する契機となるモダニティでした。モダニティは、東アジアの諸国が西欧の植民地主義と文化にどのように対応したのかという点から見ることができます。どの国も産業と科学技術の発展を受け入れましたが、近代国民国家の形成という課題に対応するためには、西欧文化やキリスト教をそのまま受容するわけにはいきませんでした。日本はいち早く近代化に着手しますが、天皇制の強化と国体の崇拝によって国家神道という復古的イデオロギーを新しい宗教として作り上げました。第二次世界大戦後、この異様な国家宗教は連合国最高司令部の神道指令によってばらばらの地域神社に解体されたのですが、一九四六年神社本庁という後の包括宗教法人組織として生き残りを図りました。また天皇制も象徴天皇制として遺すことができ、日本の政治右派にナショナリズムの磁場を提供することができたのです。

日本の復古的近代主義はアジア主義と称する植民地主義に変貌し、日清戦争の勝利によって台湾を領有し、朝鮮の外交権を手中に収めてから植民地としました。中国大陸では満洲国を成立させましたが、中国と韓国では抗日運動が生じ、日本の敗戦後独立を勝ち取った北朝鮮と大韓民国それぞれが、現在の国家の正統性を抗日レジスタンスの歴史に置くことになったのです。国共内戦により大陸部では中国共産党が中華人民共和国を成立させ、台湾に移動した国民党政権が中華民国をたてますが、両国とも抗日レジスタンスの歴史を誇ることは同じです。東アジアの諸国が独立後に国家の安定を得るまで二〇年から三〇年を要したのに対して、日本は敗戦後に第二のモダニティを再び全速力で駆け抜けました。そして、戦前と同じように、毛沢東に主導された中国共産主義や北朝鮮の金日成による主体思想、および韓国や台湾の軍事政権主導の権威主義国家との比較において、経済発展のみならず、民主主義へ向かうモダニティの優等生という自意識を強烈に持っていたのではないでしょうか。

日本が東アジアの諸国に対して圧倒的に経済的に優位であった一九六〇年代と七〇年代に、日本と東アジアの諸国との間に政治的葛藤は目立ちませんでした。指導者は国是としての抗日や民族主義を隠しながら日本から民間投資やＯＤＡを取り込み、経済発展他の国作りに努めたのです。一九八〇年代から東アジア諸国は日本を先頭とする雁行型経済発展と呼ばれる高度経済成長のプロセスにのり、それぞれの国でリベラルな政治を求める社会運動が活性化しました。一九八七年に台湾、韓国で軍政から民政に転換し、一九八九年には中国で第二次天安門事件が起こりました。市民社会形成の動きが加速化すると、戦争の記憶として封印されてきた徴用や従軍慰安婦、日本兵の蛮行が市民の声として顕在化し、各国政府は、それまで見過ごしてきた日本の政治家たちが抱く右派ナショナリズムや靖国参拝を批判しました。一九九〇年代以降、歴史認識問題として日本と他の東アジアの諸国の間に大きな溝ができ、日本政府は首相による反省の弁やアジア女性基金他で融和を図ってきましたが、この溝は簡単に埋められるものではありません。

二〇一〇年から一三年にかけて尖閣諸島をめぐる日中両国のやりとりは、尖閣諸島の国有化と中国国内での反日運動というかたちに拡大し、同時期に韓国が実効支配している独島（竹島）問題に関しす。

て反日運動が生じました。日本国内では嫌中、嫌韓というジャンルの書籍やSNSでの発信が、ネット右翼と呼ばれる社会現象を起こし、現在までこの三国間の関係は政治的に難しい状態が続いています。この間、中国は経済発展を遂げ、アメリカに対抗する世界の覇権国家として東南アジア他世界中にプレゼンスを拡大しています。世界の経済は金融資本主義と情報産業が中心となり、日本のモノづくり産業は大きく出遅れ、中国と韓国、台湾に半導体や情報機器の生産では立ちゆかなくなっています。

まさに東アジアのモダニティは、産業化と国民の富裕化（裏面としての格差社会化）を達成し、政治的価値としての民主主義も中国の一党独裁型を除いてリベラルな方向に舵を切りました。しかしながら、台湾と中国は海峡を挟んだままで対峙し、北朝鮮は韓国と日本を敵視したままミサイル配備を続け、中国は日本と国内のアメリカ軍基地を警戒しています。

中東やアフリカなどの紛争地域を除き、多様な形でモダニティを達成した地域においてこれだけの緊張した地域はあるでしょうか。

突飛な発想となるかもしれませんが、ＥＵと東アジアを比較してみたとき、ラテン語と漢字、キリスト教と儒仏道の三教を言語や宗教文化の核とする両地域には共通点があります。隣国同士で戦った歴史もありますし、ドイツによるユダヤ人虐殺の爪痕は日本軍によるアジア侵略をしのぐものです。しかし、ＥＵは現在政治経済的な共同体を作り上げ、ドイツはそのまとめ役を果たしています。それに対して東アジアは、政治経済の両面で競合し、相手国の文化を軽んじ、一触即発の緊張状態のままです。同じ地域で仮想敵国として付き合い、防衛設備も整備し続けるような状況をいつまで続けたらよいのでしょうか。

†東アジアのダイバーシティ

私は、東アジアの諸国が近代化のプロセスをどのように歩んできたのかを歴史的に十分理解した上で、共通性と違いを認め合うことで話し合いや交流を各層ではじめ、持続していくことでしか、東アジアという世界を想像することはできないと考えています。

現在、ダイバーシティという言葉が多様な人材の活用という意味で使われていますが、本来は性や世代、民族や宗教における差別をなくすために、多様性を尊重するという考え方を示す言葉です。しかし、私たちは日常生活や公共的な場面で多様性そのものを大切することができるのでしょうか。東アジアの人たちは、見た目のレベルではどの国の人かほとんど区別がつきません。しかし、どの国の人であるのかということが分かると、私たちは対応の構えを始動します。そこには歴史認識の問題やそれぞれの社会で共有されている社会的記憶の問題が深く根ざしています。容易にそこから逃れることはできないでしょう。

しかし、認識や感覚の枠組みが綻び始める瞬間は多々あるはずです。その一例が仕事や観光で他国を訪れたり、親密な交流を一定期間持続したりすることで、相手に対するイメージが壊れることがあります。そこで気づくのは、違っているけれども共通する部分があるということではないでしょうか。

その共通する部分はライフスタイルや価値観、趣味嗜好であるかもしれませんが、社会や文化のあり方における共通性もあるかもしれません。人間は共通点を確認できると仲間意識を持ちやすいものです。言語や宗教は、私たちの人間観や世界観の大枠を提供しています。ですから、そこで共通性を確認することで親密性を感じる契機となります。

東アジアの諸国ごとに宗教文化を見ていくと若干の共通性を見つけることはすぐにできますが、相違点ばかりが目に付くかもしれません。その時に、本章で探ってみた宗教文化のかたちをもとに見直してみたらどうでしょう。要点をまとめましょう。

①宗教文化の共通の種として祖先祭祀とシャーマニズムが基層にあり、そこに儒仏道の三教が歴史伝統として蓄積され、外来宗教としてのキリスト教やイスラーム、新宗教が加わる三層構造があります。

②宗教文化の交流では、中国から周辺国へ宗教文化が伝わりますが、西欧のキリスト教と植民地勢力に出会うことで、在地の宗教文化は慣習的・民間信仰的なものから教説や教団組織の整備が進められ、いわゆる宗教団体としての体裁や宗教人としての教育が進められるようになりました。しかしながら、教団宗教と民間信仰が併存している状況は現在でも変わりません。

③宗教団体の行政的管理という統治方法が、日本から中国に伝わり、台湾や韓国に移植されました。中国はそれを維持・強化している一方、産元の日本他の国々では一切の規制をしていません。ただし、規制緩和が需要を喚起し、供給の増大を生み出すといった経済的市場理論は東アジアの宗

教市場にそのまま適用することは難しいようです。七〇年以上の自由市場がある日本において世俗化が進行し、規制が残る中国で宗教復興が見られる事態をどう説明するのか、単なる歴史的・社会科学的アイロニーか、そこには複雑なメカニズムがあるのか、さらなる研究が求められます。

第五章　中国・台湾の宗教変容

五・一　チベット仏教の復興と中国の宗教政策

†民族宗教から世界宗教へ

この半世紀のチベット仏教の動向に中国の宗教政策を関連させてみていくと、興味深い宗教学的な知見が得られるのではないかという期待があります。いくつかテーゼ風に書き出してみましょう。

①チベット仏教の復興は中国の抑圧的な宗教政策によって逆に促進された。

②民族宗教としてのチベット仏教はダライ・ラマ一四世以下の高僧・転生僧たちの離散（ディアスポラ）によって世界宗教に変わった。

もちろん、抑圧的政策に抗したチベット仏教の強さと高僧・信者の並々ならぬ努力なしには、復興も世界宗教への道も用意されませんでした。そうした事実を踏まえながらも、宗教の発展を考える際の重要なヒントをこの事例が示しているのではないかと思われます。

私たちは人間であれ、社会であれ、成長や発展に促進的な要因と阻害的な要因を明確に区別して考えがちであり、そうした要因や条件に一喜一憂しがちなのですが、もう少し長い時間の幅で考えると違う道筋が見えてくることもあるのではないでしょうか。障害をバネとする、リスクをチャンスとする発想の転換が、いわゆる人生論やビジネス論だけではなく、宗教の実践や研究にも求められていると思います。

以下では、二〇一二年に東チベットを来訪した記録を用いながら、チベット仏教の動態について若干の説明をしていきます。

†チベットと中国

私は二〇一三年から一四年に半年ほど香港中文大学で教鞭をとったことがあるのですが、滞在中にテレビ番組でチベット仏教を特集した番組を見ました。英語放送なので香港人や外国人向けですが、徹底したダライ・ラマ批判を司会者が行い、映像資料で補強するという内容でした。一九八九年にノーベル平和賞を受賞し、頻繁に来日して講演や宗教間対話を深めるダライ・ラマ一四世は、チベット仏教はもとより世界的な宗教指導者として日本人には理解されています。また、多くの著作が翻訳され、それを読んだことがある人はダライ・ラマ一四世を宗教者として尊敬し、人柄に感銘を受けた人も多いと思われます。

私の滞在中、ほとんど毎日のように日本の安倍政権がいかに右傾化し、尖閣諸島を国有化して中国の領土問題で対決姿勢を強めているというニュース解説を見ており、香港も中国であることを否応なしに実感させられていました。

ダライ・ラマ一四世をどう評価するかという論点は歴史認識の問題です。番組の中で大学の歴史学者が「チベットは長らく政教一致の封建的農奴制社会であり、ダライ・ラマと地主階層に支配されていた。それが一九五一年に人民解放軍によって解放され、チベットは人口・経済の両面で発展を遂げることができた」と解説を加えました。解放前、民衆の九割は貧困に喘ぎ、残酷な刑罰が民衆に加えられていたというのは、清朝時代の中国や江戸時代の日本を思い出せば、あながち誇張ではないでしょう。しかしながら、解放後の発展が苦渋に満ちたものであったことも確かです。

中国とチベットの関係は、元・清の帝国支配に対してチベットが朝貢を行う冊封関係であったと考えられます。特に乾隆帝は元の創始者フビライの生まれ変わり、文殊菩薩の化身を称してチベット仏教の大施主としてふるまったとされます。両国の支配・被支配関係は外交的なものであり、実質的なものではなかったのです。チベットが「中国の不可分の一部」となったのは、一九五一年に中国がチベットを軍事占領し、一九五九年にダライ・ラマ一四世がインドに出国してからのことです。中国は各地で蜂起したゲリラを掃討し、拠点と目された僧院を破壊し、次いで中印国境紛争のためにチベット人の動員や軍事施設の建設を行いました。

中国はチベット占領後、旧支配層に自己批判と労働を強制し、地主層から取り上げた土地を牧民や農奴に分け与えたのですが、後に人民公社化を全中国で進めた際に農民から土地を再び取り上げようとし、納得しない民衆の叛乱を招きます。中国本土でそうであったようにチベットでも飢餓が発生しました。そして、文化大革命の時代（一九六六〜七六年）には中国全土に宗教抑圧が及び、僧院は紅衛兵やチベット民衆によってかなり破壊され、およそ二〇年の間にチベットの社会・文化構造が徹底して改変されてしまったのです（石濱編、二〇〇四）。

一九八〇年代以降、政府はダラムサラのチベット亡命政府やダライ・ラマの言動に神経をとがらせ、彼らによる中国内チベットへの影響力を極力抑えようとして統制的な宗教政策を実施する一方で、僧院の再建を行い民生面での底上げを図るなどの施策を実施していきます。同時に、チベットの経済開発と観光化を進め、漢民族と中国資本が都市部に入り込み、チベットの消費社会化と自然環境の悪化が懸念される状態になっています。

現在、チベット人は中国の五五余り指定されている少数民族（総人口は一億人を超す）の一つとされ、人口規模で言えば中位にある民族集団です。チベット族が暮らすチベット高原は、現在チベット自治区（中央チベット）、青海省・甘粛省の一部（北チベット）と四川省と雲南省の山岳地帯（東チベット）とに分けられます。

私は二〇一二年八月一六日から二五日まで一〇日間、アムドと呼ばれる東チベットを訪れたことがあります。千歳から成田、成田から全日空の直行便で成都双龍国際空港に降り、東チベットの宗教文化に詳しい大阪工業大学の川田進教授と合流して、成都の交通飯店に投宿しました。翌朝、七時の康定行き定期バスで雅安を過ぎたあたりの凸凹舗装道路でバスが故障しました。修理・昼食休憩後、標高二千メートル余の二郎山トンネル手前で道路工事の交互通行で一時間待ちをして峠を下りて磨西から大徒河の峡谷を北上し、支流を上って康定に着いたのは午後八時でした。

一八日は朝四時起床、五時に乗り合いタクシー（赤帽ワゴンを少し大きくした車に座席が二＋二＋三人）に乗り、折多山（四二九八メートル）の峠越えでした。抜けるような青空と草原の天空の道（三〇〇〇～三五〇〇メートル以上の高原）をとばして昼に炉霍着。ここから甘孜《カンゼ》（三三一〇メートル）まで四時間の未舗装の悪路で、でこぼこの穴をさけて右に左にハンドルを切りながら進むので胃液が逆流しそうになりました。この日から頭痛が始まります。軽い高山病です。

一九日七時の小型バスに村人や尼僧と乗り込み、最初の目的地ヤチェン（亜青）へ向かいます。四二〇〇メートルの峠を越してようやく昼過ぎにたどり着きました。四〇〇〇メートル付近の丘に寺院・僧堂が建ち並び（僧は約三千人）、川を挟んで一万人を超す尼僧の数千戸の粗末なバラックがありました。

†中国の宗教政策とチベット寺院

中国政府は一九八〇年と一九八四年の西蔵工作座談会において文化大革命に基づく宗教政策に誤りがあったことを認め、寺院を修復・回復する決定をなし、一九九四年までに約一八〇〇の寺院を再開したとされます。それに伴い、僧侶と尼僧も増加したのですが、政府は無制限に寺院の拡大や宗教活動を認めたのではなかったのです。一九九〇年代、江沢民は鄧小平の後を継いで改革開放を市場経済で推進した一方で、ベルリン崩壊後の社会主義国家が相次いで民族国家に分離していく事態を懸念して国内の統合を強化していきます。それがナショナリズムを強調する外交や教育となり、少数民族や宗教に対しては管理を進めるようになります。一九九〇年代から数度にわたる西蔵工作座談会を開催して、寺院の収容僧侶の定員制、活動区域の制限、転生ラマの認証・管理、および「ダライ集団」への対策が協議されたのです。そして、二〇〇四年に制定された宗教事務条例によって宗教団体は包括的に管理されることになりました。チベット寺院も例外ではありません。

こうした宗教政策の結果が、キリスト教でいえば公認教会とならないカトリックの地下教会やプロテスタントの家庭教会の増加であり、チベット仏教では寺院の外にある修行地の増加だったのです。

私たち二人は修行地の監督者であるアソン活仏の僧坊兼賓館に泊めてもらい、瞑想を実践しに来た成都の男性居士や他二名の漢人信徒向け講習や説法会（チベット語を漢語で通訳）で学習する長期滞在の女性居士（北京出身）と食事を共にしました。ここでは訪問客に三食と宿舎が提供されますが、相応の布施も必要です。

真夏にもかかわらず室内でも夕方には一〇度前後まで冷え込み、私は高度障害のために酸素吸入器を使わせてもらいましたが、消耗が激しいので連泊は諦め、翌日の昼に甘孜まで六時間かけて戻り、さらに酸素缶を買って夜中に吸いました。東チベットの調査は高度障害と悪路、寒さとの戦いであり、同行の川田教授の強靭な身体と精神力に感服しました。

川田教授の調査によると、ヤチェン修行地は一九八五年にニンマ派のアチュウ法王によって開かれ、二〇〇〇年頃には数千人が修行をしていたと推定されます。ニンマ派は最古の宗派であり、埋蔵教説（古代の聖者が埋蔵した聖典を後世の僧が発掘し編纂する）と秘儀の師弟間継承に特徴があり、僧のカリスマ性が発揮されやすいとされます。それに対して、ダライ・ラマを輩出するチベットの最大教派ゲルク派は、僧侶の位階秩序、僧院での長期にわたる顕教の修学を特徴としています。

アチュウ法王を慕ってきた僧や尼僧、居士たちによって年々僧坊が増加するために、白玉県党委員会工作組は二〇〇一年と二〇〇四年に僧坊の大規模な撤去を強行しました。現在は修行地入り口に工作組と公安派出所を設けて監視を行う一方、ヤチェンに電気をひくなど利便性を提供して懐柔をはかっているように見えます。

アチュウ法王は二〇一一年に遷化し、アソン活仏が後継者として修行僧・尼僧の指導にあたっています。私たちが出発する日の午前中は数千の僧を前にマイクで説法し、昼近くから経堂で漢人僧侶や居士を対象に漢語通訳を付けた経典講義が行われていました。僧や尼僧が居住する僧坊は、太い柱や板壁、アルミサッシの窓をはめた住居状のものから雨露を防ぐ程度のバラック状のものまで雑多に立ち並んでおり、僧坊の周囲には雑貨屋や僧坊用の工務店まであるもの

ヤチェン修行地（筆者撮影）

説法を聴聞する僧侶たち（筆者撮影）

じました。

の、川にはゴミが捨てられ、厠は不足気味で草原で用を足す姿が散見されます。居住環境や衛生状態がよいとは言えないこの地で、信仰に篤いチベット人と漢人が修行する姿にチベット仏教の復興を感じました。

†中国の宗教政策

宗教意識は希薄になっても制度としての宗教文化や組織は残存します。宗教文化の容れ物が残っている限り、人々の心のよりどころや人間関係をつなぎとめておく場として宗教は活用される機会があります。形骸化し硬直化した宗教精神や組織を改革しようという動きは宗教の歴史では絶えることがありませんでした。ところが、この容れ物を徹底して破壊する世俗化が共産党によって試みられました。二〇世紀の世俗化は、近代合理主義と社会主義・共産主義によって進められたのです。

その帰結は明らかで、宗教文化をイデオロギーに置き換える試みはことごとく失敗しました。ベルリンの壁が崩壊してから東欧諸国やロシアではカトリックや正教が復興し、中国でも改革開放後に仏教やキリスト教をはじめとする諸宗教が復興しています。北朝鮮においてすらキリスト教徒を根絶やしにできません。宗教文化はなぜこれほどに強いのでしょうか。

中国の宗教政策とチベット仏教の復興から考察していきましょう。

中華人民共和国憲法（一九五四、一九七五、一九七八、一九八二年に採択）ではいずれも宗教の自由が認められてきました。一九八二年採択の第三六条では、①国家・社会団体・個人は公民に対して宗教の信仰と無信仰を強制してはならない、②国家は宗教を保護するが、宗教を利用した社会秩序の破壊は認められない、③宗教団体は外国勢力の支配を受けない、と規定されています。日本の憲法第二〇条の信教の自由の規定と比べると①はほぼ同じですが、②と③が中国独特の制度と言えます。つまり、保護というのは利益供与ではなく、共産党による宗教団体を公認し領導することを意味します。仏教・道教・イスラーム・プロテスタント・カトリックのみが公認され、その他の公認されない宗教団体の活動は原則認められないということです（土屋、二〇〇九）。

また、外国勢力とはカトリックにおけるローマ法王庁や海外の宣教団体、新宗教の海外布教が意図されています。当然のことながら亡命したダライ・ラマによるチベット仏教への影響力も阻止するということです。一九五〇年代にプロテスタントでは三自愛国運動（自養・自治・自伝）が進められ、三自愛国教会として既存の教会が公認されていきます。この発想は元来が海外の宣教団体に頼らずに自立した教会基盤・運営・伝道を目標にした宣教方法論として二〇世紀初頭からあったものですが、新中国にふさわしいものにキリスト教会自体が中身を変えていったのです。そうしなければ生き延びられない時代でした。

中国の宗教政策の変遷を見るとおおよそ三つの時期に区分されます。

第一期は一九四九年の中華人民共和国成立から文化大革命が終結するまでの宗教抑圧の時代です。上記の公認宗教は一九五三年から五七年にかけて中国〇〇教協会を設立し、傘下の宗教施設は行政と密接な関係の中で運営されることになりました。ここまでは公認宗教制の枠内で宗教は活動を継続できましたが、一九六六年から一〇年間続いた文化大革命によって大打撃を受けます。これが第二期です。人民公社と大躍進計画の失政により実権を失っていた毛沢東が巻き返しに出た権力闘争が文化大革命です。この時代、毛沢東の神格化が進められ、毛沢東思想を学習した青少年が紅衛兵として知識人や実務派をつるし上げ、自己批判を強要する運動が全国に拡大し、学生たちは農村地域に下放されて大学は機能停止に陥りました。毛沢東の無神論が至上の宗教論となり、紅衛兵が宗教施設を破壊し、宗教者に暴力をふるう事態となったのです。チベットでは寺院の破壊、僧侶の強制還俗・投獄がありました。一九七六年に四人組が逮捕されて文革が集結するまで、中国には毛沢東崇拝という代理宗教が全土を覆ったのです。鄧小平が復権して改革開放政策に移行しても、一九八二年憲法に示された宗教統制の政策は継続されました。

この代理宗教は、ニニアン・スマートも指摘している共産主義国家特有の指導者崇拝であり、ソ連邦ではレーニンとスターリン、北朝鮮では金日成、金正日、金正恩、クメール・ルージュのポルポトなどの例があげられます。代理宗教を信奉しない者は容赦なく自己批判を強要され、国家にくまなく収容所を作って現世で悪徳の報いを受けさせられたことになります。粛正や殺害された人々の数は、両世界大戦の死者数に次ぐでしょう。

第三期はハードな統制からソフトな統制に移行した鄧小平・江沢民・胡錦濤の時代です。この時期は総書記の講話が宗教政策の骨子を形作ることになります。江沢民が民族と宗教への対応に神経を使ったことは既に述べたとおりですが、胡錦濤に政権を委譲した後も中央軍事委員会主席に留まり権力を維持していたので、信教の自由と宗教の独立自主に加えて、①法による宗教事務の管理と、②宗教の社会主義社会への適応という談話は、後の宗教政策を方向付けるものになりました。

二〇〇四年に「宗教事務条例」が制定され、宗教団体の設立、施設の運営と活動の管理、教職者の人事や資産管理、法的責任という原則が定められ、その下に詳細な宗教法規が規定されていくことになります。公認宗教であっても公認された施設の外部で布教活動を行うことは原則認められていません。また、宗教の社会主義社会への適応という方針ですが、一つは胡錦濤の「科学的発展観」と「和諧社会」に資する宗教の社会貢献が積極的に求められたことと、もう一つは宗教を文化資源として活用する方向（伝統的祭礼や仏教寺院の復興とツーリズム）を官民一体で推進したことがあります。

この時期には、宗教政策が抑圧から緩和に転じたために公認宗教の教勢が伸張しますが、人々の宗教に対する欲求も増大します。中国で一九八〇年代から九〇年代にかけて伸びた非公認の宗教として、①キリスト教の地下教会（家庭教会）、②気功などの治病・健康法、③チベット仏教があげられます。②は一九八〇年代に李洪志によって設立され一九九〇年代に勢力を伸ばした法輪功があり、政府の統制に抗議して中国政府要人が居住する中南海を信者で包囲する抗議活動を行ったことから、江沢民が一九九九年に活動を禁止しました。

†チベット仏教の復興と統制

チベット民族やモンゴル民族の仏教であったチベット仏教を世界宗教にした主役がダライ・ラマ一

四世をはじめとする亡命僧侶たちです。一九五九年にインドに亡命したダライ・ラマはダラムサラに亡命政府機関を設立し、一九六三年にはチベット憲法を公布、国際連合に数度にわたってチベット問題をアピールし、チベット人の宗教と人権尊重を訴えました。一九七〇年代以降は講話の招請を受けたり修行者に灌頂を施したりするために全世界を周り、チベット密教の教理や実践とは別に現代仏教の普及に大いに力を尽くしたのです。西欧では密教に魅力を感じる信奉者が多く、日本では仏教の実践倫理に惹かれる人が多いようです。

他方、チベットに残された僧侶・尼僧は、文革時代に強制還俗・結婚・収監させられたり、寺院を破壊されて追い払われたりしました。しかし、一九八〇年に毛沢東が主導した文革を鄧小平が批判し、胡耀邦がチベット視察で漢人支配の行き過ぎを修正するべく、チベットの自主権や自治の承認、農牧民の免税や財政支援を約束し、寺院の再建を始めました。チベット民衆の中には政治と宗教を司るダライ・ラマに勝った共産党に期待し、毛沢東をダライ・ラマ同様に崇め、封建的地主と対等なふるまいをして無神論者になった人たちもいたのですが、共産党自ら神棚から降りてしまったことで道徳的混乱に陥りました。熱狂から冷め正気に戻ると、紅衛兵として仏像を破壊し僧侶に乱暴を働いた悪徳の業ははかりしれないというわけです。同時に、自分たちに過ちを犯させた共産党への怒りも甚だしいものがあったでしょう。そうした人々の心の空白を埋めたものが仏教への帰依でした（石剛編、二〇一二）。

ダライ・ラマはチベット仏教の指導者として評価を得ているだけではなく、世界中の亡命チベット人や篤志家から資金を得て外部からチベットの支援にも取り組んでいます。ダライ・ラマが主張する「アヒンサー（非暴力）に基づく高度な自治」は必ずしも独立国家を主張していませんが、政府の監視や干渉なしに宗教活動を自由に行える地域（自治）を求めて中国政府との粘り強い交渉を続け、機会を待っています。ダライ・ラマはチベット人にとって再び勝者王となったのです。

二〇〇八年三月一〇日、ラサで僧侶たちがデモを行い、独立や宗教の自由を求める抗議行動は市街地からチベット各地に及び、公安当局による首謀者や参加者の逮捕、指名手配が徹底してなされました。情報発信元により死者数は二十数名から百数十名と差異が大きいのですが、私たちが滞在した甘孜でも三月から七月までチベット人の若者、僧や尼僧の抗議行動が断続したと言われます。民族の自治と宗教的自由を中国の国家的安定とどうバランスさせるのか、和諧社会を目指す中国にとっても大きな課題です。

再び、二〇一二年の東チベット訪問記に戻りましょう。

ヤチェン修行地を下りた私たちが二度目に泊まった甘孜は甘孜州の中心であり、チベット人と漢人が混住しています。中国はチベット開発（二〇〇六年に青海省の西寧とラサを結ぶ青蔵鉄道が開通）を推し進め、チベット地域にはチベット人約五四〇万人に対して八〇〇万人を超える漢人が住み、その数は増える一方です。政府の統制と開発、消費文化を伴う漢文化はチベットを大きく変えているように見え、都市部ほど顕著です。

しかし、平地に慣れた漢人は標高三〇〇〇メートルを超えるチベット高原で暮らすのは難しいようで、ビジネスのチャンスがある都市部に居住地が限られています。東チベットの街道は三五〇〇メートル前後の樹林帯を越えた草原を行くか、峡谷沿いに沢を下るかのいずれかしかなく、後者では峡谷沿いに支流の扇状地や河川が湾曲した平坦な高台に集落や町が点在しています。チベット民家は、渓谷沿いでは石積みの三階建てが見られます。鬱蒼たる渓谷の森林に黄金色の小麦畑が広がり、南向き斜面に古民家が建ち並び、ヨーロッパの古城を思わせます。時折、支流が滝となって渓谷に流れ落ちています。美しい風景を写真に収めようと観光客が訪れるのですが、こうした農耕・居住環境に恵まれた地域に開拓の余地はありません。天空の道が伸びる三五〇〇から四〇〇〇メートルの地域は農耕には難しく、ヤクの放牧を行う遊牧民が暮らしていたところです。近年中国政府が定住化を進め、粗末な木造住宅で集住するところもあります。

†天葬場と仏学院

二〇一二年八月二二日、甘孜から四五〇〇メートルほどの峠越えをして色達《セルタ》に向かいました。峠頂上付近は一〇センチほどの積雪でしたが、ノーマルタイヤのワゴンタクシーで九十九折の道を手に汗を握りながら越えました。スリップして車が横を向いたときは数百メートルの崖下へ落ちるかと肝を冷やしました。

喇栄《ラルン》寺五明仏学院の手前に天葬場があり、執行の様子を見ました。棺桶が三台空いており、専門の職人が死体を鉈で切り分け、ハゲワシに投げていました。既に数十羽のハゲワシが屍肉に群がっており、僧侶は読経が終わるとひきあげました。

葬儀や遺骨の安置法に格別の思いを抱く日本人にとって天葬は壮絶に見えますが、チベット人にとって魂の抜け出た遺体を自然に帰すだけのことだといいます。三五〇〇メートルを超えた草原には木々がないため火葬はできず、冬期間の長い寒冷な土地では埋葬も困難なために簡便な葬法が発達したものです。ただし、天葬は葬送儀礼の遺体の処理であり、葬儀としては家族による通夜、僧侶による枕経が入念に行われ、出棺後天葬場に行かない家族も多いといいます。

天葬場とハゲワシ（色達。筆者撮影）

天葬はゾロアスター教と共にチベット地域独特の葬送ですが、儀礼や法要をシンプルにした分、宗教活動のエネルギーが、僧院における後期密教の教学学習と瑜伽タントラの瞑想に注がれるのではないでしょうか。そして、知識や霊力に優れた高僧や修行僧に民衆が帰依するのですが、これは葬儀・法要が主となった日本の寺院仏教と好対照をなすでしょう。

天葬場を下り、再び谷を上り直すと沢の斜面を埋め尽くす喇栄寺五明仏学院の僧坊が現れます。最盛期には一万人の学僧がいたという仏学院は、一九八〇年にジグメ・プンツォクがニンマ派の講習所から始めたとされ、文化大革命によって破壊された寺院からまたたくまに多くの僧侶が集まったといいます。

喇栄寺五明仏学院の僧坊群（筆者撮影）

一九八七年に、ダライ・ラマとは異なり中国に残ってチベット仏教の復興に関わったパンチェン・ラマ一〇世が同講習所を訪問して現在の名称を与えました。学院も中国仏教協会と関係を築くなどして一九九七年に正式に四川省宗教局から認可されたのですが、二〇〇〇年から〇二年にかけて四川省統一戦線工作部は、管理強化・粛正に乗り出し、僧・尼僧に退去命令と強制的な僧坊の撤去を実施しました。党中央の幹部がチベット仏教の隆盛ぶりに驚き、僧・尼僧の在籍数制限を学院長に迫ったが、学院長が従わなかったためとされます。

学院長は二〇〇三年に入寂し、現在は親族の尼僧と複数の指導僧によって運営されており、学僧の修業年限は六年、学位の種類によってはさらに数年の学修と試験が課されます。チベットの僧・尼僧の他、漢人や海外の華人も学んでいます。僧院には信徒からの布施や国内外から支援が集まっていますが、個々の僧侶は自前で僧坊を建て、自活しながら数年以上の学修を行っています。僧侶・尼僧の出身階層としてはある程度の豊かさが必要ではないかと思われます。伝統的な僧院では出身地ごとに学堂を有し、幼年期から寺に預けられた小僧や貧しい出身背景を持つものも入寺できたようですが、この学院のたたずまいには慣習を超えた生きるチベット仏教を志す僧侶たちの覇気が感じられました。

私たちは西藏公路―南路から東チベットに入り、康定から甘孜まで出てヤチェン修行地に行き、再び甘孜に戻って色達を経由して馬爾康、西藏公路―北路を通って成都に戻ったのですが、馬爾康から成都までは路線バスで移動し、途中四川大地震の被災地、汶川を通りました。二〇〇八年に発生し、死者七万人近くを出した震災の爪痕は、両岸の岩山から崩落した巨石に民家が押しつぶされた痕、建設中の高速道路が河川に崩落した形で残っていましたが、大方は復興住宅や記念公園として残されておりました。中国の震災復興は政府主導で進められ、住民は学校や公共施設での被災と欠陥工事の問題を追及しようとしましたが止められ、代わりに小ぎれいな住宅が提供されたのです。これもまた住民の意思決定や資産処分の権利を重視する代わりに復興計画が滞る日本と好対照と言えます。

十日間の東チベット旅行の思い出は今でも鮮明ですが、あの大自然に培

馬爾康（マルカム）の僧院（ゴンパ。筆者撮影）

汶川 四川大地震で崩落した大峡谷（筆者撮影）

われたチベット仏教の逞しさに思いをはせます。同行の川田先生は現代チベット仏教研究の大著を刊行しました（川田、二〇一五）。

五・二　佛光山の中国回帰と戦争の記憶

†中国の人間仏教

二〇一五年三月二〇日から二四日にかけて江蘇省宜興の佛光祖庭大覚寺と南京を訪問しました。江蘇省の地域には春秋戦国時代に呉が成立し、三国時代には南京が都となり、明代と民国時代にも南京が都でした。二五〇〇年以上の歴史を誇る南京には、辛亥革命を成し遂げた孫文の中山陵と明の初代皇帝を祀る明孝陵が紫金山の南側に並んでいます。三時間で双方を廻りましたが、菜の花や桜が咲き乱れる庭園と紫金山の遠景は見事なものでした。

宜興は大湖の西岸に面した町です。佛光祖庭大覚寺は、宜興の南方にある横山水庫という貯水池のほとりに宜興市から土地を借り受け、開山したものです。佛光山の創始者である星雲大師の出身は江蘇省江都です。数百年の由緒を持つ大覚寺という寺院で修行した後台湾に渡り、一九八九年に中国・台湾の両岸交流が開始されるまで戻ることができませんでした。その後、星雲大師は実母にも再会し、この地に現在の大覚寺の再興を計画したものです。大雄宝殿をはじめ寺院建築はこの一〇年ほどの間に徐々に行い、仏塔に模した会議場・宿泊施設は昨年に竣工したとのことでした。

「第三回星雲大師人間仏教理論実践学術検討会」の参加登録者は七六名、日本人は私だけでした。二〇一四年の三月に台湾の高雄にある佛光山本部を訪問し、慈恵法師他佛光山人間仏教研究院の方々と交流したので、その関係で今回の研究会に招かれたものです。中国・台湾の研究者は、佛光山が開学した南華大学の関係者が約三分の一、それ以外は佛光山が中国で関係を構築した北京大学や中国社会科学院というトップから地方大学まで広く人間仏教《じんかんぶっきょう》の理解者を集めたようでした。

発表の内容は、星雲大師の事跡をたどる祖述的報告が大半であり、中国仏教や現代哲学などに関連させて発表する人もおりましたが、日本の仏教研究において過半を占めるパーリ文献にさかのぼる教学や祖師の宗学の域にまで至っていないようでした。これは星雲大師がまだ存命であり、佛光山の仏教教化活動や社会事業が進行中であるために、教学レベルで教えの経典化や公式な教団史が確定していないということもあるかもしれません。

私自身の発表は、「傾聴する現代仏教」として教誨師から臨床宗教師、グチコレ（浄土真宗本願寺派若手僧による愚痴を聞く実践）、いのちの電話などを含む地域密着型の寺院活動を紹介したものです。関心を持って聞いてもらいました。「人間仏教」という概念を用いていないが、人間仏教の実践そのものではないかというわけです。

人間仏教という言葉は、中国の仏学院で教鞭をとった後台湾に渡り、師である太虚（一八九〇～一九四七）の全集を編纂するなど仏教学の研究者であった印順（一九〇六～二〇〇五）が提唱したものです。太虚は仏学院を設立して青年僧の教育に力を入れ、仏教を現実の生活に生かす人生仏学を説いたとされます。仏教界を近代化するために学院と仏教雑誌を刊行し、青年を啓発するというやり方は、日本の近代仏教とも呼応するところがあります。おそらくは、近代の中国仏教、台湾の占領期前後の仏教は日本仏教の動きに触発されるところがあったのではないかとも思われます。学僧であった印順に対して、弟子の釈證厳は社会活動を志し、慈済基金会を創めました。直接的な師弟関係にはない佛光山の創始者である星雲大師も太虚・印順の思想を継承して布教教化の一大事業を遂行中です。

おそらく、釈證厳同様、星雲大師の特徴は人間仏教の理論化よりは実践に関心があることで、仏教の現代的な布教と仏教の国際化という二つの独自の事業を進めました。一九六七年の設立以来、佛光山は本山と台湾全土に支部を創設し、一九九二年から国際佛光会を設立して海外に数多くの協会・分会を創設しています。これだけの布教活動をなすためには人材が必要であり、仏学院を設立して師弟関係によらず組織的に僧侶を輩出することに成功しました。

現在、中国には江蘇省の宜興、揚州、無錫、蘇州、南京、上海、北京、深圳、香港に図書館、書店、会館、中文教館、星雲文教館、道場を置いていますが、寺院は宜興の大覚寺のみです。大覚寺の住職は他寺院の住職が兼ねており、実質的な指導者と僧侶は佛光山の法師たちで、全員が尼僧です。尼僧が佛光山を支えているということも以前指摘したところですが、中国でも事情は同じでした。中国人を含む十数名の尼僧たちが、敷地面積だけでいえば京都の本願寺相当の巨大な寺院を運営しており、実質的な働き手は江蘇省に在住する信徒のボランティアです。

わずか二日の滞在でしたが、学会大会中、ビジネスで日本滞在の経験がある女性の方が私の通訳を務めてくれました。由緒ある家系の出身であるために文革の時代に苦労をされ、共産主義ではない心の支えを求めておられたとのことです。会館で会った夫婦の方はどちらも日本に留学経験のある方でした。佛光山の教えに触れて仏教徒になり、まとまった休みが取れるときは短期の研修に参加し、週末はボランティアをするために泊まりがけで来るとのこと。ボランティアだけで数百名が登録しており、その人たちを統括するボランティアもいるということでした。

†成長に潜む不安と歴史認識

現代中国はこの二〇年間で飛躍的な経済発展を遂げました。日本の新幹線は一九六四年に開業以来、二六一六キロまで延長し、半世紀も死亡事故が皆無の安全運転が知られています。それに対して中国は二〇〇七年から高速鉄道が導入され、重大事故をものともせず、わずか七年で一万六〇〇〇キロまで延長され、ヨーロッパの高速鉄道網の約三倍の規模にまで拡大しました。飛行機の国内線年間旅客者数で見ると中国は日本（約一億人）の四倍、自動車の販売台数も中国は日本の約五倍です。早く移動する人々が増えるほど都市と経済の進展は加速化され、物価も上昇します。地価・耐久消費財・生鮮食料品など、北京・上海よりは香港の方が安く、東京はさらに安いというのが中国人の認識です。中国の留学生に言わせると、どの省都と比べても札幌市のマンションや戸建物件はお買い得物件とか。じゃあ、賃貸ではなく買って住めばいいでしょうというと、値上がりが期待できないので投資の価値なしとか。

ところで、中国の公務員の給与は最高幹部でも月給一〇万円程度であり、上海市民の平均年収は一〇〇万円を超えません。どうやって高額な車やマンションを買い、海外旅行に出かけられるのでしょうか。一つはローン、もう一つは給与外所得。消費の熱気は投機と顕示的消費が支えています。中国は世界の大国になったという信念もそれに見合う消費を促します。

二一世紀のはじめに資本主義の精神は共産主義政権下の中国で最も発揮されたという逆説をどう考えたらよいのでしょうか。資本主義という経済の仕組みとリベラリズム、自由・平等の理念が結びつくという信念がヨーロッパに生まれ、日本にも伝えられました。それに抗議する社会主義と共産主義が、資本主義と自由を制限することで平等を達成しようと約一世紀の間もがき苦しみ、最終的に崩壊しました。その結果、東アジアにおいて反体制的な自由を極度に制限する二つの共産党独裁の国家である北朝鮮と中国が残りました。前者は資本主義まで否定したので孤立し、ミサイルと核武装で瀬戸際外交を繰り返す国になり、後者は福祉国家の世界の趨勢に反して資本主義の初期形態を国内で再現することで世界の工場となり、二一世紀の超大国になろうとしています。

日本では現代中国において人権派の知識人や弁護士が抑圧されていること、グーグルなどの海外の検索サイト利用が制限されていること、領土・領海問題で周辺国と緊張を生み出していること、官僚・公務員による汚職の蔓延、大気汚染や交通渋滞など、中国の否定的な面が肯定的な面よりもはるかに多く報道されています。そのために、ほとんどの日本人は中国に否定的な見方を持つようになり、日本人は中国の経済成長には瞠目しつつも、日本の方が安心だとして中国を異質化していくのです。

しかし、もう少し想像力を逞しくしてみたらどうでしょう。現代の都市の中国人（人口の半分である七億の都市民）は経済成長に酔いしれる一方で、日本が高度経済成長期に達成できた社会福祉なしに病気・失業・老後の生活に直面しています。世界中で投資し、移民・留学の機会を求め、国外で爆買いする行動様式には社会生活への不安も潜んでいます。

だからこそ、少なからぬ中国の人たちが仏教に触れることでこころの虚しさを満たし、不安を解消しようと寺院に足を運びます。生活に生かせる教説を聞き、尼僧たちの清貧な面立ち、立ち居振る舞いに人に必要なものは何かを感じ、菜食で欲望を静めるわけです。

ただし、この方向に進む人たちの数はそう多くはありません。なぜなら、政府の方針が不安を感じないように、成長への熱気を冷まさず、経済的豊かさを疑わないように、国内外での投資を加速化し、国内問題を外交化して人々の不安を払拭しようとするからです。不安を隠蔽する政治は東アジア共通のものであり、韓国も中国同様に日本政治の右傾化やナショナリズムの高まりを許さないという強い指導者像で国民の求心力を増そうとし、日本の安倍元首相は少子高齢化、ＴＰＰ交渉、防災福祉社会の建設といった喫緊の課題よりも憲法改正や安保強化によって日本の発展や安全を国民に約束しようとしました。

在日外国人へのヘイトスピーチにのせられる人々や嫌中・嫌韓本を読む人たちも、日本人であることで安心したいのでしょうが、中国・韓国で不安に駆られている人たちのこころに土足で踏み込むような冒険主義的な行動だけは慎んでもらいたいと思います。韓国・中国共に日本の植民地主義を打倒した歴史こそが政権の正統性であり、国家を挙げた歴史教育によって日本への脅威・敵愾心が沸点まで高まってきた経緯があります。それを冷ませるのはインターネットで国内外の情報を収集し、海外にも旅行して自分なりの見方を身につけられる一部の人たちであり、多数の人たちは政治とメディア情報にのせられるのです。

中国における歴史観の形成を見ていきましょう。

†南京大虐殺と歴史認識

侵華日軍南京大屠殺遇難同胞紀念館は、鄧小平の指導の下愛国主義教育を推進するために一九八五年に建設され、二〇〇七年に拡張されて現在の新館ができたもので、公園部分と記念館部分からなります。モニュメントや彫刻には三〇万の文字が刻まれ、世界各国語で日本軍により中国人三〇万人が犠牲になったことを告知しています。見学者は観光団体が多く、旗を持ったガイドに従い、公園、記念館の順で廻ります。撮影はフラッシュをたかなければ記念館内部でも可能であり、展示の写真・パネルをカメラやスマホに収める人たちでごった返していました。

南京大虐殺と言われる南京事件とはどのようなものだったのでしょう。中国では一九一一年に辛亥革命によって中華民国（孫文が初代大統領に選出）が成立しますが、大清帝国で総理大臣を務めた袁世凱との権力闘争に敗れます。しかし、袁世凱は一九一五年に中華帝国の皇帝となるものの大陸の諸

日本軍による虐殺　展示

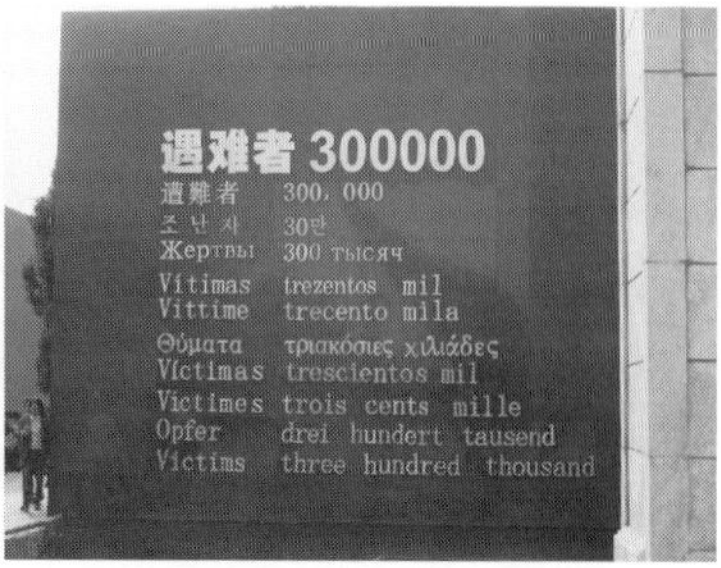

南京大屠殺遇難同胞紀念館　死者数

壁一面の死者の写真

死者の個人情報アーカイブ

（４枚とも筆者撮影）

勢力をまとめきれず、一九一六年に病没、以後、軍閥割拠の時代に入ります。日本亡命から戻った孫文は、ソ連の支援を受けて中国共産党と合作し、一九一九～二五年まで中華民国総理として華南地域に勢力を維持します。孫文の死後、後継者を自認した蔣介石が国民革命軍によって北伐を行い、一九二八年に北京政府を打倒してほぼ全土を掌握しました。

　一九三七年から四五年まで続いた日中戦争は、一九三七年七月の盧溝橋事件、八月の上海事変によって全面戦争となります。日本軍は一二月一〇日から南京を攻撃し、一三日には占領します。南京大虐殺と呼ばれる事態は、蔣介石が南京固守を諦めて大将の唐生智に撤退を命令したものの、指揮系統が崩壊していて日本軍との降伏の交渉がないままに総崩れとなり、多数の中国兵が軍服を脱いで便衣兵となって市民が避難した非武装地帯に逃げ込み、掃討戦に移行した日本軍によって多数の市民まで殺害されたものです。投降した兵士を捕虜として処遇することなく殺害した例も多く、それが市民の虐殺として目撃されたとも言われています。

極東国際軍事裁判では中支那方面軍司令官であった松井石根が不法行為の防止や阻止、関係者の処罰を怠ったとして死刑となり、南京軍事法廷では、第六師団長だった谷寿夫が死刑となります。その他、百人斬り競争として報道された野田毅と向井敏明、非戦闘員の三百人斬りを行ったとして田中軍吉が死刑となっています。日本軍が中国の軍人・市民に対して残虐行為を加えたことは間違いのないところですが、その規模がどの程度であったかについて、中国側は南京軍事法廷の三〇万人説や東京裁判の二〇万人説を主張し、日本側は虐殺があったとする研究でも数百から数万人規模で分かれます(秦、二〇〇七)。

侵華日軍南京大屠殺遇難同胞紀念館では南京で亡くなった人たち一人一人の資料をファイルとして壁面の棚いっぱいに収めており、日中戦争に関わる歴史も写真やパネルで展示しています。記念館を訪れた人たちは、犠牲者三〇万人を日中戦争では当然ありえた残虐事件として圧倒的な資料と共に史実として認識していきます。日本の政治家が歴史を語る際にこの事実に言及しないのは不誠実極まりないし、再び加害行為を企てる試みがあるのではないかと疑心暗鬼になるわけです。

一方で日本には太平洋戦争に関する犠牲者を追悼し、歴史を学習するための記念館が全国にあります。南京の記念館同様に市民の犠牲者中心の展示になります。広島・長崎の原爆犠牲者、東京大空襲による犠牲者の記念です。そこに戦争行為とはいえ、加害者の責任を言及するという意味でアメリカを批判する展示は少なく、むしろ日本の軍国主義が招いた戦争の悲劇を忘れないという趣旨が多数派になります。そして、軍国主義の加害者性をアジアの文脈で語ることなく、日本の近代化と挫折という自国史の脈絡が強くなると靖国神社にある遊就館のような展示になるのです。

遊就館は明治一四年に開館され、幕末維新期から太平洋戦争まで国事殉難者を祀る靖国神社の記念館として創設・再建(戦後から一九八五年までは閉館)されたもので、日本の戦争史を回顧し、殉難者(英霊)を顕彰する軍事記念館となっています。こうした独特な展示は、日本の近代史や戦争への反省(のなさ)を示す記念館として海外の研究者や政治家から言及されることが多いのです。

海外から観光客が多数訪れる今こそ、日本の東アジアに対する植民地政策と戦争責任を明確にし、敗戦から民主主義国家建設に邁進した歴史を示す新たな記念館が市民の手で建設されるべきです。

五・三　台湾仏教による福祉

†社会福祉と宗教

二〇一四年七月一三日から一九日まで世界社会学会議が横浜パシフィコで開催されました。世界中の社会学研究者が五年に一度集まる学術大会であり、今回は約五千人の研究者が来日しました。その中で第二二部会が宗教社会学の集まりで一五〇本近くの研究発表がなされました。私は奥山倫明教授（当時は南山大学、現在東洋英和女学院大学）と共にこの部会を日本側でお世話する仕事を担当したのですが、日本の大学は夏休み前ということもあってこの部会に参加した日本人が数名と寂しいものでした。日本以外の国は六〜八月が夏休み期間なのでここに学会を集中させます。

こうした国際学会に参加することのメリットは、研究動向を身近に感じられることです。「宗教と福祉」「宗教と公共領域」に多くの発表が集中しました。私自身も二〇一二〜一三年に明石書店から刊行した『アジアの宗教とソーシャル・キャピタル』の紹介を行いました（櫻井・濱田編、二〇一二）。宗教と社会事業、地域福祉、ケア、震災復興というテーマに関わる日本でなされた四〇本余りの研究を整理し、日本でも宗教の社会貢献的活動が注目されていると論じたのです。

日本では戦前まで宗教団体による社会事業（教育・医療・福祉）が一般的でした。しかし、戦後になって社会福祉が制度化されると宗教は社会保障や公共領域から後景に退き、人々もまた福祉は行政の仕事、宗教は公的領域に関わるべきではないと考えるようになったのです。そして、それが先進国における社会福祉のあり方と思い込んでいるふしがあるのですが、社会保障が民間ベースのアメリカではもちろん、公的保障が手厚いヨーロッパでも教会による慈善事業や教会を基盤とする財団による社会支援は活発化しています。その背景には、欧米諸国の経済成長が鈍化し、増大する社会保障負担を個人と職域の保険料や税だけでは賄いきれなくなっているからです。少子高齢化も支え手の不足を招来しました。

ポスト福祉国家、福祉の多元主義化と呼ばれている動向において、ケアの提供元・担い手・受け手の関係が、政府―福祉専門職従事者（医療・介護・社会福祉専門職など）―市民から、福祉専門職従事者に市民自身のボランティア、NPOなど民間団体に入れ込んでいこうというのが福祉の多元化です。核家族化が近代の早い段階で進行した欧米では、扶養や介護を家族に依存しない福祉制度を作り上げてきましたが、それだけに福祉国家の限界が到来する時期も早かったのです。それに対して東アジアでは老親の扶養を含めて家族の面倒は家族でみるのが美風とされ、日本で老老介護や娘息子による介護の負担軽減のために介護保険制度が導入・施行されたのは二〇〇〇年です。それでもまだ家族による扶養・支援を前提とした社会です。日本ではボランティアや民間団体を活用する方策が遅れているのです。

†大邱医科大学と日韓交流

二〇一四年八月一日に大邱《テグ》医科大学の創設三五周年記念シンポジウムに講演者として招待され、「日本の少子高齢化と幸福（Well-being）の条件」といった話をしてきました。大邱医科大学は韓医科・医科学・漢方［韓方］産業・保健福祉を中心とした大学です。他の講演者は「道教と韓方」「成人病の予防」「自然と健康」という主題でした。私は、日本社会が人口減少時代に入って日本人の生き方や価値観そのものに大きな変化が生じるのではないか、個人化と格差化が進む現代社会のリスクを緩和するものはコミュニティの絆であり、社会関係資本を再構築する際に、神社や寺院の地域内役割、都市部におけるキリスト教や新宗教の役割をポテンシャルとして評価して活用していく方策が可能なのではないかと述べました。

この発表に対して、日本の社会状況がよくわかり参考になった、宗教が社会にもっと貢献していくべきだという意見もいただいた一方で、①日本の場合、宗教と国家の関係が問題になるのではないか、②行政に福祉・社会保障の責任を果たさせることが先決ではないのか、伝統的な地域共同体は残っていないのか、③日本全体よりも、まずは宗教人口が三割というのならば、非信者や市民一般より先に宗教信仰者自身が個人化の問題を克服して日本全体に拡大していったら良いのではないか、④幸福（Well-being）も大事だが、多死社会の日本ではいい死に方をすること（Well-dying）も大事ではないか、と建設的な意見もいただきました。

①は多くの市民が気にするところであり、宗教者であっても社会貢献と翼賛や総動員体制の連続

性など気になるところでしょう。この論点は②ともつながります。日本は二〇五〇年には高齢化率が約三九％、被扶養人口と扶養人口がほぼ同数となりますが、そこで消費税は老若男女、どういう家族形態であっても極めて平等な税負担となります。しかし、日本ではヨーロッパ並に消費税率を二〇数パーセントに上げてでも国家的社会保障と福祉を守ろうという議論が盛り上がりません。マスメディアが政府・官僚不信を増幅させる記事を書くばかりで代替案に乏しく、結果的に政府・行政への信頼性が下がり、市民の増税忌避が強いのです。

④は死生学、もしくは緩和ケアや在宅医療の領域で研究・実践が進められており、私も「死の臨床研究会」の会員です。ただし、幸福（Well-being）といい死に方（Well-dying）は人生の両輪であってどちらか一方というものではないでしょう。貧困死・孤独死を避けてこそ、納得のいく死に方に考えをめぐらすことができるのではないでしょうか。③の論点は傾聴すべき問題であり、「賢者を招くには隗より始めよ」です。宗教が公共領域や福祉の領域において重要な役割を果たし、七割の非宗教人口にも恩恵は行き渡るというようなたいそうな議論をするのであれば、先駆例や成功例を宗教者側からどんどん提供してほしいということです。多くの課題を韓国の研究者から得ることができ、率直な交流をなしえました。韓国は日本が十数年先を行っているので、日本の社会設計を十分参考にしているというのは本音だと思います。

政治的対立は不毛です。交流して知恵を分かち合うことです。次項では台湾の仏教に移りましょう。二〇一四年の三月に台湾に一〇日ほど滞在し、研究交流や佛光山見学など交流をしました。

†台湾の宗教と社会

台湾は古くは原住・先住民族（アボリジニというポリネシアやオーストラリアにつながる種族）の島でした。中国大陸から来た漢族と混血して平地に住む人々を平埔族、山地にそのまま暮らしている人たちが高砂族と植民地時代に区別されましたが、現在一四民族が政府から認定を受けています。先住民が暮らす島に客家が移住して農耕をなし、続いて日本が日清戦争によって清国から割譲して一八九五年から一九四五年まで五〇年間統治しました。日本人も移民したわけです。

台湾を一九四五年に日本軍から解放した中国国民党の蔣介石は、中国共産党との国共内戦に敗れた後、一九四五年から一九九六年まで約五〇年間にわたり台湾を統治し、一九八七年まで戒厳令を敷きました。台湾は国民党政権の成立によってわずか一割の外省人によって九割の内省人が統治されることになったのです。中華民国憲法（一九四六年制定）には、第一三条「人民は宗教信仰の自由を有する」第一四条「人民は集会及び結社の自由を有する」と規定されていますが、この時期、集会や結社の自由が制限され、宗教活動もまた国民党との良好な関係無しには行えませんでした。現代の台湾を代表する仏教団体の開祖たちが活動を開始した時期は、強大な政治権力の下に宗教が置かれていた時代です。戒厳令解除後に政党結成の自由も認められ、宗教団体の活動も大いに活性化しました。

台湾の宗教をおおまかに信者人口から説明すると、二〇一二年の時点でカトリックの信者が約一八万人、プロテスタント信者が約四〇万人であり、仏教の信者は数十万人とされます。後に述べる慈済会のような仏教団体への参加者を信者に含めれば、数百万人の信者となりますが、台湾では道教や民間信仰が根強いので、日本同様に慣習的な宗教の実践は極めて盛んです。その他、一貫道の信者が約二万人弱おり、新宗教（天理教や成長の家のような日系新宗教含む）や外来宗教の信者もいます。先住民の伝統的な民俗宗教もありましたが、多くは欧米の宣教師によりカトリックか長老教に改宗しました。

次に、台湾の慈済基金徳会を取り上げたいと思います。おそらく台湾の仏教復興を語る上で最も世界から注目されている教団です。

†慈済会基金徳会

慈済会は尼僧の證厳法師（一九三七～）が一九六六年に会員三六人から始めました。一九八〇年に財団法人格を取得、一九八六年に慈済総合病院、一九八九年に慈済看護専門学校、一九九三年に骨髄バンク等を創設、その他、環境保護や地震等への国際救援活動、地域ボランティア組織の結成等を行ってきました。一九八六年には会員八〇〇〇人ほどでしたが、戒厳令が解除された一九八八年には約一〇万人に激増し、一九九〇年代に順調に会員を集め、現在では会員四〇〇万人を越える世界最大規模の宗教団体系ＮＰＯとされます（金子、二〇〇五）。

證厳法師は、人間仏教という太虚大師の教えを台湾仏教界に導入した印順法師により説かれた「為仏教、為衆生」という実践論に感化され、「仏法生活化、菩薩人間化」という菩薩道の実践を志工（ボランティア）に見いだしたとされます。證厳法師を中心にした少数の尼僧達は在俗信者（会員）の崇敬を集め、社会事業に特化した組織作りを行いました。

慈済会は尼僧や財団の管理運営を行う少数の委員の下にボランティア活動に参加する多くの会員が地域単位で組織化されています。慈済会の特徴をフィールドワークで明らかにした丁仁傑によると、①台湾が国連から脱退し、国際的な政治舞台から孤立してプレゼンスを失っていた時代に台湾民衆の抑圧された社会活動への欲求が、慈済会の非政治的・慈善活動に現れたのではないかとされます。実際、戒厳令下には政治活動はできなかったし、日米からの直接投資によって急速な経済成長を経験した台湾にはボランティアの余裕がありました。②慈済会の組織は、一般会員、多額の寄付をなす名誉理事、奉仕・募金活動を行う慈誠隊、組織運営を手伝う委員から構成され、効率的な人材の配置がなされています。しかも、会員の多くは女性であり、家族・親族・友人・近隣のネットワークで広がっていきます（伍・寺沢、二〇一三）。

①の点に関しては、慈済会に限らず、佛光山のように教化・布教活動に専心している団体が国際的な仏教組織に成長していく原動力になっていると思われます。②に関しても、台湾の民主化や社会発展の段階が女性の社会参加を促していることに関連していると思われます。これらの要因に加えて、慈済会の実行力を目の当たりにして会員になる人も多いと言われます。一九九九年の九二一大地震の時に政府の復興支援を待たずに、慈済会が二千戸弱の仮設住宅を建設し、五一校の学校を建て直しました。村島によれば、慈済会が行う社会支援・復興支援では、支援側（ボランティア・寄付者）と被

支援側（地方、社会保障、政府支援に預かれない社会層）が交錯する領域が認められます（村島、二〇一三）。

現在、慈済会は四川省大地震や三・一一の東日本大震災において救援活動や義捐金を送るなどの慈善事業に加えて、独居高齢者訪問などのケアにも力を入れています。慈済会の社会事業は東アジアにおいて特筆すべきものですが、仏教団体の興隆や公共的領域への参加を促したのは政府による社会福祉制度化の遅れによるものでもありました。

すなわち、台湾では国民党政権が大陸反攻を目指して国力増強や経済発展に努め、国民党支持者（外省人）のために、一九四〇年代終わりから五〇年代にかけて「軍公教福利」といわれる医療保険や年金制度を整備したものの、人口の九割を占める本省人に対する社会保障の整備は基本的に民主化以降です。現在の社会保障制度は職域ごとの給付・保険・扶助に分かれており、公的扶助の補足率は一％以下と極めて低く、国民皆年金が制度化されたのが二〇〇八年と遅く、宗教団体による社会事業が必要とされたのです。

ところで、福祉制度が未発達であるからといって宗教団体が社会事業を展開できるわけではありません。政治権力による宗教統制が緩和されること、経済発展により人々の心に余裕が生まれ、慈善事業に回るお金が必要だし、なにより、事業を展開する人材が必要です。台湾の場合は尼僧が仏教信仰のみならず社会事業に大いに貢献したのです。

†台湾仏教は尼僧でもつ

台湾の僧侶は約二万人とされますが、男性僧侶と女性僧侶の比率は一対五と圧倒的に女性出家者が多いと言われます（蓑輪、二〇一〇）。台湾の仏教は斎教といって明代に大陸からもたらされた在家仏教ですが、日本統治時代に日本の伝統仏教が教線を延ばして妻帯仏教を一般化しました。しかし、国共内戦後に国民党と共に多くの大陸僧侶も台湾に渡り、星雲大師や印順法師も来台し、出家仏教が主流になりました。そして、一九八〇年代からは仏教復興運動とでも呼ぶべき仏教界の興隆が生じたのです。

その一翼を担う中台禅寺において仏教キャンプに参加した女子学生たちが剃髪して出家・修行を決意するという事件が、一九九六年九月に生じました。女性は嫁いで子をなしてこそ幸せという伝統的価値観を持つ親たちが寺に押しかけ、力づくで娘を連れ帰ったり、泣き脅しで翻意を促したりと親たちの狼狽ぶりがテレビ・新聞で報じられ、社会問題化したのです。女子学生の洗脳を解くと称する心理学者が現れたり、評論家や僧侶たちも賛否両論の激論を交わしたりしました。

私が得心のいった論文が李玉珍「出家による社会進出——戦後台湾における女性僧侶の生き方」（李、二〇一〇）でした。台湾は女性の稼働率が東アジアで最も高い国ですが男女の役割分業意識も強固であり、高学歴女性がガラスの天井に直面することが多いとされます。だからこそ、尼僧となり、性別役割や結婚のプレッシャーからも逃れ、大学の延長線上に学問・自己探求を仏教学院で継続し、教団が行う布教活動や社会事業に思う存分「社会参加」し、「社会貢献」したいという欲求を生かそうとしたのではないかというのです。

日本の場合はどうなのか。佛光山の様子も含めて考えてみたいと思います。

五・四　台湾の民主化運動と仏教

†改憲と護憲

二〇一四年九月二七日、北海道大学において「憲法改正問題の背景」と題する講演会が開催され、元法学部教授の山口二郎法政大学教授に続き文学部の川口暁弘准教授が「近代日本の護憲・改憲・その間」として大日本帝国憲法と日本国憲法を比較しながら護憲の意味を分かりやすく語ってくれました。私自身も大変勉強になったので要点をご紹介します。

①帝国憲法と日本国憲法、それぞれ五八年間、六八年間一度も改正されず、その発議もなく、たった一度の改正とあえて言うのであれば、帝国憲法第七三条の手続きによって（枢密院に諮詢され、帝国議会の審議を経て昭和天皇による上諭によって）帝国憲法が日本国憲法に改正されたのです。もっともこれは手続き上の問題とされ、憲法改正という認識は国民にまったくないことはみなさんご承知の通りです。

②憲法改正の要件（第九六条、この憲法の改正は、各議院の総議員の三分の二以上の賛成で、国会が、こ

れを発議し、国民に提案してその承認を経なければならない）は日本だけが厳しいのではなく他国も同様ですが、ドイツ、フランス、アメリカは数回から数十回改正しており、アジアでも建国以来改正していない国はほとんどないということです。なぜ、日本では護憲の意識がかくも強いのでしょうか。

③帝国憲法は初代内閣総理大臣の伊藤博文が井上毅に命じて作らせたものですが、明治天皇による欽定憲法として不磨の大典の扱いを受けました。右翼的人間が護憲派で、改憲や政党政治を捉えるものは非国民扱いされたのです。しかし、戦時体制下は憲法も政治も衰退し、軍部・翼賛勢力がバラバラに総力戦へ突き進んでいったことは周知のところです。

④戦後、日本国憲法は「日本国民がじぶんでつくったもので、日本国民ぜんたいの意見で、自由につくられたものであります（中学一年生用教科書『新しい憲法の話』文部省、一九四七年）と認識され、戦争体験者である国民の多数が戦争は二度と経験したくないと心底考えていたのです。押付憲法改正論を唱える岸信介や中曽根康弘ら元首相らの見解には自民党議員ですら懐疑的でした。護憲派とは憲法学者や言論人だけではなく国民そのものだったのです。そこで政治家は、現実対応として日米安保や自衛隊の機能を強化するべく憲法の解釈を変更します。

講演を聴いていてなるほどと思いました。護憲・改憲の中間に現実対応の政治があり、日本は憲法の機能や効力が衰退してくると現実対応もまたバラバラなものになるという傾向があるようです。安倍政権以降、憲法改正の問題は、現実対応というよりは改憲の方にシフトしすぎ、現場の自衛隊や米軍すら必要としない集団的自衛権行使の明文化といった現実対応の混乱（日韓中の緊張を高めるのみで緩和策を考えない不思議）に通じていると思われます。世界の情勢に対応するべく改憲するという言論は、日本では一貫して現実的な対応ではないとみなされ、憲法はバランサーとして権力を縛ってきました。日本人は護憲か改憲かの二者択一を取らなかったからこそ、憲法を理念のまま温存できたのではないでしょうか。そして、今も現実の前に掲げた平和主義の旗印を下ろす必要はないし、天皇元首化を明文化するべく改憲による保守をきどる人たちには、日本国憲法が昭和天皇により上諭された重みを感じてほしいものです。

†民主化運動と市民社会

二〇一四年九月二八日には台湾中央研究院の社会学研究所から所長他三名の研究者を迎え、北海道大学で社会学を教えるもの数名で国際ワークショップを開催しました。そこで台湾の民主化運動や民族運動に関わる発表を聞きました。

台湾は日帝時代（一八九五〜一九四五年）、国民党時代（一九四五〜九六年）の長きにわたって、人口の一割にも満たない日本人・外省人が統治してきた社会でした。元来が、先住民である原住民族（かつての高砂族）、移住した漢族が混血して生まれた平埔《へいほ》族、遅れて移住してきた客家《はっか》で構成された社会に、日本と中国国民党が割り込み支配してきたのです。集会や結社の自由が制限された時代です。

一九九〇年の民主化以前、中華民国は中国本土全体の正式な国家というたてまえから、台湾省のみの国会議員選挙は意味がないとして一切行わず、建国当初の大陸出身の国民党議員が終身議員でした。しかも、一九四九〜八六年まで三八年間も戒厳令下でした。

一九七二年に中国代表権問題において中華民国の国連追放議案が国連で承認されると、中華民国は自主的に国連を脱退し、アメリカ・日本他主要な国と国交を断絶させ孤立し、台湾内では国民党政府の外交姿勢に批判が高まっていきます。そして、国民党第一世代が引退し、二世代目になると蔣介石の後継者である息子の蔣経国も徐々に統制を弱めていきます。さらに、国民党外の政治活動を行う人々が現れ始め、中国反抗を目指した国民党政府の非現実性を認識して台湾の本土化を志向する青年たちの運動も言論界で始まりました。蔣経国の晩年に五一九緑色運動と呼ばれる民主化運動が高まり、戒厳令は解除され、彼の死後、副総統であった本省人の李登輝は民主化に方向転換していきました。

台湾中央研究院の蕭新煌教授は自らの政治社会学研究を振り返りながら、台湾の民主化は、中間層の拡大と市民運動を媒介としながらも少数の先駆的活動家なしにはなしえなかったと言います。二二八事件と言われる外省人による本省人の殺戮は約二万八〇〇〇人に及んだとされ、日本統治時代のエリートは逮捕・投獄・拷問のうえ殺害され、亡命者も出したと言われます。自由にものを言えるようになるのは、一九九二年に刑法が改正されてからのことです。

蕭教授は、日本は民主化運動なしに民主主義を獲得し維持している希有な国と評します。確かに、西欧における民主化は革命や独立戦争を伴いましたし、アジアにおいても植民地勢力との戦い、権威主義体制との対峙を重ねた上で韓国、台湾は民主化されており、中国は一党独裁のまま、東南アジアでは未だに権威主義体制か軍政下にあります。

日本は一九六〇、七〇年代の安保闘争や学生運動の時代を経て街頭での強い政治的主張を誇示する社会運動は沈静化してきました。もちろん、公害や環境・原発問題、人権侵害を正し社会権を拡大する運動は継続されていますが、近隣諸国と比べればソフトです。にもかかわらず、社会秩序が保たれ、人々の互助共同や情けもあり、高度な知識・技術を志向する驚くべき国ということらしいのです。アジアの諸国と日本を比べれば比べるほど、アジアの「ふつうの国」がどれほどの苦労をして国民の基本的な権利や政治的自由を確保しているかに思いをいたさざるを得ません。日本国憲法と日本が置かれたアジアでの位置のおかげで平和と人権が守られてきたことの重みを私たちはおろそかにしてはなりません。

日本の政治家やマスコミ、それに煽られた若者が言うところの「時代の閉塞感」やら「日本の尊厳」など、安逸をむさぼってきた人たちの幻想に過ぎないのです。そのことは日本の仏教界をおう閉塞感、人口減少と寺院の護持、葬式仏教批判、現代仏教における目標の揺れといった問題とも重なってくると思われます。台湾仏教から再び仏教のレゾン・デートル（社会的存在価値）の問題を考察してみましょう。

†佛光山の訪問

二〇一四年三月八〜一〇日に台湾の高雄県大樹郷にある佛光山を訪問しました。佛光山は一九六七年に星雲大師により創設された仏教団体であり、法鼓山（聖厳法師により一九八九年に台北県金山郷に仏学研究を目的に建立）・中台禅寺（惟覚法師により一九八七年に南投県埔里鎮に禅修を目的に建立）、慈濟功徳會（證厳法師により一九六〇年代半ばに花蓮で創設された慈善団体）と並んで四大山頂と称せられます。

台北の中央研究院社会学研究所と国立聯合大学の林本炫教授を通して調査依頼を申し込み、高雄の高鉄左営駅で佛光山仏学院講師の妙聖法師（尼僧）から出迎えられ、四〇分ほど車で走り、佛光山に到着し、その日は大雄宝殿・佛光縁美術館・浄土洞窟・仏学院を見学して、素食（菜食）をいただき宿舎で休みました。広大な境内に圧倒されたのですが、それは施設の一部分に過ぎませんでした。

翌日はほぼ一日をかけて二〇一一年に落成した仏陀紀念館を見学しましたが、観音殿・金仏殿・玉仏殿の他に四つの館があり、約四千坪といいます。仏教史・佛光山史他台湾の文物、催し物ホール・広場と巨大であり、観光客がバスで続々と乗り付けます。午後に佛光山人間仏教研究院で星雲大師の高弟である慈恵法師（尼僧、大谷大学に留学）と懇談し、夕食は佛光山の出家者（法師・学生）、宿泊参拝客と一緒に素食をいただきました。

私の案内役を務めてくれた妙聖法師はマレーシア出身であり、社会人になった後現地の佛光山に通い、発心して本山で修行、その後日本への留学を命ぜられて信州大学に四年間学び、現在は仏学院で日本語の授業科目を担当しています。佛光山で出家したものは佛光山という教団組織で活動し、三年ごとに職場のローテーションがあるものの定年のない勤めになるとのことでした。

組織形態としては、伝統的な寺院（本寺と末寺関係で拡大）というより、日本の在家仏教型新宗教に近いものがあります。給与は月五〇〇元（約二〇〇〇円）の基本給と役職手当ですが、三食と宿舎が付き、病院にも行けるし、何より俗世に執着していないので、任される仕事で自分が生かされ満足できるとのことでした。

現在は出家者が三〇〇名、戒を守って生活するものが男性二五〇名、女性五〇〇名いるとのことで、一〇カ国からの留学生がいる（日本人で本科生はなし）といいます。

仏陀紀念館（筆者撮影）

尼僧たちの移動（筆者撮影）

慈恵法師は、人間仏教を台湾で六〇年実践してきた成果として現在の佛光山があるとし、星雲大師が説く仏説、使える仏教と必要とされる仏教に徹する、教育文化と慈善活動に力を入れることが台湾社会で認められた理由と語りました。出家者が戒律を守って生活するのは当然として（独身制）、大衆は夫婦・子供がそろって寺に来られるようでなければいけない、わかりやすく仏教を説かなければいけないということで佛光山内に仏教の教説をパビリオン風にしたり、美術館で展示したり、最終的に仏陀紀念館の形にしたということでした。これだけの施設を作るためには信徒たちから巨額な寄附が必要ですが、その方法は一カ月で百元の布施という約束を信徒以外にも多くの人にしてもらい、長期間継続してもらって、本人が積み上げた努力で自信を持ってもらうなどの工夫もしたといいます。

台湾仏教の特徴は慈済会について述べた通り、信徒として登録している人の数十倍の志工（ボランティア）をさまざまな活動に動員できるということであり、指導者のカリスマや宗派主義に偏らない事業内容が人々のニーズに合っていることも挙げられます。

三日目は午前中に高雄に向かい、台中と台北の間くらいにある苗栗市に国立聯合大学の林教授を訪ねました。そこで改めて台湾仏教の特徴、なぜ一九八〇年代末からこれだけの成長を遂げたのかに関して意見を交わしました。

†佛光山の発展とその特徴

星雲大師は、一九二七年中国江蘇省で生まれ、一二歳で南京の臨済宗棲霞山寺にて出家し、長じて後中国国民党軍の僧侶救護隊に参加し、一九四九年に台湾に渡り、一九五三年より宜蘭を拠点に念仏会や説法を始めます。一九六〇年代には仏学院を作り、現在の地を佛光山とし、弟子を海外留学させて仏教学を学ばせると共に海外の仏教団体と交流していくことになります。神戸学院大学教授の五十嵐真子氏によると、佛光山の発展は、①中国から渡ってきた僧侶（慈済会を除く三大拠点は全て外省人が創始）が中国共産党による宗教弾圧に危機感を深くし、中国仏教を台湾で復興させなければいけないという使命感を強く持ったこと（慈恵法師もこの点は強調）、②外省人の青年僧たちは中国共産党のスパイ容疑で逮捕される恐れがあったので安定した自身の寺を築く必要があったこと（星雲大師は実際に拘留され、信徒の働きで釈放された）、③斎堂の現世利益的な仏教から仏教学に基礎を置いた合理的な仏教が一九七〇年代以降の高学歴で中間層の台湾人に必要とされたこと、とりわけ尼僧に活躍の場を与えたことを挙げます（五十嵐、二〇〇六）。

林教授によると、①一九八七年の民主化によって台湾には巨大な宗教的自由の空間が生まれ、カトリックやプロテスタント教会と共に仏教団体の活躍の場ができたこと、②後発的発展の特権として布教・社会活動の成功事例を各国から学んだこと（日本仏教からは戦前までの社会事業を学び、キリスト教からは日曜学校や聖歌隊といった組織化を学んだ）も挙げられると言います。そして、佛光山よりも慈済会の方が後発にもかかわらず大きな組織になった理由として、①佛光山は大学設立に力を注いだが、慈済会は病院を建設し、一般の人々にとっての恩恵は病院の方が大きいので社会的により注目されたこと、②佛光山は国民党政権幹部と緊密な関係を結んでいたが（一つはサバイバルのため、もう一つは後に幹部たちが佛光山詣でをしたこと）、慈済会は開祖が本省人、拠点は花蓮で、信徒団体が形成された地域も本省人が多いために、慈済会の方が信徒拡大のキャパシティが高かったということでした。

しかし、佛光山には慈済会にない特徴がもう一つあり、既に述べたように活発な国際交流と海外拠点の強化です。佛光山が仏教の布教に力を入れるということもあるのですが、一九七〇年代以降国際的に孤立を深める台湾は、中国に対抗して世界中で関係構築のための競争をしておりました。中国の共産主義、経済支援に対して、台湾は中華民国の正統性を訴えるだけではなく、中国文化の正統な継承者として佛光山による仏教の海外普及（信徒を獲得する布教というよりも仏教を広めるという意味で普及）を政権担当者は好意的に見ていたのではないかとも思われます。

ともあれ、星雲大師の一メートル八〇センチに及ぶ体軀と包容力が信徒をひきつけ、台湾内外の別院や会館における学生や勤労者向けの文化事業を通した布教によって「仏教の現代化」に成功したのではないでしょうか。妙聖法師や慈恵法師に星雲大師の説法の特徴を訊ねたところ、言葉が流暢なわけではないが（初期には台湾語で説法はできないので通訳を介した）、相手にわかる言葉と論理で仏教を語るやり方が誰に対してもできるということでした。まさに待機説法です。

私が台湾仏教を見ていて思うのは、時代の中でもまれながら「人間仏教」の維持発展を企図してきた開祖の志の高さと時代を読みながら布教と社会事業に特化した組織を開発する組織としての運営能力の高さです。まさに仏教の現代化、イノベーションの一つの形だと思われます。

第六章　韓国と日本の宗教変容

六・一　従軍慰安婦問題と歴史認識

†朝日新聞のお詫び

二〇一四年一二月二二日、朝日新聞は「慰安婦報道検証第三者委員会報告」の要約版と池上彰氏コラム掲載見合わせの謝罪、社長による信頼回復の挨拶を合わせて掲載しました。

この問題の発端は、朝日新聞が、論点①済州島で「慰安婦狩り」をした吉田清治氏の証言を元に、一九八二年から一〇年近く朝鮮人慰安婦の強制連行を一六回報道したこと。②一九九一年八月に記者の植村隆氏が「『女子挺身隊《ていしん》』の名で戦場に連行され、日本軍人相手に売春行為を強いられた『朝鮮人従軍慰安婦』のうち、一人がソウル市内に生存していることがわかり」と、慰安婦＝連行の構図で記事にしたこと。③九二年に宮沢喜一首相の訪韓直前に、「慰安所　軍関与示す資料」と報道し、社説において「(慰安婦は)挺身隊の名で勧誘または強制連行され」と述べた結果、韓国へのお詫び外交になった点です。

朝日新聞は同年八月五、六日に掲載した特集「慰安婦問題を考える」において、①の吉田証言が済州島住民の証言、日韓の研究成果に基づく限り、虚偽と判断、②植村記者が女子挺身隊という戦時下の勤労動員された女性たちと慰安婦と混同してはいるものの、証言した女性が妓生《キーセン》として人身売買された経緯を故意に隠して、記事で一般女性の連行をねつ造したものではないこと、③報道前に政府も軍関与の資料を把握しており、特段慰安婦問題を日韓の政治問題とする意図はなかった、としました。そのうえで、池上彰氏にコラム「新聞ななめ読み」において特集問題の論評を依頼し、池上氏から「慰安婦報道検証訂正遅きに失したのでは」という文章を寄稿されたのですが、社長以下幹部がその掲載を見合わせ、社内外の批判により後日掲載したのです。

池上氏が述べたことは、①については一九九二年の時点で他紙や研究者から疑義が出ており、②当時の研究水準から挺身隊と慰安婦を混同したというのは言い訳でしかなく、一番の問題は、報道の誤りを二二年間正さなかった理由への検証と読者への謝罪がないことだという朝日の報道姿勢に対する批判でした。

他紙・雑誌から朝日の報道姿勢が批判される中、一〇月一〇日に朝日は第三者委員会を設置しました。委員会の結論は、①吉田証言への依拠、挺身隊と慰安婦の混同、強制連行という枠組みで記事を組み立てすぎ、正確性を欠く報道をなしたこと、②個別記者の瑕疵以上に問題なのは、二二年近く誤りを認めなかった新聞社の体質であることを指摘しました。個別意見としては、朝日新聞の「角度をつけすぎる」報道や、運動にコミットしすぎて「相対化の視点」を欠く報道姿勢への批判があり、他方で朝日新聞による慰安婦報道が誤りとなることで「女性の人権」が犯された事実と「軍隊と性」という大きな問題が忘却されることへの懸念も表明されています（慰安婦報道検証第三者委員会、二〇一四）。

†日本政府の見解とメディア

安倍首相は二〇〇七年三月に「政府発見の資料の中には軍や官憲によるいわゆる強制連行を示すような記述は見当たらなかった」とする内容を閣議決定しており、今回の朝日新聞の訂正記事の後、「事実として報道されたことにより、日韓の二国間関係に大きな影響を与えた」と批判しました。メディア他社も朝日新聞の誤報により外交上の国益が損なわれたことを批判しています。

このことに関して林香里委員（東京大学教授）が、一九九〇年以降慰安婦問題がどのように報じられたのかを、欧米主要一〇紙と韓国主要五紙における慰安婦という用語の頻出度合いや用例から分析しています（前掲報告書別紙資料二）。分かったことは、①欧米における慰安婦報道の総数は二四年間で総計約五〇〇本と少なく、朝日が情報源である記事はそのうちの三一本。吉田清治氏への言及は七回、安倍首相は九六回です。用法では二〇〇七年の閣議決定への批判と今回の訂正記事が二つの山になります。②韓国では計約一万四千例中、朝日への言及はわずか六%にすぎず、韓国紙による独自取材が大半です。吉田清治氏への言及も六八本（うち二五本が日本紙への言及）です。記事の多くは安倍首相他自民党政治家による加藤・河野談話の見直しを「妄言」として批判するものでした。

一九九二年七月、加藤紘一官房長官が慰安婦に関する調査結果として、軍当局による慰安所の設置と運営、日本軍の車両での女性移送などの事実が省庁の文書で確認されたが、募集方法など『強制徴用』を裏づける資料は見つからないものの、元慰安婦への聞き取り証言などを総合的に勘案し、強制性を認めて謝罪しました。しかし、調査に関して不十分の指摘があったため対象者を拡大して調査した結果、一九九三年八月に河野洋平官房長官が、慰安所について「当時の軍当局の要請により設営された」とし、慰安所の設置や管理、慰安婦の移送に「旧日本軍が直接あるいは間接に関与した」と認めたと発表しました。一九九五年に村山富市首相は、「植民地支配と侵略によって」「多大の損害と苦痛」を与えたことに「心からのお詫《わ》び」を表明し、小泉純一郎首相も戦後六〇周年記念式典において村山談話を踏まえつつ、世界平和のために「積極的」な役割を果たすと表明しています。安倍首相の時代になって従来の政府談話の見直しが進められ、それに対する韓国紙や海外紙の反応が、慰安婦報道の山を作っているというわけです。

③林氏の分析では、一九九〇年以降に女性の人身売買に反対する女性の人権やフェミニズムの運動を通じて、慰安婦＝性奴隷（sex slave）という認識が欧米では広がっており（日韓でも運動の担い手は同じ認識です）、日本政府や政治家がこだわる狭義の強制性（軍や官の直接関与）と広義の強制性（民間業者の関与と意に反していること）の違いが問題ではないということです。狭義の強制性にこだわって強制連行はなかったという日本政府による否定が慰安婦問題の否定と受け止められ、かえって日本の評価を下げているというのです。

朝日新聞による安倍政権批判はしばしば右傾化という角度が付けられ、それを韓国・中国の政府や学者が日本の現状として紹介・利用している事実はありますが、こと慰安婦問題については朝日の報道姿勢だけが問題の核心にあるのではないことが明らかです。

私の考えるところ、①従軍慰安婦の募集形態はともかくとして、日本軍の要請を受けた業者が慰安所を設置・運営し、軍人が利用した以上、日本政府に慰安婦だった方への謝罪・保障の責任はあります。②公娼制度を軍隊にまで拡大した日本でしたが、一九五六年に売春防止法を制定し、前借金契約や管理売春を禁止したのですから、貧困と性暴力の克服を目指すのが日本の立場のはずです。③謝罪と補償の問題には日韓の政治的関係が大きく関わり、法律的な議論だけでは済まないことがらが含まれるので慎重に対応すべきです。個人保障は一九六五年の日韓基本条約において解決済みとされてきましたが、二〇一二年に韓国最高裁が日系企業による徴用者に賠償責任を認める判決を出すように変わってきました。

日韓関係を悪化させる日本側要因としては、朝日の誤報や偏向報道よりも安倍首相の政治的スタンスのインパクトが大きいことを再認識すべきでしょう。その意味で、問題を含む記事の一本を書いた植村元記者へのバッシングは過剰でした。その後、二〇一四年から一五年にかけて植村記者を非常勤講師として雇用した北星学園大学への脅迫は断じて許されません。

北星では植村氏の雇用をめぐって雇い止めから雇用継続へ学長の発言が揺れたことが報道されました。大学での警備費用の負担と学内にさまざまな意見があるからでした。言論の自由を守るということで「負けるな北星！の会」が立ち上がるなど応援団ができたことは喜ばしいのですが、二〇数年前に北星学園に勤務していた私としては、問題対処の主体は北星大学の教職員・学生にあることをこの際確認しておきたいと思います。

すなわち、雇用を継続すれば「報道の自由」や「慰安婦問題」が真剣に討議されたことになり、雇い止めになれば脅迫に屈したという単純な構図で大学の自治を考えてほしくはないのです。北星学園の学生が学ぶ環境を維持すること（大学の安定的な経営を含む）が最優先されるべきであり、報道の自由と慰安婦問題のために北星学園があるわけではありません。

植村氏は非常勤講師を辞職しました。同氏は二〇一五年に、一九九二年以降「捏造《ねつぞう》報道」として植村氏と朝日新聞に対して痛烈な批判を繰り返してきた西岡力氏と文藝春秋社を東京地裁に損害賠償で提訴し、二〇一四年に書かれた批判記事で北星学園大学の職を辞さざるを得なくなったとして櫻井よしこ氏と新潮社他を札幌地裁に提訴していましたが、二〇二〇年に櫻井氏に対する訴訟、二〇二一年に西岡氏への訴訟、それぞれについて最高裁において植村氏の上告を退ける決定をしました。事実認識としては、朝日新聞の調査報告に示されたように報道に事実誤認があったこと、評価認識としては批判的な言論には公益上の利益があったという地裁や高裁の判決理由を支持したものです。

私は二つのことを考えています。一つは、日本におけるマスメディアや裁判官の認識は、歴史文書や証言などによる整合性のとれた「歴史的事実」にとらわれて、従軍慰安婦に対する韓国人や世界の人たちの「歴史認識」をあまりに軽視しているのではないかということです。日本が問題の核心と考える「強制性」の有無など、日本帝国が植民地において言語や文化を取り上げ、日本を含む帝国内の貧困女性に性的搾取を組織的に行い、終戦後棄民政策をとったという事実の前にはかすんでしまうほどの瑣事なのです。韓国や世界が問題にしているのはこの点であり、私は河野談話から小泉談話のような歴史認識にたって従軍慰安婦や徴用工の問題を考えるしかないのだろうと判断しています。

もう一つは、植村氏の誤報は植村氏の取材情報と記事を十分にチェックできなかったデスクや編集体制の責任であるにもかかわらず、植村氏が全責任を負って半生を賭けて争うような状況に追い込んだ朝日新聞の組織的問題です。大学の研究者や評論家が新聞記者の取材の甘さや知識の欠如を過度に批判するのもいかがなものかと考えます。記者は特定の問題の専門家ではなく、取材時の観察や関係者の証言を用いて、若干の学習で補いながら締め切りに追われて記事にしていきます。じっくり腰を落ち着けて調べ上げたら他社にスクープを取られるかもしれません。情報のとらえかた、出し方が研究者とはまったく異なる職種です。そういう意味で朝日新聞の制作方針についての批判でよかったろうと思うのです。

日本人が知るべきは帝国支配の歴史的事実と被害者側が持つに至った歴史観です。

†朝鮮の植民地化

韓国の宗教文化を考える上で重要なことは、朝鮮半島古来の宗教と生活の文化もさることながら、日本を含む近代の帝国主義的な近代化が東アジアに及ぼした影響です。

一九世紀の中盤、朝鮮は清の冊封国《さくほうこく》として欧米・日本からの開国要求を受け入れることになりますが、特に一八七六年の江華島《カンファド》条約以降、日本から多数の商人たちが流入し、米価高騰など経済問題が生じます。また、王朝内部において高宗《コジョン》の妻閔妃《ミンビ》と義父大院君《テウォングン》が政争を続け、改革が滞っている時期に農民蜂起が各地で勃発し、一八九四年と翌年の二度にわたり甲午《こうご》農民戦争（東学農民革命）が起きます。東学とは、一八六〇年に慶州出身の崔済愚《チェジェウ》が起こした思想であり、天主《ハナニム》の下、人間の平等を説いたとされ、農民の間に広まっていったのです。東学党の二代目崔時亨《チェシヒョング》は武力蜂起するものの鎮圧され処刑されます。この教団は天道教《チェンドギョ》に継承されました。閔妃政権は清に援軍を求め、日本は天津《てんしん》条約に基づいて法人保護の名目で出兵し、農民軍は最終的に近代兵器で武装した日本軍に敗れます。清・日両軍は朝鮮による撤兵の要請を受けずに対峙し、日清戦争が勃発します。

日清戦争後、日本は朝鮮に清との冊封関係を解消させます。高宗は国号を大韓と改め大韓帝国とするのですが、日本は一九〇五年の日露戦争に勝利して朝鮮半島への排他的指導権を確立し、日韓協約を締結して大韓帝国の外交権を手にして大韓帝国を保護下におきます。そして、一九一〇年に日韓併合条約を寺内正毅統監と李完用《イワンヨン》総理が調印し、明治天皇と大韓帝国皇帝純宗《スジョン》が勅諭して韓国は併合されたのです。この韓国併合に関する条約に関しては、一九六五年に締結された日韓基本条約によって「もはや無効であることが確認される」とされました。

韓国の宗教が抵抗した一つの運動として一九一九年の三・一運動があります。第一次世界大戦末期にソヴィエト政権とアメリカが相次いで民族自決を承認する原則の発表があり、これを受けて民族自決の意識が高まった李光洙《イグァンス》ら留日朝鮮人学生たちが東京府東京市神田区のＹＭＣＡ会館に集まり、「独立宣言書」を採択しました（二・八宣言）。これに呼応した朝鮮半島のキリスト教、仏教、天道教の指導者三三名が、大韓帝国初代皇帝高宗の葬儀に合わせ、ソウル市内で独立宣言を読み上げ万歳を三唱し、学生・市民のデモ行進は数万人に及んだとされます。その後独立宣言は印刷され全国に配布されました。日本は憲兵や巡査、軍隊によりデモ隊を徹底弾圧し、死者数千人、一万人以上の逮捕者に及んだと韓国側では公表しています。実際、四月一五日に堤岩里《ジェアムリ》の住民三〇余名を教会堂に集めて一斉射撃の後放火して焼殺した事件や、天安で独立運動を行い、逮捕・起訴後懲役三年の有罪判決を受けて獄中死したという梨花学堂学生柳寛順《ユグアンスン》(一七歳)が知られています。

このような経緯で朝鮮半島は日本の国土に組み入れられ、仕事や学業のために、あるいは徴用を受けて多くの人々が日本に渡ってきました。死者供養のクッを行う朝鮮寺が今でも生駒山に残っており、故郷と在日の人たちを結ぶ結節点となってきました。他方で日系宗教の開拓布教が神道、仏教、キリスト教の各宗派・教派によって行われ、新宗教においても植民地で生活した日本人の宗教として東アジアに拡大していきました。この五〇年に及ぶ日本から東アジアへの宗教文化の移動は、日本の敗戦をもって終了します。日本の象徴であった寺社は破壊されたり、現地の様々な施設に転用されたりし、いささかの現地化した新宗教信者を残すのみとなったのです。

†日韓の歴史認識

朝鮮半島は第二次大戦終結後、北部はソ連軍が侵攻して金日成を初代委員長とする北朝鮮臨時人民委員会が創設されて社会主義化が進められ、南部は連合国の在朝鮮アメリカ陸軍司令部軍政庁の下におかれました。ソ連・アメリカの信託統治のやり方をめぐって対立が深まり、国外で抵抗運動をしていた政治家の抗争も激化する中、一九四八年に南部は李承晩を大統領として大韓民国が建国され、北部は金日成の下、朝鮮民主主義人民共和国として独立したのです。南北に分断された朝鮮半島では東西冷戦対戦の最前線として一九五〇年から五三年にかけて朝鮮戦争が発生し、北朝鮮を支援する中国、韓国を支援する国連軍との戦闘によって兵士・民間人数百万人が死傷し、国土は荒廃しました。

大韓民国は建国以来五回の軍政を経て現在第六共和国となっています。一九六三年から七九年に暗殺されるまで独裁体制をしいた朴正熙《パクチョンヒ》大統領の下で、韓国は北朝鮮に対する臨戦態勢の維持強化と一九六五年の日韓基本条約に基づく日本の経済協力をてこに開発を進めます。この間の日韓関係は明確な東西冷戦体制であったことと、日韓の経済格差が著しかったために双方の歴史認識が問題化されることはあまりありませんでした。一九八〇年代も含めて日本の政府は韓国政府と関係を維持し、日本の左派・市民運動側が韓国の民衆と連帯するという姿勢を維持していたのです。

朴正熙暗殺後、全斗煥《チョンドファン》が粛軍クーデターで政権を掌握し、一九八〇年に民主化を求める光州市の学生・市民の運動を空挺部隊で鎮圧し、多数の学生市民に死傷者が出ました。私は学生時代にT・K生（池明観《ジミョンクワン》）の名で雑誌『世界』に一九七三年から八八年まで軍政下・戒厳令下の韓国の政治状況を知らせた「韓国からの通信」を読んでいました。当時の民主化運動は学生でも死を覚悟してやっており、投獄後拷問を受けた人がいました。韓国の完全な民主化は一九八八年以降です。政治運動のみならず、さまざまな社会運動・市民運動が一挙に盛り上がり、その一つに女性の人権擁護・フェミニズムの運動があったのです。一九九〇年に尹貞玉《ユンジョンオク》によって韓国挺身隊問題対策協議会が結成され、一九九一年に従軍慰安婦として初めて実名で金学順《キムハクスン》氏が証言し、植村元記者の報道がありました。

ようやくここで朝日新聞の慰安婦問題の報道に接続することができました。

慰安婦問題に関して要点をまとめると、①韓国において慰安婦問題が新聞紙上で取り上げられるようになったのは一九九〇年以降だということです。②民主化によって韓国の権力エリートが隠蔽してきた光州事件、済州島で一九四八年に数万人規模で島民が韓国軍により虐殺された四・三事件のサバイバーたちが証言をなし、研究者・市民活動家が大っぴらに調査を公表・議論できるようになったことの一つに慰安婦問題があったということです。③反政府・権力批判の市民運動が日本政府批判に向き、権力対民衆の構図で権力批判を展開する日本のジャーナリズムと呼応したのです。④民主化された韓国社会では人々のさまざまな声が選挙を通じて国政に反映されるようになり、大統領は国民の声を無視した外交・内政ができなくなってきました。

そして、一九九〇年代から慰安婦問題をかわきりに日韓に歴史認識問題が浮上してくることになります（木村、二〇一四）。

日本は太平洋戦争の敗戦により多くの人命が失われたものの国家の一体性・一貫性を失うことはありませんでした。それどころか、朝鮮戦争の特需で経済復興を果たし、中国が改革開放政策をとる一九七八年まで東アジアにおいて独占的な経済発展を遂げることができたのです。他方、大韓民国は苦渋の道を歩み、民主化後にようやく国民のさまざまな歴史的経験を語り出したのです。歴史認識の問題の根底がここにあることをまずは認識すべきではないでしょうか。

六・二　韓国はなぜキリスト教大国となったか

†日本と韓国の違い

韓国の宗教文化を考える際、日本の植民地支配に由来する韓日の歴史認識の違いに慎重でなければならないということを述べました。日本人は、およそ日本という民族や国のあり方を、①縄文・弥生時代から現代まで続く客観的な歴史、②明治以降の天皇制・アジア覇権に立脚した近代の歴史、③太平洋戦争後の現代の歴史、から理解しています。学生は①を中心に学びますが、保守的政治家は②と③の連続面を見るでしょうし、革新的な政治家は断絶を強調するでしょう。しかし、多くの人たちは、大河ドラマの時代劇で①から②を楽しみ、暗い戦争の時代を挟みながらも日本の歴史の連続性を感じます。

ところが、韓国には②の近代史において清とロシア、日本による植民地支配となる国史の断絶があります。帝国主義勢力から国を守ることのできなかった朝鮮王朝まで続く歴史と、日本が負けた後に大統領制の国作りを始めた現代史には質的差があるのです。北朝鮮や韓国がいうところの歴史とは、日本人が漠然と考える歴史教科書に記載された①の歴史ではなく、③の独立を回復した建国史観に立った①や②の時代考察なのです。

現在の中国も抗日戦争と中共内戦に勝利した中国共産党の立場から近代を見ます。国家としての歴史認識において、日本の近代史は国際関係としては否定されるべきものであり、被害は甚大に見積もられる傾向があります。中韓の歴史認識に日本風の①の客観的な歴史を持ち込もうとしても、話は容易にかみ合いません。

屈辱や理不尽な悲惨さを伴う歴史の断絶を強いられていない日本が、それを強いた国に向かって冷静になるべきだと言いにくいことは確かです。とはいえ、日韓両国が永遠にしこりを抱えたまま対峙するのも建設的ではありません。実際に、国家間の関係が冷え切っている一方で、現在コロナ禍で来日観光客がストップしているものの、二〇一〇年代には日本のデフレ傾向のために物価水準の格差が縮まり中国や韓国の人々が日本に観光に訪れ、日本食・日本文化を堪能し、日本製品を大量に買って帰りました。他方で、日本で「嫌韓」「嫌中」を自認する人でも、まったく韓国の焼き肉やキムチを食べない、中国製の衣類や家電を一切買わないという人は稀ではないでしょうか。日韓の歴史認識に違いはありますが、訪問し合い経済協力し合う隣人関係は変わりません。好感度を持てるかどうかよりも、相手をどれだけ理解して付き合えるかです。

その際、日本人が韓国について知っておくべきことがあります。韓国はキリスト教が非常に強い国、事の理非を明確にさせることに情熱を傾ける国であるということです。

†韓国のキリスト教

韓国は、アジアにおいてフィリピンに次いでキリスト教徒が多い国ですが、第二次世界大戦前後のキリスト教徒人口は日本とほぼ同じでした。すなわち、人口のほぼ二%程度です。一九五〇年代から八〇年代にかけて爆発的に信者が増加し、総人口の約二九%がクリスチャンになりました。キリスト教会ではアジアの奇跡と呼ばれています。

それに対して、日本は戦後キリスト教会に新しい時代の価値観を求めて人々が殺到したものの潮が引くように熱狂は冷め、今でも約一%の信者人口は変わらないままです。この違いは何に由来するものでしょうか。

一般的には、日本による植民地政策への抵抗にキリスト教徒の力があったこと、朝鮮戦争以後に共産主義国家からの防衛にアメリカが大きな役割を果たし、アメリカのキリスト教を含む文化に韓国の人々が惹かれたこと、さらに、朝鮮の王朝が護持した儒教文化が韓国の近代化に役立たなかったという歴史的経緯のみを、キリスト教発展の背景として挙げられることが多いのです（澤、一九九一）。しかし、私は、韓国人が受容したキリスト教と日本人が受容したキリスト教の差と、高度経済成長期・都市化の時代に果たしたキリスト教の役割が決定的に違うことに由来するのではないかと考えています。思想よりも文化、社会的機能の差異です。

†文化の翻訳とカルチャーの階層性

文化をハイカルチャーとローカルチャーに分ける考え方があります。ハイカルチャー（上位文化）とは上層社会の人たちが愛好する洗練された文化であり、日本で言えばクラシックやバレエ、歌舞伎や文楽などの古典芸能、茶道や生け花など、時間と金をかけて習い、嗜むことが相当します。ローカルチャー（大衆文化）とは、歌謡曲やダンス、お笑い芸能、パチンコ・競馬など、手間暇かけずとも直感的に楽しめるものです。文化産業としてはローカルチャーがハイカルチャーを圧倒します。愛好者数の桁が違うからです。

さて、宗教はどちらの文化に属するでしょうか。宗教思想ということであれば、学問領域ですからハイカルチャーになります。人々の日常生活や生活文化に溶け込むものであれば、ローカルチャーに近いでしょう。異なる文化圏で生まれた宗教が拡大するかどうかは、どちらの文化として受容され、上層社会か中下層の大衆に広まるかで大方決まるのです。

私たちは宗教を書籍や宗教者の言葉を通して知る機会が多いのでハイカルチャーの領域で考えがちです。たとえば聖書ですが、イエス・キリストの言葉はあたりまえのように共通語の口語で書かれています。「心の貧しい人々は、幸いである、天の国はその人たちのものである（マタイによる福音書五章三節）」。教皇フランシスコは、人間は「神の物乞い」であり、祈りは神の渇きとわたしたちの渇きの出会いであると教えています（カトリック中央協議会「第二九回「世界青年の日」教皇メッセージ」）。

同じ箇所が、山浦玄嗣のケセン語訳『マッテァがたより』によると、「Zigunasi no kaisyonasi a siawase dar. Sono hitadi a Kamisama no adosigi ugeru.（意気地なしの甲斐性なしぁ幸せだ。その人達ぁ神様の遺産ぃ受ける)」となります。

山浦は岩手県大船渡市出身で東北大学医学部の助教授を退職後、故郷で開業した医師です。カトリック大船渡教会の信徒でもあります。独学で気仙地方方言の辞典を編纂し、その後新約聖書をギリシャ語からケセン語に翻訳する仕事に取り組みました。山浦の翻訳したマタイ・マルコ・ルカ・ヨハネの福音書四冊はイー・ピックスという会社から刊行されましたが、東日本大震災で倉庫に津波が押し寄せました。そこで流されずに濡れたまま残った福音書が、「お水くぐりの聖書」として新聞で取り上げられ、この在庫を販売することで会社の再建が可能になったという逸話があります。私も、変色して紙がばさばさになった福音書を買い求めました。私自身が山形県出身なので、気仙地方方言のニュアンスがかなりわかります。また、同時にイエスの言葉をローカル化する山浦の解釈が興味深く、楽しく読んでいるのです(山浦、二〇〇二)。

「心の貧しい人は幸いである(Happy are those who know they are spiritually poor.)」。これを霊に渇く人々と教会用語で説明せずに、意気地なしで甲斐性なしのどうしようもない(と分かっている人)が幸せだと言いきり、「天の国」を神様の遺産と解釈しているのも秀逸ではないでしょうか。ケセン語化は単なる方言への翻訳ではなく、ローカルな文化への翻訳であり、ハイカルチャーをローカルチャーへ変換してより多くの聴く人に届ける行為でもあります。

イスラエルの首都であるエルサレムに三〇歳頃に上京したイエスはガリラヤ地方のナザレ出身の田舎者でした。方言か訛った言葉で神の言葉を語ったのではないでしょうか。「天の父よ」ではなく、

「天にいるお父っつぁま」というような感じで。祭祀階層や上層の人々は聞く耳をまったく持たず、下々のものが聞いたとされます。原始キリスト教団の弟子たちは大工などを生業とした下層の人達です。

この教えがパウロによりギリシャ思想を入れて整えられ、ローマの人達が信じるようになって約三〇〇年後に公認され、三九二年にローマ帝国の国教となります。キリスト教は上層・知識階層の人達の宗教・文化となり、中下層の人たちには迷信を含む習俗として中世から現代まで伝わってきたのですが、近代に入ってヨーロッパ以外の文化圏に伝える際に、宗教文化の翻訳と土着化、社会階層の問題が発生します。

†キリスト教の土着化

近世の東アジアにおいてイエズス会によって行われたカトリック宣教は、ヨーロッパの政治権力（近代では植民地主義）や交易を伴っていたために権力者に警戒されました。日本では一五八七年に豊臣秀吉がバテレン追放令を出し、一六一二年から江戸幕府が禁教令、さらには宗門改によって民衆は寺院の檀徒としてキリスト教徒でないことの証明を義務づけられました。その結果、一八七三年に禁制が解かれるまで、キリスト教は禁圧され、残存した教徒たちは「潜伏キリシタン」となって日本の民俗宗教と習合したカトリック信仰を伝えたのです。信仰の自由が認められた後、カトリック教会に通う人々と伝承される信仰行事を守り続ける人たちに分かれました。後者を「カクレ・キリシタン」

と呼ぶのが現在の学術的用法であり、現在も長崎県の平戸におられます。他方、中国や朝鮮では権力を脅かす宗教勢力とならなかったことが幸いし、イエズス会の活動が比較的許容されましたが、儒教を国教とした朝鮮では一八世紀に伝えられたカトリックが弾圧されました。

一九世紀後半になって欧米諸国に開国を迫られた中国・朝鮮・日本の三国は、宣教師による宣教活動を認め、本格的な東アジアの宣教が始まったのです。医療・教育・社会事業を通して社会宣教を行ったカトリックとプロテスタント諸教派は、キリスト教を三国にハイカルチャーとして位置づけることに成功しましたが、一般の人々を教化するには長らく時間がかかりました。

仏教・儒教・道教がそれぞれ独自に混淆した宗教文化に慣れ親しんできた人々を砂漠で生まれた一神教の世界に誘うためには、教説や儀礼の説明だけでは不十分でした。国家ナショナリズムとのバランスが教勢の動向に大きな影響を与えたのです。

日本では初期のキリスト者は自身の宗教文化的背景とキリスト教的世界観、人間観と倫理観を対応させるために格別の努力を要しました。武田清子は、キリスト教信仰の受容を「埋没・孤立・対決・接木（土着）・背教」という五類型を用いて説明しましたが、人生観の転換は文化的葛藤を伴ったのです（武田、一九六七）。武士道とキリスト教、日本の宗教的偉人とキリスト者の接木が、新渡戸稲造や内村鑑三によって取り組まれたことは皆さんもご承知のことです。

内村を含め国家神道ナショナリズムと正面から対立して抑圧されたキリスト教徒がいる一方で、国策に沿った大陸伝道を行った教会もあり、戦争責任の総括やナショナリズムとの距離の問題が、日本とキリスト教との異質性を高め、結果的に日本への土着化がなかなか進まない要因となりました。しかし、日本の植民地支配を受けた韓国の場合は、日本とまったく逆のプロセスをたどります。すなわち、キリスト教会が日本帝国主義と国家神道に抵抗する拠点となったために、韓国のナショナリズムとキリスト教は連帯可能となったのです。植民地支配と朝鮮戦争の受難がイスラエル民族の受難に比定され、選民思想やメシアニズム、千年王国論といった神学思想がリアルに実感された時代でした。

これらの土着化をめぐる視点は、日本におけるキリスト教の宣教が思いのほか伸びないこと、宣教団および日本人のキリスト教指導者がかけた膨大な時間や労力に見合わないことの理由を土着化に伴う文化間の相克や制度・社会観の葛藤に求めたものでした。確かに、一五〇年余りの宣教活動の結果として、日本のキリスト教信者の人口が総人口の一%を超さない状況は、韓国の人口の二九%を占めるキリスト者人口や、公認宗教以外は抑圧を受ける中国において近年著しい伸長を示す地下教会と比べても異質な感じがします。

しかし、韓国と中国の近現代におけるキリスト教の伸張を日本のそれと比較して分かることは、文化間の相克というよりも、社会経済的な変動への対応や教派の宣教戦略の工夫がイデオロギーや文化的な障壁を乗り越えさせることになるということです。

†韓国キリスト教の特徴

韓国キリスト教の第一の特徴として、どの教派もアメリカにおける清教徒の伝統、すなわち根本主義神学と千年王国論の影響を強く受けています。聖霊による回心体験、聖書無謬説、そして神の裁きとイエスの再臨、新しい時代の到来を堅く信じる教えです。植民地支配・朝鮮戦争により亡国の危機にさらされた人々は、韓国をイスラエルの民になぞらえました。

第二の特徴は、一九〇六年頃に始まった大復興運動（リヴァイバリズム）と聖霊の働きの重視です。聖霊体験と感動を回心の入り口とし、信仰の効能として開運や病気癒しを祈念します。これは現世利益的な起福信仰とも呼ばれます。また、通声祈禱（集団で声を出して祈る）によって一種の感応状態が出現し、聖霊や神を直接体験する人もいます。韓国のシャーマニズム的な文化との習合を指摘する人もいます。さらに、早天祈禱、徹夜祈禱、断食祈禱と日本と比べれば熱烈な宗教体験をするため、リヴァイバルを起こしやすいのです。

第三の特徴は、教会の自治・自給、それを可能とする信徒の十分の一献金と信徒自身による伝道による宣教活動です。欧米の宣教団による支援が長らく続いた日本とは対照的に、韓国ではアメリカの宣教師名にちなんだネヴィウス宣教方式と呼ばれる教会の完全自立・自給（十分の一献金）の原則がありました。信者の献金からしか教会を支えるお金が出ないのであれば、教会を発展させるためには個人あたりの献金額を増やすことと、布教により信者を増やすしかありません。信徒自ら伝道の先頭に立つ、先頭に立てるよう信徒を訓練することが韓国キリスト教会の伝統です。牧師や神父、宣教師のみが伝道を行う日本と比べれば、教会成長に大きな差異が生じます。

第四の特徴は、ソウルを始め大都市に人口が集中するなかで農村にあった共同体的な人間関係が都市部の教会組織（セルと言われる少人数のグループ）に代替された面もあります。この点は、戦後日本の新宗教の拡大と似ているのです。

六・三　韓流キリスト教と日本

†日本と韓国の違い

グローバル化の時代と言われますが、二〇一二年の韓国経済の貿易依存度（輸出入額／GDP）は一一〇％（日本同約三〇％）と高く、FTA（自由貿易協定）やTPP（環太平洋戦略的経済連携協定）によって関税をなくし貿易で稼ぐのが韓国では国策です。日本の場合は、このような協定によって約七〇％の農業を含めた国内産業が不利になるので、TPPに慎重であるのは当然です。韓国随一の巨大企業サムスン電子は国内需要の一〇倍を生産しているために、世界的な生産・販売戦略を担う人材を獲得するべくTOEIC（英語によるコミュニケーション能力テスト）九〇〇点以上（満点九九〇点）の人を社員に採用するとされます。日本の企業平均では七〇〇点程度です。国内市場向け人材を雇用する余裕があるからでしょう（岩渕、二〇一五）。

もう一つ、韓国と日本の違いは財閥系企業の存在です。日本はGHQにより農地解放・財閥解体が進められましたが、韓国では国内生産の四分の三が財閥系企業によるものです。韓流ドラマを見ても会長がやたら登場し、会社の話と家族・親族間のごたごたが重なりますし、大韓航空のナッツ・リターン（会長の娘が、自分に袋入りのままマカデミアナッツを出したCAのサービスに腹を立てて飛行機を出発ゲートに戻し、チーフパーサーを降りさせた事件ですが、娘は逮捕され、懲役一〇カ月執行猶予二年の刑が確定しました）にも驚かされました。社会階層の最上位に位置する人々によって富が占有される不平等は戦前の日本を彷彿させます。宗教団体に関しても強いものがますます強くなる傾向があります。

世界最大のキリスト教教会は韓国のヨイド純福音教会であり、信者数約八〇万人です。日本におけるプロテスタント信者の総数に近い数です。国会議事堂がある汝矣島《ヨイド》に大聖堂を築き、数千人は入るホールで日曜日に計六回の礼拝を実施します。メガチャーチと呼ばれる信者数二〇〇〇人を超す教会は韓国では珍しくなく、ソウル市内には一万人を超す教会が他に三カ所あります。日本のキリスト教会で最大規模の淀橋教会（ウェスレアン・ホーリネス教団）でも日曜礼拝者数は数百名であり、それを超すのがヨイド純福音教会の支部である東京純福音教会（信者数約二五〇〇人）です。韓国のキリスト教の特徴を考えるにあたって、政治や経済、社会構造に共通する特徴、グローバル対応と寡占が見て取れます。そして、サムスン同様の強力なシェアの拡大（信者の獲得）が日本市場（日本のキリスト教）にも影響を与えています。

†成長する韓流キリスト教

韓国キリスト教会の教義的特徴として保守的神学・選民思想、神霊復興運動を支えた通声祈禱・早天祈禱（徹夜祈禱）・信仰治癒、教会の自助自立を促す収入の十分の一献金があります。これらは教会が成長する内的要因と言えます。

ヨイド純福音教会はペンテコステ派に属する趙鏞基《チョーヨンギ》牧師によって一九五八年に創設され、「五重の福音（新生、聖霊充満、癒し、祝福〈呪いからの解放〉、天国と再臨）」の教義とカリスマ的な信仰治癒・説教によって信者を集め、一代で巨大な教会を築きました。ペンテコステ派は福音派と共に二〇世紀後半に全世界で教勢拡大したのですが、韓国ではこの時期に心霊復興と神癒を行う祈禱院が生まれ、人々は神癒の権能があると評判の牧師が指導する教会やシャーマン的な女性の祈禱院長のところに殺到しました。

朝鮮戦争の傷跡が生々しかった一九五〇年代末から六〇年代にかけての韓国では、キリスト教会、祈禱院、新宗教が叢生しました。人々はソウルをはじめ大都市に仕事を求めて集まりますが、一九八〇年代の高度経済成長の時代まで労働環境や生活状態は不安定なものでした。十分な医療や生活保障もありません。韓国で国民皆保険制度が施行されるようになったのが一九八九年、皆年金と失業保険は一九九九年、生活保護制度は二〇〇〇年です。しかも、朴槿恵元大統領の父親である朴正熙がクーデターにより政権を奪取した一九六一年から七九年に暗殺されるまで、反共主義・開発独裁の強権政治が続き、労働・学生運動も抑圧されました。人々が家族・親族の血縁を超えて頼ることができたのが教会だったのです。

韓国のキリスト教会は社会の大多数を占める中下層の人々に広まったために猛烈な拡大成長を経験することになりました。日本のキリスト教が戦後ハイカルチャー化し、社会の中上層に留まったのと対照的です。このような社会的背景が教会成長の外的要因と言えます。

しかし、教会成長の文化的・社会的背景を説明するだけでは、なぜ、特定の教会が他の教派教会に先んじて成長していったのかを説明することはできません。さらに言えば、農村からの移動者や都市下層の人々に居場所を提供するのは、キリスト教会でなくともよかったかもしれません。韓国では労働運動や組合が受け皿にならないことはすでに言いました。日本のように戦後の神々のラッシュアワー（新宗教の勃興・成長拡大）を韓国では朝鮮戦争後の教会のラッシュアワーで経験しています。韓国の教会には、日本の新宗教にも匹敵する強力な布教の戦略があったのです。それは日本のキリスト教会にはないものでした。

†布教・教化の体制

ヨイド純福音教会の組織は本部（本聖殿）の大教区と支部教会（支聖殿）に分かれ、その下にさらに小管区―地域と細分化され、地域はセル・グループ（男性・女性の各壮年、青年と児童のグループ）から構成されます。信者は行事ごとに聖殿に集まるほか家庭礼拝を行い、十数名から数十名のセル・グループで活動するのです。巨大教会ですが、牧師や執事による信徒指導はマスではなく、個別対応となっているので親密な関係が生まれます。

純福音教会による異言や治病、現世利益の強調によって都市の中下層が惹き付けられたことは事実ですが、こうした人々は祈禱院をはしごして御利益だけいただこうとする信仰薄い信者になりかねません。心霊復興会で一時的に盛り上がっても熱狂的な信仰はいずれ醒めます。セル・グループによる親密な関係と指導体制によって信者の信仰を適度に保ち、霊的体験をする人々を教義的に統制することで一つの教会として成長できたのです。

また、信仰指導の徹底という点では、これまた勢力のあるサラン教会やオンヌリ教会では信者の査経会（セミナー）や弟子訓練に力を入れます。サラン教会を一九七八年に創設した玉漢欽《オクハンフム》によれば、教会は教職者・信徒の立場を超えたキリストの弟子達の集まりだから、信徒達をイエスの弟子として訓練し、世に派遣することによって神の御国が拡張できるのであり、個

ヨイド純福音教会　正面（筆者撮影）

礼拝風景（筆者撮影）

人の内的信仰を強め（弟子訓練）、同時に人々に伝道する力を養うべく（ミニストリー訓練）、それぞれ半年から一年近くかけて信仰訓練を行います（国際弟子訓練院、二〇二一）。

牧師や伝道師、執事など役職者だけが伝道に責任を持つ体制（日本の伝統的な教会）と、信徒が伝道者として訓練され、布教の前線で活躍する韓国の教会のどちらに布教力があるかは論を俟ちません。問題は、弟子訓練が布教力強化の奥の手だとしても、そこまでの信仰をどうやって教化するのかということです。

オンヌリ教会では、純福音教会のように信者を男女の独身者、夫婦（共に信者、片方だけが信者）などの属性によって「筍」という小グループに分け、さらに父の学校、母の学校として家庭教育やカウンセリングを含めた研修を行います。そして、養育者（指導者）が同伴者（学習者）をマンツーマンで一六週間にわたって弟子訓練を行い、信仰を育てます。養育者役は役職者に限らず、信仰上の先輩であればよいとされ、養育者は時間を捧げて教え導くことで牧会の心を学び、同伴者は家庭的な雰囲気の中で信仰を学ぶことができるというのです（大阪オンヌリ教会、二〇二一）。

†教会のカルト化

オンヌリ教会は弟子訓練をソフトに進めていますが、問題の多いところもあります。釜山東来中央教会（大韓イエス長老統合教団）とCCC（Campus Crusade for Christ 学生伝道組織）から宣教派遣された金圭東《キムギョドン》は、先に述べた淀橋教会に一九八八年に韓国部を設立し、一九九五年にヨハン（淀と韓を合わせてヨハン）早稲田キリスト教会を独立させ、わずか二〇年弱の間に全国に約四〇カ所の教会を設立しましたが、二〇一四年九月「性的不道徳行為と身体的被害を加えた一連の事件に対して、自分の過ちと罪に対する責任を認め（謝罪文より引用）」代表役員を辞任したとされます。信者に対するセクハラ・暴力・親族による不透明な財政管理を信徒から問題視されました。

牧師でありキリスト教学者である川島堅二恵泉学園学長（現在東北学院大学教授）によると、正体を隠した勧誘（あるゼミナールに参加して誘う）・迷惑行為を顧みない伝道（扉を開けてくれないメンバーに対して電信柱に上って窓を叩く）・体罰（軍隊のような規律でサタンに先制攻撃を加える）といった内容で十数年に及ぶ相談活動に関わってきた末の辞任劇だったということです。

さて、韓流キリスト教の圧倒的な布教力とは、日本で言うところの新宗教の布教力と同じではないかと思われる人が多いと思います。すなわち、①統制的な教団組織（官僚制的統治と共同体的親密な関係のミックス）、②信徒が布教者（信徒を短期間で布教者に変える研修・訓練）、③旺盛な布教活動と成長する組織が生み出す歪み（指導者崇拝と独裁、ハラスメント行為の頻発、不透明な資金管理と組織運営）です。私は③の問題が深刻化した事例を「教会のカルト化」と呼びます。

キリスト教だから組織として間違いなく、新宗教だからカルト的になるという話ではないのです。成長する教会や教団には必ずと言ってよいほど、①と②の組織体制・布教の方法論があります。これをやれば、キリスト教であれ、新宗教であれ、成長するのです。しかし、組織が巨大化し、絶大な権力を指導者が手にした時に、適切な人事・資産管理・社会活動ができなくなる教団は少なくありません。韓国ではキリスト教会がこの問題に直面し、日本では新宗教教団が直面することが多いようです(李・櫻井編、二〇一二)。

最後に、布教力のある韓流キリスト教が日本にどの程度教線を拡大しているかを見ておきましょう。

†日本宣教の現状

中西尋子氏によれば、韓国系キリスト教会は、在日コリアン(オールドカマー)の民族教会であった在日大韓基督教会(全国百カ所)と一九八〇年代以降設立されたニューカマーの教会に分かれます(李・櫻井編、二〇一二)。設立年と教会の信者数の二つの表を記載しておきます。

なぜ、韓国のキリスト教会が日本布教を行うのでしょうか。七一カ所の教会を有する日本フルゴスペル教団の指導者趙鏞基は、一九七七年に神より「日本一千万救霊」のビジョンを示されたと言いますし、オンヌリ教会創設者の河用祚《ハヨンジョ》は「二〇〇〇年までに宣教師二千人、使役者一万人を派遣する」ビジョンを与えられたと言います。

社会背景から説明すると、一九九〇年頃には韓国キリスト教会の伸び悩みが目立ち、教職者

表6-1　韓国のニューカマー教会設立年

年代	実数	%
1920 年代	1	0.5
1960 年代	1	0.5
1970 年代	3	1.6
1980–84 年	5	2.7
1985–89 年	20	10.7
1990–94 年	41	21.9
1995–99 年	39	20.9
2000–04 年	52	27.8
2005–08 年	25	13.4
計	187	100.0

(出典:『クリスチャン情報ブック2010』『キリスト教年鑑 2010 年版』)

表6−2　韓国のニューカマー教会信者数

人数	実数	%
49人以下	81	51.3
50–99人	44	27.9
100–199人	15	9.5
200–299人	6	3.8
300–399人	3	1.9
400–499人	4	2.5
500–599人	1	0.6
1000人	1	0.6
1800人	1	0.6
2500人	2	1.3
計	158	100.0

（出典：『クリスチャン情報ブック2010』）

を志願する熱心な信仰者の働き場所が韓国内に不足してきたのです。そこで韓国教会は宣教団体を設立し、韓国は世界中に宣教師を派遣する（世界第二位、一位はアメリカ）国になりました。余剰牧師の行き先がクリスチャン人口一％の日本だったわけです。二九％を超える韓国と比べれば開拓の余地ありです。

一九九〇年代、二〇〇〇年代に大勢の宣教師が日本を訪れ、小さな自宅伝道所から始め、貸しビルの教会、聖堂建立までに至る教会成長の物語を生みました。私自身調査で数カ所の教会を訪問し、感動する話、感心する話を牧師や信者の方から伺いました。

現状では、韓国人のニューカマーが七割、新規開拓した日本人信者が三割というところですが、教会によっても異なります。いずれにしても、日本のキリスト教会に比べて相対的に布教力のある韓国系キリスト教会は成長していくのではないでしょうか。

善悪二元論的なわかりやすい世界観を提供する福音主義と、霊による癒やしと祈禱の力を訴えるペンテコスタリズムは、混迷する世界情勢や格差社会に救いを求める人たちのニーズに適合的です。日本のキリスト教会と宗教界が、現代的な救済論のビジョンと実践をどのように示せるのか、韓流キリスト教によって突きつけられているのだとも言えます。

六・四　日本人の夢とナショナリズム

†日本人の夢と韓国人の夢

二〇一六年一一月二四日に第四回のソウル大学校・北海道大学の社会学合同シンポジウムが北海道大学で開催されました。現在はコロナ禍で二年ほど中断しましたが、毎年、ソウルと札幌を行き来し学術交流を行ってきました。二〇一六年は札幌で「夢」を共通のテーマにして日韓それぞれの課題を丸一日話し合いました。

日本側の演題は①「NHK調査に基づく四〇年間の日本人の望み」②「戦後日本の学生運動と宗教運動における社会変革の理念」③「破れた夢――日本の中間層が抱く不安」、韓国側の演題は④「東アジアにおける市民社会の構造と社会関係資本」⑤「韓日における戦争記憶の乖離をいかに埋めるか」⑥「詩が死んだ社会において詩人となる夢」でした。

期せずして日韓に共通する格差社会や夢を諦める若者世代の話が中心となりました。韓国には二〇一〇年代以降、恋愛・結婚・出産を諦める若者世代を指す三放世代という言葉が流行し、その後、家と人間関係をさらに諦めた五放世代、そのうえに夢と就職を諦めた七放世代という言葉まで出ました。

こうした若者たちは不公平や不正に敏感です。

この時期、韓国では週末ごとに朴槿恵大統領の退陣を迫る大集会がソウルで開かれ、朴槿恵大統領が任期途中の辞意を表明する事態に陥りました。大統領の親友である崔順実《チェスンシル》他による国政介入の疑惑があるからです。しかも、崔順実の父親である崔太敏《チェテミン》(一九一二~九四)は、永生教という民族系新宗教から、さらに巫俗とキリスト教を習合させた新宗教「大韓救国宣教会」を創設した人物です。韓国では新宗教にせよキリスト教団体にせよ、政権や有力政治家と関係を結んで企業活動をはじめとする事業を営み、莫大な資産を形成し教勢拡大を図ることがあります。統一教会(世界平和統一家庭連合と改称)はその典型例ですが、セウォル号沈没事件で過積載の船舶事業を営んでいた兪炳彦は救援派と呼ばれるキリスト教系新宗教を指揮していました。兪炳彦《ヨビョンオン》は事件後失踪し、変死しています。

話を夢に戻すと日韓共に若者や壮年世代の夢は、長らく学歴といい仕事、結婚と持ち家の獲得だったのですが、日本では一九九一年のバブル崩壊後、韓国では一九九七年のIMF経済危機以降、国民の共同幻想ではなくなったのです。それでもこの二〇年は激しい競争と長時間労働によってこの夢を維持しようとしました。これでいいのかということです。

ところで、韓相震《ハンサンジン》ソウル大学校名誉教授は、韓国人の夢は中流生活の実現に留まるものではないことを戦争の記憶との関連で強調しました。

†戦争の記憶と恨み・怨み

韓氏が見るところ、日本では太平洋戦争の記憶が沖縄戦、広島・長崎の原爆、大都市での空襲や戦後の苦境に集中し、憲法や平和国家の理念も戦争の悲惨さを二度と繰り返さないという「被害者」の立場が前面に出ます。兵士の戦争体験も玉砕、特攻、飢餓、抑留の体験が主であり、太平洋戦争に限れば数年の体験です。ところが、韓国は日本の植民地として三五年の歴史があり、ヤルタ体制の下で南北朝鮮に分断された歴史を加えれば一〇〇年を超します。韓国人に共有される歴史的な夢は分断された国家の民族的統一であり、現在まで続く苦難をこしらえた日本は「加害者」以外の何ものでもないというのです。

日韓協約や日韓併合条約が国際法上合法であったかどうかや、従軍慰安婦の実数や軍属による募集形態が実際どうであったかという話はともかく、日本の植民地政策がなければ国が滅んだ後の悲惨な歴史はなかったはず。この点を看過して日韓で歴史認識の差異が生まれ、安倍政権が村山政権時の河野談話を踏襲しないと発言する度に、韓国人の恨《ハン》がうずきだし、抑えようがないのだというのです。この認識と感情は世代を超えて共有されており、韓国の歴史教育だけに帰せない深い感情なのだとされました。

次節で述べることになりますが、ナショナリズムは認識よりも感情の側面が強いので、日本人の被害の記憶に基づく戦争忌避の感情やＧＨＱの占領政策への強い違和感もまた消しがたいものです。これが一方では平和憲法の維持を願う護憲派の感情的基盤となり、他方では自主憲法制定をめざす改憲派の心情的基盤となっています。戦争をどのように体験したか、体験者からどのような影響を受けたかによって戦争の記憶も異なってきます。歴史認識の差異は確かにあるのですが、それを埋めるために史実の最も肝心な点は何であったのか、共通の認識や理解を形成していくことが必要です。

私自身の立場は、現代の人権感覚から言っても当時の国際情勢を顧みても、アジア諸国の人々の人権や自治能力を一段低く見て、西欧の植民地主義に対抗するべく日本の大東亜圏構想を優先させた植民地政策や戦争行為は正当化できないということです。日本の植民地支配は一部軍国主義者だけの仕業ではなく、当時の日本国民が近代的で経済的に豊かな生活をめざして朝鮮・台湾・満洲の人々を利用したのです。この事実に対して率直な謝罪を述べる日本人や、赦しと和解の言葉を述べる韓国人も少なくなかったのですが、近年の政治的な言説やネット・ナショナリズムの声に冷や水を浴びせられたのです。

実際、一九六七年に日本基督教団が表明した「第二次大戦下における日本基督教団の責任についての告白」や一九九〇年の真宗大谷派門主による戦争荷担への懺悔をはじめ、日本のキリスト教各教派やカトリック、仏教各宗派の宗務総長他宗門トップが戦争責任と反省を公表してきました。そのうえで非戦の誓いや平和への願いが表明されてきた経緯を日本の宗教界は共通認識として持つべきだと思うのですが、事実はそうではなく、一部の宗教団体や宗教者は修正主義的な歴史認識に基づいて、アメリカの占領政策下で制定された憲法を改正することを目指しています。

†日本会議と憲法改正

二〇一六年五月五日の憲法記念日に朝日新聞が行った世論調査によると、憲法改正に対する賛否はほぼ半々ですが、憲法九条の改正には三分の二が反対していました。ところが、一一月三日に読売新聞が国会議員に対して行った調査では、憲法改正に賛成する議員が八一％もいたのです。世論と国会議員、とりわけ自民党議員とのギャップは顕著です。

安倍政権の主要閣僚二〇名中半数は「日本会議」に所属し、一七名が「神道政治連盟」に所属していました。日本会議は一九九七年に「日本を守る会」と「日本を守る国民会議」が糾合して結成され、綱領によれば、三万八千人余の会員は①悠久の歴史に育まれた伝統と文化を継承し、健全なる国民精神の興隆を期す、②国の栄光と自主独立を保持し、国民各自がその所を得る豊かで秩序ある社会の建設をめざす、③人と自然の調和をはかり、相互の文化を尊重する共生共栄の世界の実現に寄与する、とされます。

一九六九年に設立された神道政治連盟とは、神社本庁が神道的国民意識の復興を願って国会議員との連携を図った政治団体です。一九七四年に設立された日本を守る会は伝統宗教と創価学会を除いた新宗教の諸教団から、伝統精神や愛国心の称揚を目指して設立されました。一九八一年設立の日本を守る国民会議は、保守派の財界人や文化人によって結成されたものです。経緯は異なりますが、諸団体の具体的な活動目標が、①元号と国旗・国歌の法制化（天皇制の堅持）、②歴史教育批判と教育基本法改正（愛国心教育）、③日本の伝統精神と社会秩序の回復（憲法改正）など共通していたこともあって、日本会議に集約されました。一九九九年に国旗・国歌法の制定、二〇〇六年に教育基本法の改正を実現させたほか、在日外国人の参政権、女性天皇、夫婦別姓といった国民的議論では反対運動を展開したのです。そして、二〇一四年には「美しい日本の憲法を作る国民の会」を結成し、一〇〇〇万人ネットワークを作るとしてきました。

†被害者意識からの脱却を

日本会議のオピニオン・リーダーたちが執筆する機関誌や論壇誌には、戦後の日本は日本の伝統精神を尊ぶことや自主独立の気概を失い、国を愛すると表明すること自体が憚られるような異様な社会になってしまったという共通認識があるように思われます。GHQが一九四五年に出した神道指令（国家神道、神社神道ニ対スル政府ノ保証、支援、保全、監督並ニ弘布ノ廃止ニ関スル件）や、一九四六年に大日本帝国憲法が改正され公布された日本国憲法は、明らかに連合国軍による占領政策下の産物です。ですから、一九五一年のサンフランシスコ平和条約において日本が国家の主権を回復して以降、国民の総意によって憲法を新しく作り直すという夢を抱いた政治家や宗教者がいたとして不思議はありません。

この論理を推し進めると、アメリカから日本を取り戻すことが第一に求められなければならないのですが、広島・長崎に投下された一般市民を殺傷した原爆に対する補償や、日米安全保障条約に基づく米軍基地の返還という主張は上記の保守的政治運動からは出されませんでした。アメリカに対する日本人の被害者意識は政治的に屈折しています。そのために、日本国憲法とその精神に基づいて形成されてきた戦後の日本社会に対する不全感を抱き続け、歴史認識や自由主義や民主主義、個人主義的価値観の行き過ぎを批判し、在りし日の日本を理想化しているのではないでしょうか。

私はグローバル化する現代社会だからこそナショナリズムが強まるし、他者への寛容さと対話の用意を備えたローカリズムが必要ではないかとも考えるものです。そのためには地理的に歴史的に関係の深い国々や人々が抱く記憶や夢を想像しながら、内閉的で屈折した愛国主義を内省的で開かれた愛国主義に転換していくべきだろうと考えています。

六・五　日本宗教と保守の政治

†日本会議と学生運動

二〇一六年に入って日本会議に関する三冊の新書が相次いで刊行され（菅野完『日本会議の研究』扶桑社、青木理『日本会議の正体』平凡社、山崎雅弘『日本会議――戦前回帰への情念』集英社）、朝日新聞は日本会議の特集を行いました。それだけ安倍政権や自民党と日本会議との関係が注視されているのでしょう。どの報告でも神社本庁と生長の家の活動家から日本会議の裏方を担う人材が輩出され、皇国史観と天皇制の護持、および近代西欧的な民主思想に対する危機意識が運動理念の中心であるとされています。

ここでは、日本会議に参加している諸教団の団体名やキーパーソンの氏名を具体的に挙げることはしませんので、これらの書籍や私の書籍を参考にしてください（櫻井編、二〇二〇a）。私が重要と感じたことは次の三点に集約されます。

第一に、日本の保守的な政治運動を支えてきた宗教団体の組織力。もちろん、全国で七万九〇〇〇社を包括する神社本庁が一枚岩ではないでしょうし、被包括の神社にはさまざまな考え方の宮司や氏子がいます。会議に名を連ねる伝統教団や新宗教の代表者が自民党の政治家を推薦しても信者がみな投票するわけでもありません。しかしながら、教団の責任者や役員の言動は影響力があり、日本会議のイベントに信者の動員が可能です。

第二に、これらの保守的宗教―政治運動の活動家たちは草の根的な社会運動、すなわちノンポリ学生を活動家に仕立て上げたセクトの戦術を同時代に修得し、現在まで保守派の市民運動に応用したのです。すなわち、国旗・国歌法や教育基本法の改正といった運動目標の実現のために中央の活動家を地方に派遣し、地方議会において議員の獲得や各種案件の法制化に対する決議を成功させ、国会に陳情するという戦術を使いました。地方の声こそ国民の声という自民党政治のお株を奪う世論の集約でした。

第三に、一九六〇～七〇年代にかけて盛り上がった学生運動や社会運動が失速し、一部のセクト団体を除いて消滅したのに対して、その時代に少数派であった民族派の活動家たちが若い時代の夢を諦めることなく、粘り強く運動を拡大してきたことです。もっとも、日本会議の創設メンバーも動員される人たちも高齢者であり、次世代の育成が進んでいません。この点は左派系の運動も同じなのですが、日本会議は保守といってもさまざまな指向性を持つ宗教団体と政治家を仲介し、新しい保守を志向する市民の動員にも成功しているのです。

この点が評論家や新聞ではあまり深められておらず、結果的に日本会議と安倍政権の蜜月をもって日本全体の右傾化を論断して警鐘を鳴らすか、日本会議が高齢者組織であるため勢力はいずれ落ちると軽く扱うかの論評になっています。宗教的保守が「草の根」的保守に接ぎ木され、多世代型になりつつある状況こそが問題なのだと思われます。

†「草の根保守」と強権政治

「草の根保守」というのは、日本会議や自民党のような宗教的保守や政治的保守とも異なり、現代社会に不満を抱く市民が政治家に社会の大幅な改変と転換を期待する情念的な保守です。社会改革という点では「革新」なので、保守というのは形容矛盾です。しかし、自分たちが誰かのせいで割を食っているという感覚を持ち、かつて自分たちが享受していた既得権益の回復を求めるので保守に見えるのです。

日本のネット右翼やヘイトスピーチを繰り返す「在日特権を許さない市民の会」の主張では、多くのネット市民が嫌韓や嫌中を語り、在日外国人に対する人権的配慮を揶揄し、なぜ政府は日本人を最優先する政策を実現しないのだと憤ります。将来への不安や生活の余裕のなさが、まず自分たちとは異質だとみなした外国に向けられ、そのうちに社会保障の受け手である高齢者や困窮者、障がい者などに向けられる可能性があります。

その意味でこの草の根保守は新自由主義や修正主義と相性がよく、経済や効率性以上に民族や国民生活を重視する政治的保守とは合わないものなのです。しかも、日本の消費物価が低廉な中国製品をはじめとする外国製品で維持され、日本の労働も外国人研修生によってかなりの程度支えられている事実を度外視して、仮想敵をこしらえ憤懣をぶつけます。

実のところ、こうした草の根保守の台頭は、グローバル経済によって国内産業が衰退して安定的な工場労働の場が失われ、外国人労働者によってサービス労働の場で失業している国民が多数いる欧米にも生じています。中下層の人々は、古き良き時代を取り戻す愛国的な政治家を支持します。右派政党の台頭とアメリカにおけるトランプ大統領の登場。そして、ロシアのプーチン大統領や中国の習近平主席など、世界は愛国的強権政治家がリーダーになる傾向にあるようです。安倍政権の長期化がこのような脈絡で生じていた可能性もあります。

話を政治と宗教の関連に戻し、日本会議以外の例を見ていきましょう。

†新宗教の政治参加と政治進出

日本では明治から戦後まで宗教は政治から統制され、大半の宗教が天皇と国体の崇拝に翼賛する皇道宗教となりました。しかし、日本国憲法は信教の自由を保障し、宗教法人法は宗教法人設立の認証を行うだけのものとなったために、簇生した新宗教団体は信教の自由を謳歌し、宗教統制のトラウマからも政治的影響力を保持しようと自前の候補を立てて政治参加を企図しました。しかし、ほどなく自教団から議員を出すよりも教団の意見や利害を代弁してくれる政治家を推薦するやり方に変えたのです。政党の結成と独自候補擁立を最後まで諦めなかったのが創価学会でした（中野、二〇〇四）。

塚田穂高氏によれば、戦後に宗教団体が政治と関わる類型として政治参加と政治進出があると言います（塚田、二〇一五）。政治参加の例は神道政治連盟を組織した神社本庁や生長の家政治連合他、新宗教ごとに個別に政治家の推薦を行っています。宗教保守と政治保守で折り合えるところがあるので支援になるのです。また、ほとんどの政党政治家は既成宗教・新宗教を問わず、選挙区内の宗教団体や全国規模の教団から支援・後援を獲得しようとしており、政治家にとって教団宗教は票田としてまことに魅力的な存在です。

ところが、新宗教団体の中でも創価学会の場合は、二代会長戸田城聖が国立戒壇や王仏冥合による政教一致を唱えていたので、既成政党の支援には回りませんでした。一九五五年から地方議会に進出し、一九六一年に公明政治連盟、一九六五年に公明党を立党して創価学会員による選挙活動をして現在に至っています。

公明党以外では次のような教団が政治進出を図りました。浄霊医術普及会では参議院議員選挙に比例代表制が導入されたことを契機に野澤明一が一九八三年に「世界浄霊会」を設立し、オウム真理教は松本智津夫が「真理党」を結成して一九九〇年の衆議院選挙に出馬しました。化粧品製造販売会社アイスターの創業者西山栄一は一九九五年に宗教法人「和豊帯の会」を創設、「女性党」を作って参議院選挙に幹部を出しました。幸福の科学は大川隆法総裁が「幸福実現党」を二〇〇九年に設立して選挙に幹部を出馬させました。これらの教団からいまだ国政選挙では当選者を出していません。

宗教政党は既成政党と合流しないくらいなので公約は独自色が強いのですが、ほぼ実現不可能な項目も少なからず含まれます。しかし、公明党のように選挙区で固定票を有し総選挙で約七〇〇万票を動かせる力を持つようになると、一九九九年から弱体化した自民党と連立政権を組むことになりました。公明党は結党五〇年目を迎え、衆参両院で六〇議席、都道府県では約三〇〇〇人の議員を擁しています。政治に宗教的理念を反映させる力は日本会議よりはるかに強いのですが、自民党と選挙協力を結ぶことで政治力を確保しているために中道・平和の理念に陰りが出て、安保法制の国会審議では創価学会員から公明党の与党支持に異論が多数出ました。それでも選挙で勝利体質の組織が活性化される創価学会にとって公明党は欠くべからざる現証のマシーンなのです（薬師寺、二〇一六）。

日本において宗教政党は何をなそうとしているのでしょうか。

†宗教的理念はいずこへ

二〇一六年一二月一四日ＩＲ（Integrated Resort 統合型リゾート）推進法が参議院で可決されました。法律で禁止されていたカジノや国際会議場を含む複合観光施設の建設を行えるようにする法案です。

別名カジノ解禁法案です。国会や地方自治体でも、ギャンブル依存症対策、多重債務者問題、マネーロンダリング、青少年への悪影響など反対意見が多く、外国人富裕層や爆買いの観光客が落とす金よりも立地の地元民が失う金の方が多いのでは地域振興にならないといった懸念も出ています。

神道政治連盟や日本会議所属の自民党員と公明党議員（自主投票の結果、党代表他七名が反対、一八名が賛成）は、会議や党の綱領を十分にふまえてカジノに賛成したのか、あるいは目先の実利を優先したのかわかりません。日本会議では、「伝統と文化を継承し、健全なる国民精神の興隆を期す」が第一綱領であり、公明党では、「〈生命・生活・生存〉の人間主義」と「生活者重視の文化・福祉国家」が第一、第二の綱領です。

保守の思想は経験・知恵の重視であり、仏教や中道の思想は欲から離れることです。大人の健全な娯楽として楽しめる人はわずかであり、多くの人はギャンブルへの嗜癖、借金、家庭崩壊、人生の転落を味わうことになるでしょう。既に約五〇〇万人からの依存症が疑われる日本人がいると厚生労働省の調査結果が出ています。

日本では政治的保守も宗教的保守も迷走し、仏教理念に基づく政党も役割を果たしていないと言わざるをえません。

第七章　ナショナリズムと生きる希望

七・一　個人化する現代社会とナショナリズム

†香港中文大学での半年

二〇一三年九月から二〇一四年二月まで香港中文大学において、私は客員教授として大学院生に日本の社会・文化の講義を行っていました。毎週木曜日の一八時半から二一時まで途中に休みを入れますが、二時間半の講義を約一五回、三単位分の授業でした。受講生は約五〇名。大半が日本学研究科に所属する夜間の社会人大学院生であり、男女半々くらいでした。香港では中国や台湾同様に専業主婦という枠におさまる女性が少なく、仕事を継続します。理由は単純明快で、夫・妻の収入を合わせないと生活ができないからです。一人分の給与では家賃が東京の山手線内側ほどの物価高の香港では生活ができません。

中層以下では家事は分担のようですが、そもそも家族四人で五〇平方メートル程度の狭隘な公共住宅なので掃除の範囲も狭いし、食事は外食や惣菜を買うことが多いようです。中上層になると民間のマンション住まい（といっても七〇平方メートル程度で億ション）で、インドネシアやフィリピンから家政婦を住みこみで雇うようになり、この人たちが日曜日の休みになれば、情報交換と金のかからない行楽のために中環という摩天楼オフィス街の歩行デッキブリッジにシートをひいて車座になって弁当を広げています。その数約一〇万人というのですから壮観なものです。ショッピングモールに入るとお金がかかるというわけです。香港はバス・電車の公共交通機関の運賃が安いので、行楽でもデモでもすぐ集まれます。

学生たちは有職者であり、中高生の時代から大学、仕事で英語を日常使用しているので英語圏へ留学したことがない私などよりはるかに読み書き、話し聞く能力が高く、その学生相手に私が英語で講義するのですから、最初の一時間半で疲労困憊し、頭が回らなくなる最後の三〇分は、日本語のできる学生が通訳をかって出てくれました。しかし、この経験で私は妙な自信を持つようになり、北海道大学に帰ってから英語の講義や演習を担当するようになりました。北海道大学の学生の評判はよろしくなく、どうせなら英語ネイティブの講義を聴きたいとか、英語で授業を受けるために大学に入ったのではないとかいろいろあって、今では英語演習という一〇名程度の外国人留学生を交えた国際交流科目を年に一コマだけやることにしています。口の悪い教員は、櫻井さんは東北なまりの変な日本語を話すけど英語になまりはないねとか、冗談交じりに言います。日本の悪い点は、英語圏に留学した人間だけが完璧な英語を流暢に話し、それ以外の人間はしどろもどろの英語を話すのが恥ずかしいので黙ってしまうことです。I cannot speak English という典型的なお断りのフレーズ、よく考えたら矛盾していますよね。

さて、香港には親日家が多い一方で、メディアは二〇一三年当時、連日安倍政権の右傾化（愛国主義・特定秘密保護法・靖国参拝等々）を指摘し、中国の平和外交を脅かすものと批判していました。

高層建築の谷間にある黄大仙　霊験スポット

聖歌隊による賛美　将軍澳

宗族の祠堂　上水
（４枚とも筆者撮影）

寺院の納骨堂　沙田

香港といえば、映画「慕情」の舞台になった英国植民地でした。アヘン戦争後、一八四二年の南京条約と一八六〇年の北京条約によって香港島、九龍半島南側がイギリスに割譲され、一八九九年には新界の九九年間の租借が決まり、以後百年にわたってイギリス植民地（一九四一年から四五年までは日本統治下）でした。政治は統治者に任せ、自分たちは商売に精を出すというのが香港人気

香港中文大学　自由の女神（筆者撮影）

中文大学学生と蘭桂坊カフェで（筆者撮影）

質と言われてきました。近年アジアの中継港・金融センターとして発展した香港は一九九七年に中国に返還され、現在は中国の特別行政区となっています。

香港は移民社会でもあり、仕事を求めて、戦乱や文化大革命を逃れるために多くの華人が移住してきました。香港返還前には、一国二制度（社会主義政策は二〇四七年以降実施の可能性あり）の将来に不安を抱いた人々が、イギリス連邦内に移住しました。現在約七一〇万人の半数以上が香港で生まれた人々であり、移民意識よりも定住者意識を持つようになっていると言われます。そして、同じ中国人（中国文化を共有する人々）でありながら、権威主義的な社会主義体制に距離を置き、国際的感覚と民主主義的センスを持つ香港人アイデンティティを求める人々が出てきました。北京を向いた統治や一方的な行政措置に抗議する人々のデモが時々テレビに映し出されていました。水も電気も大陸に依存し、マネーも中国本土頼みの経済になり、中国との政治経済的一体化は実質的に進行しているなかで、香港としての独自性を模索していたのです。

このような状況において二〇一〇年以降の尖閣問題、慰安婦問題をめぐる日本・中国・韓国の緊張関係が、中国政府の公式見解を踏まえたメディアによって報道されていたのです。大学内で日中関係の講演会があり、そこで中国の政治学者が悲観的な将来展望を述べました。三カ国で信頼関係を構築するのは困難であり、その主たる要因は日本の右傾化にあるというものでした。私は質問に立ち、日本社会が総じて右傾化しているというのは極論であり、二〇一二年総選挙の得票数は自民党が二〇〇九年とほぼ変わらず、民主党が惨敗したことと野党間の競合のために小選挙区制で死票が生じ、自民党の一人勝ちとなった、自民党が日本人の総意を代表しているわけではない、三カ国の経済的相互依存関係は依然として強固であると言いました。この学者の主たる情報源は朝日新聞だそうで、日本のメディアが右傾化と書いているではないかというわけです。日本社会の実情を正確に伝えていかないと、国家・メディア・学者のトライアングルで「日本の右傾化」が実体化されるという危機感を強く持ちました。

†内向きのナショナリズム

政治批判は適切に行わないと利用されてしまいます。覇権主義に格好の口実を与え、現実に緊張感を高め、不測の事態を招く恐れがあるのです。

日中韓の政治は尖閣諸島国有化以来冷却期間に入り、地域紛争を惹起しかねない状況があります。安倍政権が性急に進めた一連の政治は中国・韓国を刺激しました。安全保障に関わる情報の取り扱いに特定秘密保護を定める法案は、その趣旨とは別に国民の知る権利を抑圧する、戦前へ回帰する悪法という論点が強調され、強行採決もあって強引な政治の印象を強めました。安倍首相の靖国参拝も、二五〇万柱の戦没者中一四人のA級戦犯のみがクローズアップされ、軍国主義の象徴へ額ずく姿のみが強調されました。機密情報の保持や戦没者の慰霊そのものを否定する人はいないと思いますが、そのやり方については国内で対案を含めて慎重に議論を重ねていくべきです。性急さが危うさと映るのです。

安倍首相の悲願である憲法改正にしても国民の合意が取れているとはとうてい言えません。現憲法の成立背景や日米安全保障条約をどう見るかで改憲すべきか否かが分かれるでしょうし、日本の平和主義は九条で象徴されており、自衛隊の存在が国際法上問題であるという国はないのですから、あえて国防軍と改称する意味があるでしょうか。

二〇二一年一〇月の衆議院議員選挙では、自民党と公明党の政権与党が安定多数を占め、立憲民主党が議席を減らし、リベラル右派の日本維新の会が四倍に大躍進し、国民民主党などを足せば、国会議員の約三分の二相当、つまり改憲のための国民投票の提案ができる可能性が出てきました。日本国憲法は不磨の大典ではないので、改憲の手続きが定められています。国民が納得した上で改憲を行うのは当然のことです。しかしながら、自民党や日本青年会議所などによる改憲草案を読む限り、内向きのナショナリズムを披瀝しているに過ぎません（自民党憲法改正推進本部、二〇一二。日本青年会議所、二〇一二）。安倍・菅政権は、コロナ禍の二〇二〇年から二一年にかけて四度の緊急事態宣言を発出し、憲法改正案の予行演習的措置を行いました。これが公衆衛生に限定されない非常事態の想定が可能であることが憲法改正案の含意でもあります。

私は日本の首相が国のために粉骨砕身の努力を惜しまない覚悟があるのであれば、東アジアの緊張緩和と日本社会の安全保障を推進することに邁進すべきだと考えています。靖国参拝というのは個人的な信念の行為であって、全国民が首相の靖国参拝を望んでいるわけではありません。それほど靖国への思いがあるのならば、靖国神社に少なからぬ国民が参拝を続ける心を世界に伝える努力をするべきでしょう。中国・台湾・韓国はけっして理解しないでしょうし、歴史認識の問題も事実の確定や評価をめぐって溝が埋まることはないとも言えます。日本の植民地支配に対する抗戦で成立した中国共産党や大韓民国が、日本批判を国民教育や外交方針から外すことはないのです。そうであっても、戦後七〇年の歩みから日本人が再び軍国主義化して他国を侵略することはないと東アジアの諸国を説得し続けるしかありません。愛国心は内向きにこれ見よがしに示すのではなく、対外的に最も困難な場所で発揮するべきではないでしょうか。

現在、中国には約一五万人、韓国には三万人、台湾には一万五〇〇〇人の長期滞在者・永住者がいます。日系企業の経済活動と雇用者数は、日本とアジア全体で相当な規模に達します。これらの人々を守らない愛国主義があるのでしょうか。

この数年で中国の国力（軍事・経済、残念ながら科学技術の面でも）は日本を凌ぎ、韓国のサムスン電子は日本の家電メーカーを抜き去った感があります。従来、中韓の要求する歴史認識の問題とは、経済力で両国に水をあけていた日本とのほとんど唯一の政治的交渉のカードだったのですが、現在は数あるカードの一枚に過ぎません。経済や文化の諸領域において直接・間接的に日本を背負って活動している人々の活動を妨げるような政治は、カードの価値をさらに下げます。

外へ開かれていない内向きのナショナリズムは、中国はこうである、韓国はこうであるといった一面的な国家像や国民像を作り上げてしまいます。そうした情報はインターネット上で何十倍にも増幅されて、複雑な現実を一面的に固定化する働きをします。こうした状況の改善にマスメディアや識者は力を注がなければならないのですが、残念ながら固定化する方が楽だし、わかりやすいために紋切り型へ流れる方が圧倒的に多いのです。

では、問題はどこから改善していけるのでしょうか。まずは問題の構造をよく知ることではないでしょうか。

†個人化する社会のリスク

二〇一三年一二月一三日、ソウル大学校において北海道大学とのジョイント・シンポジウム「韓国と日本における個人化と民主化」が開催され私も所見を述べました。

「個人化」とは現代社会学を代表するドイツのウィルヒ・ベックが提示した概念です。社会的制度・

規範が弱体化し、個人が生き方を選択する時代になっていく現象とされます。家族でいえば、「いえ」といった直系家族が核家族化し、結婚したいと思った時が適齢期となりました。地域でいえば、「むら」「まち」といった近隣社会のつながりよりも関心を同じくする人々が集まる市民グループ的なつながりが増えてきました。職場の人間関係は希薄化し、上司は部下を育てるよりも使い倒すような企業が増え、労働者は個人単位で加盟するユニオンという組合で権利を守る時代に入りつつあります。教育では恩師という言葉が死語となり、消費者的な生徒や親が教師や学校に教育サービスを要求します。期待水準を下回ればクレームを付けます。飲食店・役所・学校共通のやり方です。

こうしてそれぞれの社会領域ごとにあった規範・慣習・人間関係が解体されてくると、トラブルや紛争の処理は法律と裁判に委ねられることになります。個人が何重にも所属していた社会集団による助け合いは廃れ、市場が提供するサービスを購入するか行政が提供する福祉サービスを受けるしかなくなるわけです。家族や親族、地域社会や学校、職場や友人関係によって不意の事態に対応できていた時代は過去のものになりつつあります。ベックはこのことを「リスク社会化」とも呼んでいます。

世界の先進国は、家族との離死別に伴う扶養の危機、失業の危機、健康上の危機に対応するべく社会保障を充実してきましたし、この福祉国家モデルは中進国の政策目標でもありました。しかしながら、近年先進諸国の政府は、経済成長の鈍化と少子高齢社会による社会保障負担の限界からリスク対応を再び個人に求めるようになってきました。そこで気づいたのです。私たちはあまりにも個人化しすぎてしまったのではないかと。

結婚・出産を人として当然たどるライフコースと考えていた時代は終わり、人生の選択の問題と考える人が主流となり、事実五〇歳時未婚者の数は、男性では同世代の四分の一、女性では五分の一に達しています。老後を子どもに頼ろうという親は日本にほとんどいないでしょうが、民間アパートを借りるにも入院するにも、また介護施設に入居するにも保証人は必要です。死んだ後、病院や警察から死亡の証明をもらって役場で死亡届を出して火葬許可証を得たり、住民票の登録を抹消したり、社会保険事務所で年金の受給資格を停止したりなど、死後の手続きをする人（もしくは死後事務委任契約を受ける者）が必要です。おそらく現在の八〇代、七〇代の高齢者には自宅や子ども、蓄えもそれなりにある人が多数派でしょう。経済成長期に働けた世代は社会全体の底上げの恩恵を受けました。しかし、六〇代、五〇代となると、稼得期間の大半が失われた二〇年、三〇年と呼ばれる日本経済が停滞した時期を過ごし、住宅購入と子どもの教育費で収入のほとんどを使い果たしています。就職氷河期と呼ばれる二〇〇〇年代に初職・転職を非正規雇用で過ごした独身者はさらに厳しい状況に置かれてきました。この世代が高年齢期に入る二〇四〇年代に日本の高齢者は相当に貧しくなっているはずです。

日本の医療と教育は西欧諸国と比べてもかなり効率的に運営されているのですが、それでも医療保障だけで国の財政の三分の一に達するほどになり、毎年一兆円増加する見込みです。国民一人あたり年間二八万円の医療費ですが、自治体によっては年間百数十万円に達しているところが少なくありません。個人が病院を選択する権利（重複診療や投薬を含めて）を最大限保障した結果です。風邪で病院に行くのは日本くらいだとも言われます。高齢者が増えれば、寛解しない老化に伴う諸病が増えてきます。この世代は七五歳以上医療費一割負担（収入に応じて二割負担）ですが、おそらく全世代を三割負担にあげなければ医療保険や財政は持たないでしょう。平均余命と健康寿命との差の十数年間をどう過ごすのか、食事や運動など節制しないことには乗り切れる体力が残りません。独居高齢者は五人に一人の時代になってきており、お一人さまで亡くなる覚悟と準備も必要です。

私は大学教員ですが、いろいろな大学や中高の話を聞いていて感じることは向学心の両極化です。学力以前に学ぶことへの動機付け、科学や文化への価値付けが弱まっていることへの懸念を持っています。これは、学び、働くことで社会的に役立つことをしたいという子どもの気持ちが、学校教育や日常生活のどこかの段階で薄まった結果です。人生設計に社会性を入れ込まなければ、苦労して学ぶという気持ちが出てきません。楽しく簡単に学べるほど科学や文化は浅くはないのですが、テレビ番組ではそのことがわかりません。

また、教育のデジタル化が、初等・中等教育では文部科学省のギガスクール構想（小中生一人に一台タブレット端末を配布し、デジタル教材で学習する構想）、高等教育ではＤＸ人材養成（デジタル・トランスフォーメーションといってビッグデータを活用して新ビジネスを展開する・できる人材養成）に予算が重点的に注がれています。しかし、既に子どもたちはＩＣＴ技術の端末であるスマートフォンを小中学生の時から与えられ、インターネットを自由に使っているのでＩＣＴ技術そのものを改めて教員が教えるまでもないのです。むしろ、文化的コンテンツそのものの学習や思考力・対話力の涵養を授業や自己学習で身につけなくては、プラットフォーム資本主義（GAFAMなどのICT産業）の消費者として料金を払い続け、お仕着せのベターな選択肢をビッグデータから与えられるだけの利用者にならざるをえないのです。AIとDXが新しい社会（ソサイエティ五・〇）を作り出すという産業界から内閣府までの見解（内閣府、二〇一六）と、テクノロジーがホモ・デウスとして人間社会に君臨する未来社会を描くハラリ（ハラリ、二〇一八）まで評価はさまざまです。

このように個人化し、デジタル化した社会ではナショナリズムが人を惹きつけます。

†ネット・ナショナリズム

個人化しているのに国への所属意識や一体化を感じるわけはないだろうと思われるかもしれません。しかし、個人化は裏返せば、自分たちで自立し互助が可能な集団を作ることができない、作ろうとしない志向性ですから、誰かにリスクを引き取ってもらわなければなりません。それが行政（自治体）、司法（裁判）、議会（政治家）を統括する国です。

日本のメディアでは政治批判が紙面の半分を占めるといって過言ではないと思いますが、中には医療・年金、教育、振り込め詐欺の予防まで、国への過剰な期待を国民の要望を代弁するということで書いている新聞が多いように思われます。税と社会保障の一体改革が提案されてからなかなか進展しないのは、政治家が増税と社会保障の効率化という不都合・不便さを国民に説得（責任は選挙でとる）しないからです。そのうえ、「国民に痛みを強いるな」というメディアの迎合的なスローガンに流されて、誰かが負担してくれるだろうという甘えが、次世代の国民に深刻な痛みを強います。防災・地域福祉、防衛・外交もまた空のサイフでやるわけにはいきませんから、絶対的な安心安全を保障するためには、誰かが相当な負担をする必要があるのです。沖縄の普天間・辺野古の基地問題はその典型です。負担が必要という認識なしに国に頼むのであれば、それは依存となります。依存するつもりの国の能力や面子が傷つけられたという怒りがナショナリズムの誘引になります。インターネットメディアでは中国・韓国への針小棒大な記事・評論・感想が増幅されています。これは中国・韓国でもそうなのでお互いさまですが、こうしたネットによる世論形成が覇権的政治を支持することにつながります。

日本ではこの数年、「在日特権を許さない市民の会」が街頭で露骨で破廉恥な韓国・朝鮮人誹謗を行っており、その街宣活動を阻止しようとする市民団体や人権団体と対立しています。いわゆる欧米のヘイトスピーチ（民族や性に基づく偏見や暴力的言動）の根っこには、外国人移民が自分たちの仕事を奪っている（最低賃金で仕事を引き受ける）という経済的苦境や、外国人が自分たちと同じ社会保障を受けるのはおかしいという剝奪感があると言われます。日本の場合は、その点を強調する論者と（安田、二〇一二）、東アジアの対立的政治状況の中で中国・韓国が不当な要求を日本にしており、日本政府が毅然とした対応をとらないというネットナショナリスト特有の苛立ちを重視する論者（樋口、二〇一二）がいます。

いずれにしても、ネット空間で嫌韓・嫌中の記事や論評に触発され、さらに自ら検索して腹立たしさの根拠となる情報を入手し、その検索行為がサーチエンジン上での情報価値を上げていく（検索ランキングで上位に表示されることでさらに検索されやすくなり、幾何級数的に情報拡散につながる）のです。インターネットを媒介した感情的な愛国主義や排外主義的東アジア嫌いは、個人運営サイトを越えて新聞社のサイトにまで及んでいます。

こうした状況に私たちはどう対応したらよいのでしょうか。個人主義に媒介されない個人化は愛国の体をなさないナショナリズムの温床となりかねません。ここで宗教文化と宗教団体の役割を考えてみましょう。

仏教にせよ、キリスト教にせよ、個別民族や歴史的状況を乗り越えて人々がつながりあえる結節点となった宗教文化には普遍主義が見られます。その普遍主義によって国を超えて民族や国家の内側にある人間や社会とふれあうことができます。宗教間対話や教派・宗派間対話が可能であるのは、人間の尊厳や誰もが幸せに生きる願いを持つという価値観を共有しているからでしょう。どうしようもない政治家がいたとしても、その国民がすべてどうしようもない人たちであるわけがありません。

普遍主義的な価値観に基づいた個人が関係を持ち合うことをリベラリズム（民主主義）と言います。個人化はリベラリズムを伴わないと人々がナショナリズムに動員されがちな社会になります。それを防ぐのは、普遍主義的価値を説き、実践の場を作る活動だけです。しかしながら、宗教が普遍主義的価値観を持つのは理想的状態（教義上）であり、現実には状況や利害関係、歴史的・地域的脈絡のなかで特殊主義的な価値観や行動を示すことが少なくないのです。

七・二　宗教的ラディカリズムと若者

†ダッカ人質事件と先輩の死

二〇一六年七月一日の夜、バングラデシュ首都ダッカの料理店を七人の武装した若者が襲撃し、二二人の客が人質に取られたあげく殺害されました。外国人一七名のうち七名が日本人（男性五名、女性二名）で、国際協力機構の業務でコンサルやＮＧＯの立場で来ていた人たちです。男性二名は私の勤務する北海道大学の卒業生です。最高齢八〇歳で非業の死を遂げた田中宏氏は私が大学時代に所属したワンダーフォーゲル部の先輩でした。

田中さんは前年の創部六〇周年記念パーティーに出席し、私は受付など裏方をしていたので祝賀会を共にしていたのです。旧国鉄や日立製作所勤務を経てコンサルタント業で独立した田中さんは、亡くなった方々とバングラデシュの公共交通の都市計画に参加していました。一カ月の予定で出張していた田中さんは何もなければ翌週に帰宅できたはずでした。

また、カトリック教徒である田中さんは週一回開かれる教会のキリスト教講座で裏方を務め、夏休みには子ども向け科学教室を開くなど奉仕されていました。七月の集会に参加することを告げて出かけたということです。田中さん以外の六人の方にも、これからも続く仕事や日常生活があったはずです。

襲撃犯は二〇歳前後の学生や若者です。事件の半年前から家族の元を去り、どこかで過激思想を吹き込まれ、武器供与や武装訓練などを受けていたとされています。亡くなった方々はバングラデシュを経済的に搾取する国際金融資本や多国籍企業の先兵ではなく、政府開発援助や民生支援のために力を尽くされてきた方々です。それゆえにバングラデシュの市民は事件を恥じ、悲しんでいると伝えられました。

私はちょうどこの事件から二週間後にテロの問題をさらに考えることになったのです。

†宗教的ラディカリズム

二〇一六年七月一〇日から一四日までウィーン大学で国際社会学会大会が開催され、私は「アジアにおける宗教の社会貢献と精神的エンパワーメント」というテーマセッションを主催し、その他、宗教的ラディカリズムを考えるラウンド・テーブルの司会も担当しました。今回は後者の話をします。

ところで、宗教的ラディカリズム（Religious Radicalism）とカタカナ表記をしたのにはわけがあります。ラディカリズムを過激主義や極端主義（Extremism）と訳すと先に述べた過激派やＩＳのような暴力組織になるのですが、急進主義や徹底主義と訳せば、革命的な社会変化を目指す政治運動や宗教運動を意味することになります。市民革命やプロテスタンティズム、イスラーム革命はラディカリズムでした。

私が司会をしたラウンド・テーブルでは、①日常の生活世界や政治において新しい意味を希求する動きとしてのラディカリズムと、②体制派が変革派を揶揄して抑圧の対象とする過激＝極端主義の用法が検討され、イラン、イスラエル、イギリスの事例が報告されました。

また、③レバノンへのイスラエル侵攻をきっかけに組織されたシーア派の反イスラエル組織であるヒズボラを事例に、軍事訓練や思想教育を受けた青年たちが思想改造されるプロセスも報告され、オウム真理教のようなカルト組織による思想改造や精神操作との相同性も一部見られました。印象に残っているのは、④ムスリムの生徒が八割を占める学区で社会科の授業を担当している高校教師の方（修士課程で学修中）が、政府による過激派批判のプログラムはイスラーム＝過激派予備軍といった構図の押しつけになり、実際にイギリスにおける移民の二世たちの社会階層やＳＮＳによる勧誘実態に対して有効な問題解決策になり得ないという指摘をしたことです。

✝ヨーロッパのテロと移民問題

学会期間中の七月一四日にフランス南部のニースで花火見物をしていた歩行者にトラックが突入し、二キロほど蛇行して見物客をはね、銃を乱射して八四名を殺害し、二〇〇名を超す重傷者を出しました。テロの首謀者はフランスとチュニジア国籍を持つ運転手一人で警察によって銃撃戦で殺害されましたが、背景に過激派組織の関係も推測されます。

七月一四日はフランス革命を祝うパリ祭の日です。フランスは二〇一五年一一月一三日に発生したパリ同時多発テロ事件（ＩＳイスラーム国戦闘員によって一三〇名の市民が殺害され、三〇〇名を超す負傷者を出した）以降、テロ組織と戦争状態に入ったとして非常事態宣言を出していたのですが、この七月二六日付けで解除する予定だったのです。

このテロ事件に先立つ二〇一五年一月七日には、週刊誌社「シャルリー・エブド」をフランス系アルジェリア人二名が襲撃し、警官や社員合わせて一二名を殺害し、その他二カ所で五名も殺害されました。同紙はムハンマドやイスラーム戦士をかなりカリカチュアした風刺画を一〇年以上にわたって掲載しており、行き過ぎた風刺に賛否両論あったのですが、この事件以降、政府やジャーナリズムは表現の自由と政教分離（ライシテ＝非聖化と言われます）を国家的価値として守る姿勢を明確にしています。

言い方を変えれば、イスラームでは神アッラーや予言者ムハンマドを描くこと自体が瀆神的・冒瀆的行為なのですが、フランス国内では総人口の約七・五％（四七〇万人）を占めるムスリムがこれを容認すべきこととされたのです。当然のことながら、イスラーム圏は反発し、ローマ法王や学識者の中にも行き過ぎた風刺が権利なのか、異教・移民への蔑視なのか慎重に検討すべきという意見も相次ぎました。日本でも「私はシャルリー」というプラカードを持ったデモやソーシャル・メディア上での擁護意見が見られましたが、フランス国内の問題を外してテロへの怒りと表現の自由だけで論じることはできないでしょう。

ともあれ、こうした背景を持つフランスのテロ事件はＥＵ諸国においてまったく他人事ではありません。北欧諸国は総人口の約三・五％、南欧諸国は二・四％、北アフリカや中東、トルコ、旧ロシアや旧ユーゴスラビアからの移民や難民が最終目的地とするドイツは五％、ベルギーは六％、イギリスは四・六％のムスリム人口をかかえ、世俗化したヨーロッパ社会ではイスラームの社会的プレゼンスが無視できない存在なのです（安達、二〇二〇）。しかも、こうした移民は低所得階層に多く、移民の二世代目にあたる若者たちがなかなか就職できず、仕事とコミュニティにおいて社会参加できないままに不満を蓄積し、ＩＳなどの過激思想に感化されるものが出てきているとされます。

ドイツにおいても、七月一八日にバイエルン州をはしるローカル列車で一七歳のアフガン難民少年が斧で乗客を襲ってケガを負わせ、警察に射殺された事件に続いて、二二日にもミュンヘンでイラン系一八歳の少年が商業施設で銃を乱射し、九人を殺害しました。現在のところ、これらの少年がどの程度過激思想に触れたことがあるのか十分な情報は得られていません。しかし、テロ事件の背景として、一つは、移民・難民問題、宗教と表現の自由の問題、ＩＳのような暴力組織と現代的ソーシャル・メディアの問題が複雑に絡み合っており、もう一つは、若者たちが感じる時代と社会への閉塞感の問題があります。

†社会参加と希望

日本でも二〇〇八年に二六歳の青年が秋葉原の歩行者天国にトラックで突入して人をはね、サバイバルナイフで七人を刺殺、一〇人に重傷を負わせる事件がありました。この青年は死刑判決が確定しています。当時彼は非正規雇用であったことや職場やネットで孤立していたこと、社会への怒りを暴力化する攻撃的性格などから種々の背景や動機が推測されました。

若者世代を形容する言葉として一九九〇年代後半から就職氷河期、ロストジェネレーション、ネットカフェ難民、プレカリアート（不安定なプロレタリアートの意味）などが使われてきました。秋葉原事件もその脈絡で解釈されたのですが、日本の若者の就職状況を世界標準で考えるとかなり恵まれた方です。失業率が最も高かった二〇〇五年前後でも一〇％前後でヨーロッパより常によく、この数年は景気回復や人口減少を見越した採用で売り手市場になっています。

ヨーロッパ主要国の失業率を全世代（二五歳以下の若者世代）で見ると次のようになります。二〇一五年時点でEU全体では九・四％（一八・六％）、ドイツ四・六％（七・二％）とイギリス五・三％（一三・三％）が最も低く、スウェーデン七・四％（二〇・二％）他北欧はこの水準で、フランス一〇・四％（二三・三％）他東欧諸国はさらに高いのですが、ギリシャ二四・九％（四七・四％）とスペイン二二・一％（四三・九％）の二カ国は極端に高いのです。これに対して、日本は三・四％（四・九％）で若者世代が全世代より若干低いだけです（Eurostat, 2015）。

日本は新卒一括採用ですが、ヨーロッパは学卒者がインターンや見習いで経験を積んだ後に正規雇用に至るのが普通なので、大学を出ただけで何の職業経験もない学生たちは就職弱者なのです。これに加えて移民が単純労働市場に入ってきて元々の労働者階級と仕事の奪い合いをしている状況なので、日本の若者たちが一時的に付くフリーター的非正規雇用の受け皿もありません。中等教育の学歴と移民二世という民族的背景を持つ若者たちが安定した仕事に就くというのは極めて難しいことなのです。

仮に社会保障で失業給付を受けられ、住居や食事に困らなくとも、仕事を通して社会参加できない不全感が若者たちのいらだちや無力感に拍車をかけます。EU内部の格差も甚だしく、失業率が五割近く達する国の若者にとって希望は国を出ることです。この点で中東紛争地域から脱出するムスリムの移動と重なるのです。

†障がい者差別と人間の価値

ところで、宗教的過激思想なしに、妄想に耽溺し実行する若者が再び現れました。二〇一六年七月二六日、神奈川県の障害者施設「津久井やまゆり園」に元職員の二六歳の男が侵入し、一九名を殺害、二六名に重傷を負わせるという事件が報道されました。二〇二〇年に被告の死刑判決が確定しています。この死刑囚は、犯行に先立つ半年前の二月に「障害者殺害」「医療大麻の解禁」などの内容を含む犯行予告とも思われる安倍首相宛文書を自民党本部に持参しており、自民党では警察に連絡していました。そして同僚にも「重度の障害者は安楽死させるべきだ」という発言をしていたために、施設が警察に通報、警察は相模原市に連絡して彼を精神保健福祉法に基づいて北里大学東病院へ緊急措置入院させました。三月に他人に危害を加える恐れがなくなったと診断されて退院し、犯行時まで無職の状態でした。この事件は、精神障がいをおった介護職員が精神障がい者を襲った悲劇的な事件であり、彼に対する精神看護の措置が適切であったのかと精神保健福祉法改革の提案までなされましたが、審議未了で廃案となっています。

二〇二一年八月、オリンピックに続くパラリンピックが開催され、障がい者のスポーツ参加やノーマライゼーションが注目されましたが、地域で自律的に生活することが難しい精神障がい者や知的障がい者、および身体障がい者の方がいます。そうした人々を支援する療育者・介護者と家族もいます。このような立場の人たちは、この事件に戦慄を覚え、身の置き所のなさを感じたのでした。死刑囚の妄想には、人を健常者と障がい者・病者と区別し、自律的な意思決定能力がない人に対して人としての価値を認めないという優生思想が反映されていたからです。自身が施設で介護していた人たちに対する断罪は、施設から解職され無職＝無用となった自分にも向けられ、自身の妄想が社会に意義あるものと認められたいという屈折した願望になった可能性もあります。

現代社会はあまりに強い自己や自律性にこだわりすぎています。それは個人化の反映でもあり、私たちの日常生活がデジタル化して揺らぎや余白、回り道といった感覚を許さなくなったからかもしれません。人の自律性とは元来が相対的なものでしかなく、今日元気だからといって明日病気になったり、ケガをしたりしないとはかぎりません。治療を受けたり補助器具を用いたりすることで日常生活に極端な不便がなくなれば、病いでもないし障がいでもなくなります。人は一生のうちで元気な時期もあれば、病み老いて心身共に弱くなる時期もあります。自律性とはその時々に現れる生の一断片であり、他人に頼らなくては生まれて生きながらえることもできず、死んでいくこともできないのです。人の価値が人生の局面ごとに変わるでしょうか。変わらないと言い切ることで、私たちは安心して病み、衰え、生かされることができます。親にとって子が五体満足で生まれてくることは願いであり、恩恵です。そうでなかったとしてもその子を育てる別の人生がその家族には用意されています。選べないこと、選ばないことをも人間の価値に入れるようでなくては、私たちは文化的な社会で生活しているとはいえないのではないでしょうか（児玉、二〇一九）。

私たちは若者世代の怒りやいらだちに向き合い、同時に人は人によって生かされ、生の形に軽重はないことをあらゆる機会を捉えて伝えていかないと、この社会は自壊するか、もしくは恐怖で破壊されてしまうのではないでしょうか。若者が希望を持つこと、現状が理想的でなくとも、それを自らの手で変えていくプロセスに自分をおいているという実感を持てるような社会を残すことが中高年となった世代の役目であると私は考えております。

付録　アジアの宗教を読む20冊

日本人の宗教についての見方や常識は、かなりの程度、西欧のキリスト教や近代的宗教観にとらわれています。しかも、科学技術や経済社会の発達によって宗教の役割が失われ、伝統文化や宗教は人生のスパイスとしての価値しかないというのが、リベラルでものわかりのよい知識人の物言いとなっています。しかし、これは世界で言えば非常識でしょう。

世俗化の進展は一九七〇年代までであり、それ以降は宗教復興―キリスト教や仏教、イスラームなどの世界宗教の規模拡大や、個人の聖性＝スピリチュアリティへの注目が公的領域で生じ、宗教の社会的役割、健康や幸せ感に与える影響など、多くの研究がなされています。日本人の宗教に対する常識は周回遅れです。そのうえ、西欧キリスト教的宗教観も問い直しを迫られ、その際、アジアの宗教性や宗教文化に注目が集まっているのです。

「アジアの宗教を読む20冊」は、私たちの狭い見識を拡張することに役立ちます。

《櫻井義秀の本から》

1　櫻井義秀（二〇〇八）『東北タイの開発僧――宗教と社会貢献』梓出版社

タイが経済開発を進めた過去四〇年で地域・階層の格差が深まりました。東北タイの農村部に、瞑想修行やタイ方医療、NGOとの協働、村人の布施によって地域開発を支援する僧侶たちが現れました。著者は、その社会経済的文化的背景を、一九九〇年代の半ばに東北タイに滞在し、一〇〇カ寺を超えるタイ寺院を訪問調査して、僧侶の語りを分析することで明らかにしています。

2　櫻井義秀（二〇一〇）『死者の結婚――祖先崇拝とシャーマニズム』北海道大学出版会

東アジアには、宗族・家族の系譜に連なる祖先を祀る祭祀と、子孫を残せず他界した若者の霊を鎮める巫儀があります。日本では東北地方で未婚の死者の絵馬や花嫁人形の奉納が見られ、沖縄では離婚した女性の遺骨を前夫の墓に納める冥界婚が、イタコやユタを介してなされてきました。韓国では未婚の死者同士の結婚（霊界結婚）、中国・台湾では死者を娶る婚姻儀礼が土地のシャーマンによりなされてきました。著者は、その民俗的社会的背景をフィールドワークと資料調査から明らかにしています。

3　李元範・櫻井義秀編（二〇一二）『越境する日韓宗教文化——韓国の日系新宗教 日本の韓流キリスト教』北海道大学出版会

創価学会は韓国に一四〇万の信者を擁し、仏教・キリスト教に次ぐ第三の宗教勢力に成長しました。日本では韓国系のプロテスタント教会とカトリック教会が教勢を拡大しています。なぜ韓国で日本の新宗教が、なぜ日本で韓国のキリスト教が成長しているのでしょうか。この問いに答えるべく、韓国と日本の宗教研究者が、韓国では創価学会他の日系新宗教、日本では韓国系キリスト教会の共同調査を行い、日本語・韓国語で研究成果をまとめて公刊しています。

4　櫻井義秀・濱田陽編（二〇一二）『アジアの宗教とソーシャル・キャピタル』明石書店

宗教が人々のつながりと信頼を生み出し、地域福祉の拠点として機能している事例がアジア社会に広く見られます。東アジアから東南アジアを経て南アジアまで、宗教がどのような活動をしているのかというケーススタディをまとめた書籍です。

5　櫻井義秀編（二〇一三）『タイ上座仏教と社会的包摂——ソーシャル・キャピタルとしての宗教』明石書店

先進工業国に近づいたタイでは、出稼ぎ外国人、ストリートチルドレン、ＨＩＶ／エイズ患者、貧困層や高齢者に対する社会的排除が進行しました。地域に根ざした寺院がこのような人たちに医療・福祉・教育を提供しながら、どのようにして社会的に包摂してきたのかを明らかにした調査研究です。

6　櫻井義秀・外川昌彦・矢野秀武編（二〇一五）『アジアの社会参加仏教――政教関係の視座から』北海道大学出版会

東アジア・東南アジア・南アジア諸国の政治と宗教の関係を現況と歴史から解説し、そのうえで宗教が国家の政策や地域社会の福祉にいかに関わっているかを詳細な事例研究から明らかにしました。特に、アジアで広がる社会貢献する仏教（Engaged Buddhism）に着目し、日本との違いも比較に入れながら、社会発展に宗教がどのように寄与するかを考察しています。

7　櫻井義秀編（二〇一七）『現代中国の宗教変動とアジアのキリスト教』北海道大学出版会

現代の中国では強力な宗教統制がなされています。にもかかわらず、アジア最大のキリスト教信者がおり、チベット仏教・中国仏教の復興はめざましいものがあります。中国の人々は宗教に何を求め、どのように当局の目をかいくぐりながら宗教施設に足を運んでいるのでしょうか。著者たちは、日本・韓国・中国・モンゴル・タイ五カ国のプロテスタントとカトリックの比較調査を中心に、各国の事例研究を盛り込みながら、現代中国と周辺国における宗教変動の実態を明らかにしています。

8　櫻井義秀編（二〇二〇）『アジアの公共宗教――ポスト社会主義国家の政教関係』北海道大学出版

宗教は世俗化せず、社会の公共空間で影響力を行使し続けるというのが公共宗教の概念です。西欧のキリスト教圏で提示された公共宗教論がアジア地域にどの程度当てはまるのか、また、中国、旧ソ連邦、モンゴルのように宗教抑圧や宗教統制を経てきた社会主義国家において、現在宗教が政治とどのように関連しているのかを詳細な事例研究から明らかにしています。

9　櫻井義秀編（二〇二〇）『中国・台湾・香港の現代宗教――政教関係と宗教政策』明石書店

諸宗教は体制側が許容し、社会参画が要請される公共領域において市民社会と接していますが、それは権力の側から強いられているというよりも、宗教団体や宗教者自身が自らの活動の足場を固め、布教や社会教化によって組織を維持存続していくために生み出した行動戦略でもあります。宗教団体と行政機構が相互に交渉を行い、互いの認知や解釈に働きかけていく公共領域が存在することを中国研究の各章は示しています。台湾のキリスト教会や四大仏教団体、民間信仰の各廟宇も国民党政府の統制や、民進党の政治運動に関わることで社会的正当性を得ようとし、市民からの支援を動員することができました。香港においてキリスト教は、植民地期においては福祉行政の欠落を補い、中国返還後には香港人のアイデンティティーを維持する象徴的機能を果たす教会も現れています。

《他の著者から》

❖韓　国

10　浅見雅一・安廷苑（二〇一二）『韓国とキリスト教』中央公論新社

韓国には人口の三割にせまるクリスチャンがいます。しかし、一九五〇年頃までは日本と韓国の信者の数は、ほぼ同数でした。なぜ日本ではキリスト教人口が総人口の一％以下にとどまり、韓国ではアジアの奇跡とも言われるほどの大成長を遂げたのか。韓国のキリスト教の特徴を知る上で最も良質でコンパクトな書籍です。

11　金鎮虎（二〇一五）『市民K、教会を出る――韓

国プロテスタントの成功と失敗、その欲望の社会学』香山洋人訳、新教出版社

韓国のキリスト教会には政治家、財閥、高級官僚から豊かな市民、そして、ありとあらゆる職種と階層の人々が集まっています。もちろん教会ごとに棲み分けはありますが、教会に通うことでコネクションや社会的機会が得られます。韓国には信者数数十万人を超える世界最大の教会もあり、時に権力や資産が世襲されます。このような教会にキリスト教の精神はあるのかと問う本書によって、韓国キリスト教会の光と影が見えてきます。キリスト教関係者はもちろん、韓国に関心のある人なら読んでおくべき書籍です。

❖台　湾

12　五十嵐真子（二〇〇六）『現代台湾宗教の諸相——台湾漢族に関する文化人類学的研究』人文書院

台湾には世界最大の宗教ＮＧＯ慈済基金会や世界中に支部を持つ佛光山という巨大仏教教団があります。僧侶と尼僧は独身制を保つ出家者です。台湾仏教は国民党の戒厳令下に生まれ、この三〇年で急成長しました。台湾は民間信仰の信者が多いことでも知られています。台湾社会の宗教文化を長年のフィールドワークによって叙述した先駆的業績です。

13　藤野陽平（二〇一三）『台湾における民衆キリスト教の人類学——社会的文脈と癒しの実践』風響社

台湾のキリスト教は先住民に宣教した長老派のプロテスタントやカトリックが主流派ですが、真耶蘇教会というペンテコステ派の教会も多いのです。聖霊の働きと霊言を強調し、癒し（病気直し）を求めて人々が集まってきます。キリスト教を民間信仰との関わりで、民衆の宗教性を捉えていこうという文化人類学的な研究です。

❖中　国

14　川田進（二〇一五）『東チベットの宗教空間――中国共産党の宗教政策と社会変容』北海道大学出版会

著者は二〇年にわたり東チベットの仏教僧院と修行地に足を運び、北京や上海の大都市から修行のために移り住んだ漢人信徒に話を聞いてきました。共産党はチベット自治区の民族問題や宗教問題に飴と鞭で対応してきたのですが、チベット仏教は着実に中国の人々の心をとらえています。従来、チベット仏教はダライラマ一四世の言行に注目が集まってきましたが、本書は中国国内におけるチベット仏教の社会的な位置について広範なフィールドワークと文献調査に基づいて明らかにしています。

15　奈良雅史（二〇一六）『現代中国の《イスラーム運動》――生きにくさを生きる回族の民族誌』風響社

中国のムスリムといえば、新疆ウイグル自治区のイスラーム教徒が注目されていますが、ムスリムは中国全土に居住し、雲南省と甘粛省に多く、回族という少数民族カテゴリーに入れられています。回族は漢人とは食生活が異なり、イスラームをアラブ世界で学習して宗教指導者になる世界的なネットワークと繋がっています。そのため共産党はイスラーム・コミュニティの懐柔に力を注いできましたが、独自の宗教と生活様式を維持しようという旧世代と、熱心な信仰者、現代中国の生活様式に適応していく新世代との間には葛藤があります。著者は雲南省のムスリムコミュニティを十数年来調査して、中国の回族の宗教文化と社会生活の変化をおってきました。

16　松谷曄介（二〇一九）『日本の中国占領統治と宗教政策――日中キリスト者の協力と抵抗』明石書店

一九四一年に施行された宗教団体法は、東アジアにおける宗教の行政的管理の雛形となるものです。日本は植民地においても文化と宗教の管理を進めてきましたが、本書は日中戦争下にある中国において日本がどのような宗教統制をすすめ、日本の宗教家と中国の宗教家がどのように対応してきたのかを、政策、対応した組織、主要人物から克明に経緯を明らかにしたものです。日中両国の文献資料を用いた宗教史研究として高く評価されています。

❖モンゴル

17　滝澤克彦（二〇一五）『越境する宗教 モンゴルの福音派――ポスト社会主義モンゴルにおける宗教復興と福音派キリスト教の台頭』新泉社

モンゴル人民党は一九二〇年代にチベット僧侶の大粛清を行い、無宗教国家として七〇年間統治し続けてきました。しかしこの間モンゴル人たちは慣習としてシャーマニズムやボン教の宗教文化を維持し、人民党は社会主義を放棄して民主政権を標榜した後、仏教こそがモンゴルの文化的伝統であると手のひらを返したような政策を進めてきました。そして一九九〇年代以降、世界中から福音主義教会がウランバートル他モンゴル各地に教会を建設しています。モンゴル宗教文化のユニークさと柔軟性、ポスト社会主義時代の価値観の変容を文化批評的視角で研究した本書は、サントリー学芸賞を受賞しています。

❖ロシア・ユーラシア

18　高橋紗奈美（二〇一八）『ソヴィエト・ロシアの聖なる景観――社会主義体制下の宗教文化財、ツーリズム』北海道大学出版会

ソ連邦は七〇年間にわたり社会主義政権が統治し、マルクス主義・科学的無神論を国是として非宗教化政策を進めてきました。ロシア・スラブ世界の宗教文化はロシア正教に限定的に受け継がれるほか、全土に残る教会建築や文化財、博物館などにおいて宗

教性のイコンが保持されてきました。社会主義政権崩壊の後、ロシア正教が復興し、周辺諸国でも地域の正教会が人々の信仰を集め、様々な社会活動を行うようになっています。社会主義政権時代とポスト社会主義政権において、ロシアの宗教文化がどのような「形」をとったのかに着目した本書は、地域研究コンソーシアム賞・登竜賞を受賞しました。

❖日　本

19　三木英編（二〇二〇）『被災記憶と心の復興の宗教社会学――日本と世界の事例に見る』明石書店

阪神淡路大震災から二七年、東日本大震災から一一年が経過しました。しかし、被災の記憶は生々しく、人々の心が癒えたとは到底言えない状況が続いています。そうしたなか、記憶のモニュメント化が人々の支えになり、こうした場所をつなぐ新たな巡礼行為も見られます。著者たちは日本の地震（二つの大震災に加えて濃尾、北丹後、鳥取、三河、福井、中越の地震）、伊勢湾台風の被災地における記憶とモニュメントを調査し、海外では、インド洋津波、ニュージーランド・カンタベリー地震、中国の四川地震と青海省地震を調査しました。そして、被災の記憶と形象、慰霊と癒しが新しい宗教性として世界各地に生まれていることを論じています。

20　梅棹忠夫著・中牧弘允編（二〇二〇）『梅棹忠夫の日本人の宗教』淡交社

梅棹忠夫は、秘境が文字通り秘境だった時代に踏査し、文化を地理学・生態学的に考察した文明論で一世を風靡しました。知の巨人ならではの宗教と文明論の未定稿を編集したのが本書です。中牧弘允が、梅棹の生前残したこざね（付箋紙にアイディアをキーワードで記載し、それをつなぎ合わせながらストーリーを構想するという梅棹式知的生産の技術）を使って、未完の「日本人の宗教」論を再構成しています。そのほか、梅棹の講演録と自身との対談をまとめています。宗教を文明の単位で論じられる人間は梅棹以降なかなか出ていません。日本を論じるには日本通だけでは不十分です。世界各地の文化や世界単位の文明に通じてこそ、日本が見えてくるというあたりまえのことを確認できる良書です。

註　「アジアの宗教を読む20冊」は、二〇二〇年に札幌の紀伊國屋書店が、筆者の著作を含めたアジアの宗教研究良書をまとめた小コーナーを開設した際、紹介文としてリーフレットを作成したものです。紹介文はすべて筆者が書いたものです。

参考文献

青木理（二〇一六）『日本会議の正体』、平凡社（平凡社新書）。

赤木攻（二〇一九）『タイのかたち』、めこん。

安達智史（二〇二〇）『再帰的近代のアイデンティティ論――ポスト9・11時代におけるイギリスの移民第二世代ムスリム』、晃洋書房。

阿満利麿（一九九六）『日本人はなぜ無宗教なのか』、筑摩書房（ちくま新書）。

阿満利麿（二〇〇三）『社会をつくる仏教――エンゲイジド・ブッディズム』、人文書院。

慰安婦報道検証第三者委員会（二〇一四）http://www.asahi.com/shimbun/3rd/3rd.html（二〇一四年一二月二二日掲載）

五十嵐真子（二〇〇六）『現代台湾宗教の諸相―台湾漢族に関する文化人類学的研究』、人文書院（神戸学院大学人文学部人間文化研究叢書）。

池上良正（二〇一六）「日本における死者供養の展開・略年表（7～16世紀）」、『駒澤大学総合教育研究部紀要』一〇、一～三一頁。

石井研士（二〇〇七）『データブック現代日本人の宗教　増補改訂版』、新曜社。

石井米雄（一九七三）「タイ国における『教法試験』について」、『東南アジア研究』一〇―四、五四二～五六〇頁。

石井米雄（一九七五）『上座部仏教の政治社会学――国教の構造』、創文社（東南アジア研究叢書）。

石井米雄（一九九一）『タイ仏教入門』、めこん（めこん選書）。

石濱裕美子編（二〇〇四）『チベットを知るための50章』、明石書店（エリア・スタディーズ）。

井上順孝編（二〇〇五）『現代宗教事典』、弘文堂。

井上順孝編（二〇一四）『21世紀の宗教研究――脳科学・進化生物学と宗教学の接点』、平凡社。

岩淵秀樹（二〇一五）「企業の外向き指向を受けて変化した韓国の大学」、『中央公論』二月号。

マックス・ヴェーバー（一九八九）『プロテスタンティズムの倫理と資本主義の精神』、大塚久雄訳、岩波書店（岩波文庫）。

大阪オンヌリ教会（二〇二一）http://osakaonnuri.org/main/sub.html?mstrCode=8（二〇二一年一一月七日確認）。

海部陽介（二〇〇五）『人類がたどってきた道――〝文化の多様化〟の起源を探る』、NHK出版（NHKブックス）。

金子昭（二〇〇五）『驚異の仏教ボランティア――台湾の社会参画仏教「慈済会」』、白馬社。

神居文彰・長谷川匡俊・田宮仁・藤腹明子編（一九九三）『臨終行儀―日本的ターミナル・ケアの原点』、渓水社、北辰堂（発売）。

川田進（二〇一五）『東チベットの宗教空間――中国共産党の宗教政策と社会変容』、北海道大学出版会（現代宗教文化研究叢書）。

岸本英夫編（一九六五）『世界の宗教』、大明堂。

木村幹（二〇一四）『日韓歴史認識問題とは何か――歴史教科書・「慰安婦」・ポピュリズム』、ミネルヴァ書房（叢書・知を究める）。

伍嘉誠。寺沢重法（二〇一三）書評論文「丁仁傑著『社会脈絡中的助人行為――台湾仏教慈済功徳会個案研究』」、『宗教と社会貢献』三―一、八一～八八頁。

伍嘉誠・寺沢重法（二〇一五）「香港における高齢者の主観的ウェルビーイングにおける宗教の役割――

一貫道の高齢信徒へのインタビュー調査から」、『宗教と社会貢献』五―一、一～二七頁。

国際弟子訓練院（二〇二一）http://www.disciples.co.kr/japan/dmi/greet.asp（二〇二一年一一月八日確認）。

児玉真美（二〇一九）『殺す親　殺させられる親――重い障害のある人の親の立場で考える尊厳死・意思決定・地域移行』、生活書院。

小山聡子（二〇一七）『浄土真宗とは何か――親鸞の教えとその系譜』、中央公論新社（中公新書）。

櫻井義秀（二〇〇五）『東北タイの開発と文化再編』、北海道大学図書刊行会（北海道大学大学院文学研究科研究叢書）。

櫻井義秀（二〇〇八）『東北タイの開発僧――宗教と社会貢献』、梓出版社。

櫻井義秀（二〇一〇）『死者の結婚――祖先崇拝とシャーマニズム』、北海道大学出版会（北大文学研究科ライブラリ）。

櫻井義秀編（二〇一三）『タイ上座仏教と社会的包摂――ソーシャル・キャピタルとしての宗教』、明石書店。

櫻井義秀（二〇一七）『人口減少時代の宗教文化論――宗教は人を幸せにするか』、北海道大学出版会（北大文学研究科ライブラリ）。

櫻井義秀編（二〇一七）『現代中国の宗教変動とアジアのキリスト教』、北海道大学出版会（現代宗教文化研究叢書）。

櫻井義秀編（二〇二〇ａ）『アジアの公共宗教――ポスト社会主義国家の政教関係』、北海道大学出版会（現代宗教文化研究叢書）。

櫻井義秀編（二〇二〇ｂ）『中国・台湾・香港の現代宗教――政教関係と宗教政策』、明石書店（中国社会研究叢書）。

櫻井義秀・川又俊則編（二〇一六）『人口減少社会と寺院――ソーシャル・キャピタルの視座から』、法藏館。

櫻井義秀・外川昌彦・矢野秀武編（二〇一五）『アジアの社会参加仏教――政教関係の視座から』、北海道大学出版会（現代宗教文化研究叢書）。

櫻井義秀・中西尋子（二〇一〇）『統一教会――日本宣教の戦略と韓日祝福』、北海道大学出版会。

櫻井義秀・濱田陽編（二〇一二）『アジアの宗教とソーシャル・キャピタル』、明石書店（叢書宗教とソーシャル・キャピタル）。

櫻井義秀・平藤喜久子編（二〇一五）『よくわかる宗教学』、ミネルヴァ書房。

櫻井義秀・平藤喜久子編（二〇二二）『現代社会を宗教文化で読み解く――比較と歴史からの接近』、ミネルヴァ書房。

櫻田智恵（二〇一七）『タイ国王を支えた人々――プーミポン国王の行幸と映画を巡る奮闘記』、風響社（ブックレット《アジアを学ぼう》）。

澤正彦（一九九一）『未完　朝鮮キリスト教史』、日本基督教団出版局。

石剛（Shi Gang）編（二〇一二）『「牛鬼蛇神を一掃せよ」と文化大革命―制度・文化・宗教・知識人』、三元社。

篠原壽雄（一九九三）『台湾における一貫道の思想と儀礼』、平河出版社。

島薗進（二〇一三）『日本仏教の社会倫理――「正法」理念から考える』、岩波書店（岩波現代全書）。

自民党憲法改正推進本部（二〇一二）https://constitution.jimin.jp/document/draft/（二〇一二年四月二七日策定）。

菅野完（二〇一六）『日本会議の研究』、扶桑社（扶桑社新書）。

ニニアン・スマート（一九九九＝二〇〇二）『世界の諸宗教 Ⅰ・Ⅱ』、阿部美哉・石井研二訳、教文館。

エドワード・B・タイラー（一九六二）『原始文化――神話・哲学・宗教・言語・芸能・風習に関する研究』、比屋根安定訳、誠信書房。

武田清子（一九六七）『土着と背教――伝統的エトスとプロテスタント』、新教出版社。

伊達聖伸（二〇一〇）『ライシテ、道徳、宗教学――もうひとつの19世紀フランス宗教史』、勁草書房。

塚田穂高（二〇一五）『宗教と政治の転轍点――保守合同と政教一致の宗教社会学』、花伝社。

土屋英雄（二〇〇九）『現代中国の信教の自由――研究と資料』、尚学社。

津村文彦（二〇一五）『東北タイにおける精霊と呪術師の人類学』、めこん。

エミール・デュルケム（一九七五）『宗教生活の原初形態』、古野清人訳、岩波書店（岩波文庫）。

リチャード・ドーキンス（二〇〇七）『神は妄想である――宗教との決別』、垂水雄二訳、早川書房。

カレル・ドベラーレ（一九九二）『宗教のダイナミックス――世俗化の宗教社会学』、ヤン・スィンゲドー、石井研士訳、ヨルダン社。

内閣府、第五期科学技術計画（二〇一六〜二〇二〇）で提示された将来像 https://www8.cao.go.jp/cstp/society5_0/

中野毅（二〇〇四）『戦後日本の宗教と政治』、原書房。

プリーチャー・ヌンスック（二〇〇九）『タイを揺るがした護符信仰――その流行と背景』、加納寛訳、第一書房（愛知大學文學會叢書）。

日本青年会議所（二〇一二）http://www.jaycee.or.jp/2018/org/kenpoukaisei/wp-content/uploads/2017/12/%E6%97%A5%E6%9C%AC%E5%9B%BD%E6%86%B2%E6%B3%95%E8%8D%89%E6%A1%882012%E5%B9%B4%E7%89%88.pdf（二〇一二年一〇月一二日策定）

秦郁彦（二〇〇七）『南京事件――「虐殺」の構造　増補版』、中央公論新社（中公新書）。

林泰弘・李賢京（二〇一一）「韓国新宗教の日本布教」、李・櫻井編（二〇一一）。

林行夫（二〇〇〇）『ラオ人社会の宗教と文化変容――東北タイの地域・宗教社会誌』、京都大学学術出版会（地域研究叢書）。

ユヴァル・ノア・ハラリ（二〇一八）『ホモ・デウス――テクノロジーとサピエンスの未来　上・下』、柴田裕之訳、河出書房新社。

樋口直人（二〇一二）「排外主義運動のミクロ動員過程――なぜ在特会は動員に成功したのか」、『アジア太平洋レビュー』、二～一六頁。

R・N・ベラー（一九七三）『社会変革と宗教倫理』、河合秀和訳、未来社。

星野英紀・池上良正・氣多雅子・島薗進・鶴岡賀雄編（二〇二〇）『宗教学事典』、丸善。

カール・マルクス（一九七四）『ユダヤ人問題によせて――ヘーゲル法哲学批判序説』、城塚登訳、岩波書店（岩波文庫）。

蓑輪顕量（二〇一〇）「尼僧の活躍する島」、木村文輝編『挑戦する仏教――アジア各国の歴史といま』、法藏館、二六三～二七七頁。

宮崎賢太郎（二〇一四）『カクレキリシタンの実像――日本人のキリスト教理解と受容』、吉川弘文館。

村島健司（二〇一三）「台湾における震災復興と宗教――仏教慈済基金会による取り組みを事例に」、稲場圭信・黒崎浩行編『震災復興と宗教』、明石書店（叢書宗教とソーシャル・キャピタル）、二五〇～二六九頁。

文部省（一九四七）『新しい憲法の話』。

薬師寺克行（二〇一六）『公明党――創価学会と50年の軌跡』、中央公論新社（中公新書）。

安田浩一（二〇一二）『ネットと愛国——在特会の「闇」を追いかけて』、講談社。

カール・ヤスパース（一九七二）「歴史の起原と目標」、重田英世訳、『世界の大思想四〇』、河出書房新社。

矢野秀武（二〇一四）「タイにおける宗教研究の光と影——文明化される「宗教」と不在化する「宗教学」」、『駒沢大学文化』三二、一四四〜一一五頁。

矢野秀武（二〇一七）『国家と上座仏教——タイの政教関係』、北海道大学出版会（現代宗教文化研究叢書）。

山浦玄嗣（二〇〇二）『ケセン語訳新約聖書マタイによる福音書』、イー・ピックス。

山崎雅弘（二〇一六）『日本会議——戦前回帰への情念』、集英社（集英社新書）。

楊鳳崗（二〇二〇）「中国における三つの宗教市場——赤色・黒色・灰色の宗教市場」、櫻井編（二〇二〇b）。

李元範・櫻井義秀編（二〇一一）『越境する日韓宗教文化——韓国の日系新宗教 日本の韓流キリスト教』、北海道大学出版会。

李玉珍（二〇一〇）「出家による社会進出——戦後台湾における女性僧侶の生き方」、野村鮎子・成田静香編『台湾女性研究の挑戦』、人文書院、二一三〜二三三頁。

龍谷大学アジア仏教文化研究センター（二〇一一）『全体研究会プロシーディングス——エンゲイジド・ブディズムの研究』、龍谷大学。

林育生（二〇一六）「タイにおける一貫道の組織発展と人間の流動性」、『東南アジア研究』五三—二、一八九〜二一六頁。

Bellah, Robert N., (2011), *Religion in Human Evolution: From the Paleolithic to the Axial Age*, Belknap Press.

Eurostat, (2015), https://ec.europa.eu/eurostat/documents/3217494/7018888/KS-HA-15-001-EN-N.pdf/6f0d4095-5e7a-4aab-af28-d255e2bcb395?t=1444048726000 p.111.

Guthrie, Stewart E., (1995), *Faces in the Clouds: A New Theory of Religion*, Oxford University Press, NY.

Kamala Tiyavanich, (1997), *Forest recollections: wandering monks in twentieth-century Thailand*, University of Hawai'i Press.

Queen, Christopher S. and King, Sallie B., (1996), *Engaged Buddhism: Buddhist liberation movements in Asia*, Albany: State University of New York Press.

Tambiah, Stanley, (1970), *Buddhism and the spirit cults in north-east Thailand*, Cambridge University Press.

初出一覧

二章と四章は書き下ろしだが、他の章は『月刊住職』（興山舎発行）に連載した文章に加筆修正を施している。社主の矢澤澄道氏から原稿の利用について了解を得ている。

第一章　宗教の進化と社会科学

「現代日本の宗教最前線10　人類が進化するために宗教が必要だった本当の理由」『寺門興隆』二〇一三－七、一三〇～一三五頁。

「現代日本の宗教最前線36　宗教は何のためにあるか　脳科学で何がわかったか」『月刊住職』二〇一六－一二、一三四～一三九頁。

「現代日本の宗教最前線1　比較宗教社会学の視座から」『寺門興隆』二〇一二－一〇、七八～八三頁。

第二章　タイ仏教のかたち（書き下ろし）

第三章　タイ政治と仏教

「現代日本の宗教最前線18　非常事態宣言にかかわらず首都機能麻痺が続くわけ」『月刊住職』二〇一四－三、一三四～一三九頁。

「現代日本の宗教最前線19　国家統治に仏教と正法を使うジレンマ」『月刊住職』二〇一四－四、一二四～一二九頁。

「現代日本の宗教最前線20　タイ開発僧と社会参加仏教」『月刊住職』二〇一四－五、一三〇～一三五頁。

「現代日本の宗教最前線49　中国初新宗教がタイでも信仰される事情」『月刊住職』二〇一七－五、一三八～一四一頁。

「現代日本の宗教最前線50　臨終行儀はなぜ人の心を惹きつけるのか」『月刊住職』二〇一七－七、一四〇～一四三頁。

第四章　東アジア宗教のかたち　（書き下ろし）

第五章　中国・台湾の宗教変容

《中国・チベット》
「現代日本の宗教最前線21　中国の少数民族チベット仏教政策は何をもたらしたか」『月刊住職』二〇一四－六、一二八～一三三頁。
「現代日本の宗教最前線22　中国の弾圧によりかえってチベット仏教は興隆した？」『月刊住職』二〇一四－七、一三二～一三七頁。
《台湾》
「現代日本の宗教最前線24　福祉は宗教の事業であったことを今改めて問うために」『月刊住職』二〇一四－一〇、一二二～一二七頁。
「現代日本の宗教最前線25　台湾の現代仏教の巨大化は民主化といかに関係するか」『月刊住職』二〇一四－一一、一二〇～一二五頁。
「現代日本の宗教最前線31　日本で爆買いする中国人に潜む不安と尼僧への眼差し」『月刊住職』二〇一五－七、一二八～一三三頁。

第六章　韓国と日本の宗教変容

《韓国》

「現代日本の宗教最前線28　なぜ韓国は今になって従軍慰安婦問題を問うのか」『月刊住職』二〇一五－三、一三二～一三七頁。

「現代日本の宗教最前線29　アジアの奇跡と言われる韓国にキリスト教急伸の真相」『月刊住職』二〇一五－四、一三二～一三七頁。

「現代日本の宗教最前線30　日本にも宣教する韓流キリスト教の実力と信者獲得策」『月刊住職』二〇一五－六、一三〇～一三五頁。

《日本》

「現代日本の宗教最前線46　ナショナリズムに何の夢か」『月刊住職』二〇一七－一、一二八～一三一頁。

「現代日本の宗教最前線47　神道勢力日本会議が台頭したのはなぜか」『月刊住職』二〇一七－二、一三四～一三七頁。

第七章　ナショナリズムと生きる希望

「現代日本の宗教最前線17　個人化とナショナリズム」『月刊住職』二〇一四－二、一二二～一二七頁。

「現代日本の宗教最前線43　テロに隠れた怒りと苛立ち」『月刊住職』二〇一六－九、一三六～一三九頁。

あとがき

私は、この十数年の間にタイの上座仏教に加えて韓国・中国・台湾・香港を含む東アジアの宗教と社会に関する編著書を刊行してきました。学術書の体裁ですので、主たる読み手は研究者や大学院生、および東アジアの宗教について基礎的な知識を持つ宗教者や市民の方を対象にしていました。調査研究に基づいて先行研究に新しい知見を加えることを主たる目的とした本だけに、学生や宗教に興味があるものの体系的な知識を持っていない方にはいささか読みづらいものだったと思います。

本書では、タイや東アジアの宗教文化の豊かさやおもしろさを学部の講義や公開講座のような平明な語り口で書くことを心がけてみましたが、いかがでしたでしょうか。

私は二〇一二年から一〇年間にわたって『月刊住職』という仏教関係の専門誌に「比較宗教社会学の視座から」と称して、日本の宗教文化やアジアの宗教文化、最近では死の臨床に関わる論考やコロナ禍における日本人の幸福感（ウェルビーイング）といったテーマで毎月四〇〇〇字程度のエッセイを書いてきました。自身の研究成果を踏まえた学術的な内容で、なおかつ寺院の住職に興味を持ってもらえるように分かりやすく書くという課題はなかなか難しく、一〇年目にしてようやく肩の力が抜けてきたのかなというところです。

小論をまとめる形でこれまで二冊の本を刊行することができました。

櫻井義秀（二〇一七）『人口減少時代の宗教文化論――宗教は人を幸せにするか』北海道大学出版会。

櫻井義秀（二〇二〇）『これからの仏教 葬儀レス社会――人生百年の生老病死』興山舎。

本書の一章、三章、五章、六章、七章の各節は、『月刊住職』に連載した原稿のうちで再利用されていない東アジアの宗教文化論に加筆修正したものです。再掲を許可して頂いた興山舎の矢澤澄道社主に感謝申し上げます。

また、二章の「タイ仏教のかたち」は、國學院大學研究開発推進機構日本文化研究所と宗教文化教育推進センターによって二〇二〇年一一月に実施されたオンラインワークショップ「タイの暮らしと宗教文化」において、私が講師を務めた際の講演資料を元に書き下ろしたものです。この時に初めて本書のタイトルにもなった「宗教文化のかたち」という概念を自覚的に考えることになりました。四〇分でタイの宗教文化を語るというのは難題でしたが、かえって頭が整理されました。主催の平藤喜久子國學院大學教授に感謝申し上げます。

宗教統計や写真を使って叙述的な説明を心がけた四章は、北海道大学大学院文学研究院において二〇二一年前期に二時間分のオンデマンド教材として収録した「複合環境文化論――東アジアの宗教文化」が元になっています。この講義は、宗教文化教育推進センターにおいて上級宗教文化士のためにオンデマンド教材として準備されたスライド資料を素材としており、「東アジアの宗教文化」をわかりやすく三〇枚のスライドで示すようにという井上順孝國學院大學名誉教授の依頼がなければなかなかまとめる機会がなかったでしょう。いい機会を与えていただき感謝申し上げます。

それにしても、雑誌連載の第一号で宣言した「比較宗教社会学の視座から」を一〇年がかりで「比較宗教社会学への招待」としてまとめることができました。牛歩のごときものであったと我ながら感心したり、よくも私の文章を忍耐強く読んでくださる読者がいたなと感謝したりです。

法藏館には二冊の編著、櫻井義秀・川又俊則編（二〇一六）『人口減少社会と寺院――ソーシャル・キャピタルの視座から』と櫻井義秀編（二〇一八）『しあわせの宗教学――ウェルビーイング研究の視座から』でお世話になってきたのですが、今回も編集者の今西智久氏に的確な本作りを担当していただきました。ありがとうございました。

本書を東アジアの宗教文化を学ぶ基本図書として学生や宗教者、市民の皆さんに活用してもらえることを期待して擱筆します。

二〇二二年二月一一日

櫻　井　義　秀

索　引

アルファベット

あ

か

さ

た

な

は

ま

や

ら

櫻井義秀（さくらい　よしひで）

1961年山形県生まれ。1987年北海道大学大学院文学研究科博士課程中退。博士（文学）。現在、北海道大学大学院文学研究院教授。専門は宗教社会学、東アジア宗教文化論、タイ地域研究、ウェルビーイング研究。
著書に『東北タイの開発と文化再編』（北海道大学図書刊行会）、『「カルト」を問い直す――信教の自由というリスク』（中公新書ラクレ）、『東北タイの開発僧――宗教と社会貢献』（梓出版社）、『霊と金スピリチュアル・ビジネスの構造』（新潮新書）、『死者の結婚――祖先崇拝とシャーマニズム』、『カルト問題と公共性――裁判・メディア・宗教研究はどう論じたか』、『人口減少時代の宗教文化論――宗教は人を幸せにするか』（以上、北海道大学出版会）、『これからの仏教 葬儀レス社会――人生百年の生老病死』興山舎）などがあるほか、編著書多数。

東アジア宗教のかたち
比較宗教社会学への招待

二〇二二年六月三〇日　初版第一刷発行

著　者　櫻井義秀
発行者　西村明高
発行所　株式会社 法藏館
京都市下京区正面通烏丸東入
郵便番号　六〇〇－八一五三
電話　〇七五－三四三－〇〇三〇（編集）
〇七五－三四三－五六五六（営業）

装　幀　野田和浩
印刷・製本　亜細亜印刷株式会社

ISBN 978-4-8318-7757-4 C1014